한국의 다문화
역사 이야기

한국의 다문화

황미혜 · 손기섭 지음

역사 이야기

　세계적으로 이민(migration)은 국제경제의 변화와 지리적·정치적 변화 등으로 급격히 다양화 되고 있으며, 이러한 변화는 새로운 문화가 발생하는 원인이 되고 있다. 사실 우리가 미처 알지 못했던 이민의 역사적 배경으로 인해 새로운 문화가 발생하고, 발전해 왔다고 볼 수 있다. 그 시작은 고대 때부터라고 할 수 있고, 이후 삼국시대와 고려시대, 조선시대를 거쳐 현재에 이르기까지 역사적으로 다양하게 이민이 발생해 왔다. 이러한 이민 배경을 바탕으로 조선족, 고려인 등을 대표적인 예로 들 수 있고 현재 우리나라 다문화사회 형성에 일정 정도 영향을 미쳤다.

　문화는 갑자기 만들어지거나, 이루어지는 것은 아니다. 수많은 역사적 사건과 환경이 서로 섞이고, 합쳐져야지만 새로운 문화가 만들어지는 것이다. 이민은 이처럼 새로운 문화가 만들어지게 되는 여러 요인 중에 주요한 한 원인이라고 할 수 있다.

　과거 우리의 이민이 단순하게 어려움, 현실에 대한 도피성의 이민이었다면, 오늘날의 이민은 좀 더 나은 삶과 환경을 위한 이동이라고 할 수 있다. 이러한 역사적 이민으로 인해 지금의 우리 다문화 역사는 서구문화와 동양문화가 서로 합쳐진 '문화복합(cultural complex)' 사회라고 할 수 있다. 앞으로 이민은 계속 이루어질 것이고, 다양한 형태의 다문화로 변화될 것이다. 이에 따라 이 책은 우리나라의 다문화 역사에 대한 올바른 이해와, 학습을 필요로 하는 학습자 및 일반

독자들의 인문교양서로 만들어졌다. 아울러 본서는 한국의 다문화 역사에 대한 흥미와 관심을 높이는 데에 중점을 두었으며, 재한외국인을 비롯한 대한민국 전체 구성원이 서로 배려하면서 공존하는 다문화사회 건설에 일조하고자 하는 것에 목표가 있기 때문에 각 장의 내용들이 구체적이고 세부적인 지식을 요하는 전문가 필독서에 준하지 않았음을 독자들에게 양해를 구하고자 한다.

　이 책은 3장으로 구성하였다. 우선 제1장에서는 삼국시대에서 조선시대까지 한국의 다문화역사 중에서 귀화 이민자의 변천사와 귀화 성씨, 국제결혼에 등에 대해 살펴보았다. 제2장에서는 조선후기에서 일제강점기까지의 한국인이 중국과 사할린, 미국, 일본 등으로 이주하여 왜 디아스포라가 되었는지를 중심으로 구성하였다. 그리고 마지막 제3장에서는 한국전쟁 이후 현재까지 송출국에서 유입국으로 변모하여 글로컬 다문화사회로 진입하고 있는 우리나라의 다문화 역사에 대해 살펴보았다. 이 책은 독자들에게 한국의 다문화 역사에 관한 내용으로 간략하면서도 포괄적인 개관을 제공하고 다문화 역사의 흐름을 쉽게 파악하도록 구성하였다. 아울러 현재 다문화 사회에서 다문화 역사를 이해함으로써 대한민국 전체 구성원이 서로 배려하면서 공존할 수 있도록 도움을 주고자 집필되었다. 나아가 이 책이 우리나라의 다문화 역사에 대한 사회적 관심을 증진시키고 현장의 다문화 전문가, 다문화전공자, 청소년, 다문화관련 지원기관 종사자 등에게도 도움이 되고자 하는 바람이다.

목 차

제3장 한국전쟁부터 현재까지의 다문화 역사

표 목차

그림목차

제1장

삼국시대에서 조선시대까지
한국의 다문화 역사

1. 한국의 역사와 문화란 무엇인가?

1.1. 역사의 개념

1.1.1. 역사의 정의

역사에는 일반적으로 '과거에 있었던 사실'과 '조사되어 기록된 과거'라는 두 가지 뜻이 있다. 즉 역사란 '사실로서의 역사(객관적 측면)'와 '기록된 사실(주관적 측면)'의 두 가지 의미를 가진 것으로 정의되고 있다. 이러한 정의는 역사를 뜻하는 용어의 어원을 보면 잘 알 수 있다.

독일어로 역사를 뜻하는 'Geschichte'라는 단어는 'geschehen'이라는 동사가 명사화한 것으로 '일어난 일'을 뜻하는 말이다. 한편 영어의 'history'는 '찾아서 안다'라는 그리스어 'historia'에 연유한다. 즉 전자는 '과거의 사실(객관적 측면)'을, 후자는 '기록된 사실(주관적 측면)'을 나타내는 어원을 가진 말이다. 결국 역사란 용어는 객관적 사실로서의 역사와 이를 토대로 역사가가 주관적으로 재구성한 역사의 두 측면을 내포하고 있다.

19세기 독일의 랑케는, "역사란 '그것이 본래 어떻게 있었는가'를 밝히는 것"이며(즉 과거의 사실을 있었던 그대로 복원하는 것이며), "역사가는 자신을 숨기고 역사적 사실만 말해야 한다."고 하여 역사의 객관적 측면을 강조하였다. 랑케의 이러한 입장은 실증적 역사연구방법을 확립하는 데는 크게 이바지 하였으나 역사의 주관적 측면은 철저하게 배제하는 것이었다. 20세기 이탈리아의 크로체는 '모든 역사는 오늘의 역사'라고 하면서 랑케의 입장에 반대하였다. 즉 랑케가 주장하는 객관적 역사서술은 불가능하다고 비판하면서 역사가의 입장과 시각에 따라 역사서술도 달라진다고 하였다. 역사가의 주관적 해석을 강조하는 크로체의 이러한 입장은 자칫 역사적 상대주의로 흐를 우려가 있었다.

한편, 20세기 후반 영국의 E.H.카는 객관적 사실을 중시하는 랑케와 역사가의 주관적 해석을 강조하는 크로체를 모두 비판하면서 중도적(조화적)인 입장을 보여주었다. 즉 '역사가와 역사상의 사실은 서로를 필요'로 한다는 것이다. 왜냐하면 '사실을 갖지 못한 역사가는 뿌리가 없는 존재로서 열매를 맺지 못할 것'이며, 반대로 '역사가가 없는 사실은 생명이 없는 무의미한 존재'이기 때문이라는 것이다. 결국 역사란 그에 의하면, '역사가와 사실 사이의 부단한 상호작용의 과정이며, 현재와 과거 사이의 끊임없는 대화'인 것이다. 다시 말하면, 역사가가 역사적 사실을 입증해 줄 자료, 즉 사료를 가지고 과거의 역사를 탐구(객관적으로)하고, 그 결과를 그 자신의 사관에 입각하여 서술(주관적으로)하는 학문이 역사라는 뜻이다.

자료: 중원문화, Wikimedia Commons, Julius Schrader, 두산백과

<그림 1> L.랑케, B.크로체, E.H.카(왼쪽부터)

1.1.2. 역사의 필요성

역사교육의 필요성은 민족공동체 의식고취와, 현재에 대한 올바른 이해, 현명한 시민으로서의 인격과 교양육성, 역사의식과 역사적 사고력 함양 등을 두고 있음을 알 수 있다. 그러면 이를 각각의 필요성에 대해 간단하게 살펴보면 다음과 같다.

먼저 민족공동체 의식의 고취와 문화유산의 전승이다. 역사를 통해 사람들은 자기 민족이나 자신이 살고 있는 사회나 국가의 형성과정을 파악하고자 한다. 각 민족들은 자기 민족이 다른 민족과는 구분되는 자랑스러운 문화유산이나 역사상(歷史像)을 가지고 있다고 생각한다. 그리고 이를 통해 민족적 동질감을 가지거나 민족적 자부심과 주체성을 확립하고자 한다. 역사의 '문화유산 전승'은 다른 사회와 구별할 수 있는 한 사회의 공통적 요소를 학습하여 정체성 확립에 도움을 줄 수 있는 부분이라 하겠다.

둘째, 현재에 대한 정확한 이해이다. 역사를 교육하게 되면 과거를 정확히 알고, 과거의 산물을 통해 현재를 보다 더 정확하게 이해할 수 있으며, 이를 사고하는 과정과 비판하는 과정에서 자신의 인격은 어떠해야 할지를 성찰하고 나아갈 수 있는 계기를 제공할 수 있다. 나아가 앞으로의 미래를 어떻게 사는 것이 보다 잘 사는 것인지 그 방법도 알아볼 수 있을 것이다.

셋째, 현명한 시민으로서의 인격과 교양의 육성이다. 현대를 살아가는 교양인으로서 역사적 사실을 많이 알수록 바람직한 인성(humanity)을 가질 수 있으며, 사물과 현상을 파악하는 판단력을 기르는 데도 도움을 줄 수 있다. 또한 역사는 모든 학문의 자료로 활용되므로 역사적 사실을 아는 것은 다른 학문을 연구하거나, 배우는데 필요한 배경지식이라고 여기는 경우라 하겠다.

마지막으로 역사의식과 역사적 사고력의 함양이다. 역사에서 다루는 변화의 개념, 진보·발전, 인과관계, 전망의 모색 등은 그것이 철저한 과학적 기초 위에서 보편성이나 법칙성을 찾는 작업형태를 취함으로써, 단지 '역사의 교훈'이란 차원을 떠나 모든 문제에 합리적으로 사고하고 판단을 내리는 '역사적 사고(Historical thinking)'를 기르는 작업과 연결되어 있다. 그렇기 때문에 민족의 동질성과 주체성을 찾고, 유동적인 변화에 능동적으로 대처할 지식과 판단력을 기르는 것으로 역사교육은 진행되어야 할 것이다(김연실, 2015).

지금까지 역사교육의 필요성에 대해 위와 같이 설명하였지만, 이 중 역사교육의 궁극적 필요성 중의 하나인 역사의식은 역사에서 다루는 각 시대와 사회의 성격을 명확히 파악하는 시간적 감각이며, 역사에 대한 예리한 의식이라고 할 수 있겠다.

1.2. 문화의 개념

1.2.1. 문화의 정의

오늘날에는 사회학이나 인류학, 심리학에서 문화가 중요한 개념으로 취급되어지고 그 개념이나 특성에 대하여 논의되는 일이 적지 않다. 다양한 학문에서 미개와 문명을 구분하지 않고, 문화를 모든 인류가 소유하는 확장된 넓은 개념으로 파악하기도 하며, 인간이 본능만으로는 살아나갈 수 없기 때문에 스스로 연구해서 만들어낸 행동양식의 총체를 의미하기도 한다. 문화의 정의와 개념은 많은 학자들이 오랫동안 연구해왔지만 문화는 역사적으로 변천을 거듭하고 여러 분야에서 다양한 의미로 사용되어 그 명확한 정의를 내리기에는 어려움이 있다.

문화의 어원은 '밭을 갈아 경작하다'라는 라틴어 Cultus에서 기원하였으며, 자연에서 씨를 뿌리고 육체적인 노동을 통하여 그 자원을 얻는다는 의미를 내포하고 있다. 라틴어의 의미에서는 본래 정신적인 의미까지는 포함되지 않은 개념이었다(이광규, 1985). 이와 같은 개념은 사회문화와 기술의 발달로 인하여 그 뜻이 변화되었는데, '인간이 스스로의 행위를 통하여 자연의 새로운 가치를 상승시킨다.'라는 의미를 가지게 되었다. 이러한 개념이 이후 가치 없는 무에서 가치 있는 유를 창조하는 의미로 변하면서, 삶의 가치를 창조하는 행위의 개념적인 용어로 사용되었다(이정주, 2007). 이후 더욱 발전된 개념으로 교양이나 세련의 의미를 갖게 되었다.

이런 의미에서 오늘날 일반의 상식에는 문화라고 하면 특수화한 분야, 이를테면 미술, 음악, 문학 등을 내포하게 되었고, 문화인이라

하면 교양 있는 사람, 세련된 사람을 뜻하게 되었다(김성만, 2010). 이와 같이 문화의 개념이 변화함에 따라 19세기 말에서부터 21세기까지 많은 학자들은 문화의 광범위한 개념에 대하여 일관성 있는 정의를 내리고자 노력하였다.

1871년 영국의 인류학자 Tylor(1871)는 그의 저서 원시문화(Primitive Culture)에서 문화란 지식, 신앙, 예술, 도덕, 법률, 관습 등 사회구성원으로서 인간이 획득한 능력과 관습의 복합적 총체라고 정의하였는데 이는 문화의 고전적 정의라고 할 수 있다. 이것을 R. Linton(1945)은 어떤 사회의 전체적인 삶의 방식이라 하였다.

Kroeber(1952)는 문화를 역사적으로 차별화되고 변화 가능한 인간사회 관습들의 집합체라고 정의하였으며, 이후 크뢰버는 그의 동료 파슨스와 함께 문화의 정의를 전달되고 창조되는 내용, 가치의 양식, 사상, 그리고 인간 행동과 그러한 행동을 통해 생산되는 인공물의 형성에 관한 요소로서의 상징적 의미시스템이라고 다시 연구하였다.

미국의 인류학자 Goodenough(1964)는 문화란 사람의 행위나 구체적인 사물 그 자체가 아니라 한 사회 구성원들의 생활양식이 기초하고 있는 관념체계 또는 개념체계라고 하였으며, 구체적으로 관찰된 행동의 패턴이 문화가 아니라 패턴을 만들어 내는 맥락적 패턴의 행동을 문화라고 하였다.

Hofstede(1984)는 문화를 한 집단의 구성원을 다른 집단의 구성원과 구분하는 집단적인 정신적 프로그래밍으로 정의하였는데, 그는 인간의 정신적 프로그래밍을 개인적, 집단적, 보편적 단계로 나누고 이를 피라미드 모형으로 구성하였다. 개인적 차원은 각 개인이 만들어가는 개인만의 부분이며, 보편적 차원은 그룹을 이루는 인간이 공유하는 것이다. 집단적 차원은 집단에 소속된 사람들이 공유하고 있는 것이며, 문화가 이에 해당된다고 하였다. 이 정의는 문화에 관해서 내려진 가장 오래되고 포괄적이며, 널리 인용되고 있는 정의에 속한다.

이처럼 문화는 기존 연구들에서 다양한 방식으로 정의되어 왔다. 기존 연구들의 문화에 대한 정의를 요약하면 문화는 개념적 특성을 가지고 있다는 것이다. 이러한 특성의 본질은 사회 구성원들이 만들어내는 관념들의 집합체라는 의미로 보고 있다. 이는 유적이나 문명을 나타내는 물질적인(Tangible) 측면이 아닌, 인간의 생각 그리고 맥락적인 행동의 개념과 같은, 보다 넓은 범위의 비물질적인(Intangible) 측면을 나타내는 것이다. 이는 생활공동체로서 일정한 지역에 살고 있는 사회구성원들의 통합된 관념이 행동을 통해 나타내는 생활양식이라고 할 수 있으며, 이 생활양식을 하나의 '문화'라고 할 수 있다. Goodenough가 말한 것처럼 행동으로 인해 만들어진 패턴(Patterns of behavior)이 아니라, 행동을 나타나게 하는 맥락적 패턴, 즉 개념적인 패턴(Patterns for behavior)의 집합체를 문화라 하겠다.

1.2.2. 문화의 필요성

인류학에서 문화의 개념이 '총체적 생활양식'으로 정의되며, 각 시대의 단위에 따라 문화는 가치관·행위·산물로 구분이 된다. 문화는 역사적으로 항상 인접 문화들과 교류하면서 갈등과 융화를 거듭해 왔으며(김중순, 2008), 문화에 대한 이해가 언어교육에서 중요하게 여겨지는 이유는 문화충돌로 인한 문화의 충격을 극소화하거나 해소할 수 있기 때문이다. 문화를 이해함으로써 학습자는 학습상의 문화적 장애요인을 제거하여, 언어학습의 효율을 높이고, 언어능력 신장을 극대화해야 한다. 즉, 이질적인 문화를 접한 개인은 새로운 환경에 흥미를 느끼는 단계를 지나 자국문화와 타 문화의 차이로 인한 문화충격 단계와 문화를 이해하는 과정을 거쳐 타 문화에 동화되거나 혹은 적응하여 새롭게 문화를 수용하는 양상을 보이는 것이다 (김미숙, 2014).

역사적으로 가장 중요한 것은 접촉(contact)과 문화적 차이(cultural difference)를 생성하는 '구별짓기의 놀이(le jeu de la distinction)'이다. 모든 집단들은 자기 고유의 특성을 강조하는 경향이 있으며, 자신의 문화모델이 가장 독창적이고 우수하다는 것이다. 오직 자기에게만 고유하게 속해 있다고 주장한다. 이러한 구별짓기의 놀이가 문화적 차이를 더욱 부각시킨다(Denys Cuche, 1996). 이에 Seelye는 문화교육의 필요성을 학습자의 입장에서 다음과 같이 제시하고 있다(정정운, 1996). 우선 문화적으로 규정된 행위를 할 때 행위이면에 포함된 문화적 배경을 이해할 수 있도록 도움을 주어 그 의미를 자연스럽게 받아들일 수 있도록 안목을 넓혀주어야 하며, 다음으로 대중매체와 개인관찰을 통해 다른 문화에 대한 정보를 찾고 조직화하는데 필요한 기술을 발전시키는 것이다. 문화교육에 있어 가장 좋은 방법은 해당 국가 사람들과의 직접적인 접촉, 해당 문화권 안에서의 생활이겠지만, 지금의 교육적 환경에서 있어 문화교육의 한계점을 감안하여 볼 때 대중매체를 통한 관찰이 가장 보편적인 방법일 것이다. 21세기는 인터넷으로 하나 되는 글로벌 시대인 만큼 다양한 자료들이 넘쳐나고 있어, 자료의 효용성과 가치성을 판단하여 선택할 수 있는 안목을 길러주는 것이 중요하겠다. 마지막으로 다른 문화권 사람들의 감정을 이해하도록 하여 다른 문화에 대한 정보를 수집하고, 연구하는 과정을 통해 스스로 평가하는 능력을 기르고, 문화에 대한 지적 호기심을 갖고 연구함으로써 다른 문화를 자연스럽게 이해할 수 있도록 해야 한다고 하였다.

문화를 학습하는 학습자들에게 교육되는 '한국문화'는 한국이라는 국가 속에서 이루어지는 문화를 일컫는 말이며, 한민족이 역사 속에서 한반도를 중심으로 형성해 온 생활양식의 총체라 규정할 수 있을 것이다. 따라서 '한국문화란 한민족이 한반도를 중심으로 그 주변 일대에서 환경에 적응하고 다른 민족과의 관계에서 스스로를 지키며 삶을 영위해 온 생활양식 전반'이라 할 수 있겠다 (조흥윤, 2001).

1.2.3. 다문화의 정의

다문화(Multiculture)는 다문화주의(Multiculturalism)에서 기반하며, 다문화주의는 민족마다 다른 다양한 문화나 언어를 단일의 문화나 언어로 동화시키는 동화주의의 이념에서 발전 보완한 것으로 서로 공존하여 문화 및 언어 등을 유지시키고 존중하는 개념이다. 캐나다에서 가장 먼저 다문화주의를 채택하였으며 이후 미국, 호주 등에서 정책으로서 도입되었다. 또한 한자로 풀이해보면 다문화는 많을 다(多)자에 문화(文化)라는 말이 붙어 '여러 나라의 생활 양식'이라는 뜻이다.

그리고 한국인과 혼인하는 외국인을 법무부의 법률적 용어로 결혼이민자라고 말한다. 특히 우리나라의 결혼이민자의 특성상 한국인 남성과 혼인하는 중국, 동남아 국가의 여성들이 대다수를 차지하기 때문에 결혼이민자를 광의 및 협의의 개념으로 다문화가족, 다문화가정주부 등으로 불리운다. 예를 들어 여성가족부의 용어는 다문화가족이며, 교육부는 다문화가정, 법무부는 결혼이민자라고 정의하고 있다. 결혼이민자는 우리나라가 유입국으로 변모한 후 가장 먼저 국민 됨을 전제로 정착하는 최초의 이민자로 다문화가정, 다문화가족, 다문화가정주부 등 다양한 용어를 탄생시켰으며, 우리나라가 다문화사회로 바뀌는 계기를 제공한 이민자로 볼 수 있다. 인구학에서 이민(移民)이란 출생, 사망과 더불어 인구규모의 변화에 영향을 미치는 인구이동(migration) 가운데, 국가의 경계를 넘는 인구이동 즉 국제 인구이동 (international migration)을 의미하는 개념이다. 외국에서 국내로 '들어오는 이민'을 '이입'(移入, immigration)으로, '나가는 이민'을 '이출' (移出, emigration)로 구분하기도 한다. 국제연합(United Nations, 1998)의 기준에 의하면 1년 이상 국경을 넘어 거주지를 옮기는 것은 '장기이동'으로, 3개월 이상 1년 미만의 기간 동안 옮기는 것은 '단기이동'으로 구분하고 있다. 따라서 통상 3개월 이상 국경을 넘어 다른 나라로 삶의 터전을 옮기는 국제 인구이동을 이민 또는 이주로 파악한다(이혜경, 2010). 그러나 일반적으로 일상용어에서의 이민은 자기 나라를 떠나 다른 나라로 가거나 오는 쌍방향으로 이루어지는 행위를 말하는데, 우리나라는 오랜 세월동안 '나가는 이민(Emigration)'이 주가 되었으나 1980년 후반 이후 '들어오는 이민(Immigration)'이 증가하고 있으며, 국내 이민자란 한국으로 이민 온 외국출신의 사람들을 말한다. 현대의 사회통합이론은 크게 두 부류의 출발점으로 구분할 수 있다. 첫째는 제2차 세계대전 이후 유럽에서 나타난 국가 간 통합과 관련된 연구에서 시작된 것이다. 전쟁이나 폭력이 아닌 평화적인 절차를 통해서 민족국가의 경계를 넘어 유립공동체와 같은 국가들 간의 협력체가 형성되어가는 현상을 설명하면서 통합이론이 발달하였다. 둘째는 선진국에 유입된 이주노동자의 정주화(denizen)와 그에 따른 이주노동자 2, 3세의 증가, 사회공간의 종족적 분할현상, 그리고 이들과 내국인 간의 사회문화적 갈등등이 나타나면서 이민자에 관한 사회통합 문제 및 그에 따른 시민권부여문제 등이 활발하게 논의되면서 시작되었다. 위의 현대의 사회통합이론 구분을 황미혜(2011)의 연구에서는 후자에 해당된다고 주장하였다. Castles and Miller(2003)와 Martiniello 등(2002)은 주로각 국에서 택하고 있는 이민자 통합정책의 유형을 차별적 배제모형, 동화모형, 다문화주의모형 등 세 범주로 구분하고 있으며 이는 이민정책을 연구하는 분석틀로 주로 사용되고 있다(설동훈, 2005).

이와 같이 우리나라는 이민정책(Immigration Policy)을 외국인정책이라고 정의하고 있다(외국인정책회의, 2006). 외국인정책이란이민정책(Immigration Policy)에 대한 정치 및 사회적 용어로서, 앞서 이민정책을 먼저 시행한 외국의 '이민정책'에 해당되는 외형적 표현이라고 할 수 있다. 이민정책은 출입국관리, 체류자격관리, 국제인력 수급정책, 국적관리 등 전통적 국경관리(border control)영역을 협의의 의미로 보고 있다. 반면 전통적 국경관리와 함께재한외국인의 사회통합프로그램, 인권, 차별, 개인의 역량강화, 국민의 다문화사회이해 등 사회통합정책을 포괄하는 광의의 의미도있다. 외국인정책(Immigration Policy)이 2008년에 재한외국인의관리 및 사회통합정책의 시작이 되었다면, 최근 다문화 담론에서'다문화'는 다소 부정적인 용어로 해석되기도 한다. 또한 '다문화정책'은 공식 이름이 아님에도 불구하고 광의의 개념으로 사용되고 있다. 정식 명칭인 다문화가족 지원정책은 2010년에 다문화가족 대상 사회통합정책으로 출발했지만 결혼여성이민자 당사자와 결혼여성이민자 가족까지 확장되고 있다. 또한 2012년까지는 다문화가족 지원정책이었지만 2013년부터 다문화가족정책으로 바뀌었다(김혜순, 2009).

이에 현재 우리나라는 세계 각국으로부터 유입된 이민자들이나 단기체류 외국인들이 다양한 이유로 국내에 체류하고자 점점 증가하고 있다. 또한 세계 각 국가들은 외국인 인재유치경쟁(war for talent)에 적극적으로 정책을 선회하고 있다. 이는 이주의 가속화로 이어지며, 자본주의 체계에서 국가 간 불평등한 경제발전, 이민송출국의 만연한 경제적인 문제, 이주의 여성화 등에서도 알 수 있다. 우리나라도 인재유치정책의 하나로 잠재적인 미래 인재로 간주하고 있는 외국인 유학생 유입을 적극적으로 시행하고 있다.

1.3. 한국인의 역사 특성

한민족(韓民族)은 한반도와 그 주변의 만주, 연해주 등지에 살면서 공동 문화권을 형성하고 한국어를 사용하는 아시아계 민족을 말한다. 중국과 일본에서는 조선민족(朝鮮民族), 구소련 지역에서는 고려인(高麗人) 등으로도 부른다. 우리나라에서는 한겨레라는 표현을 쓰기도 하는데, 이는 조선시대 이전의 '동포'(同胞)라는 개념과 같다. 외국에 거주하는 한민족을 이를 때에는 대개 한인(韓人)으로 약칭한다. 엄밀하게는 국적을 기준으로 대한민국의 국민을 주로 의미하는 한국인(韓國人)과는 다소 차이가 있으나, 관용적으로 같은 의미로 사용되고 있다.

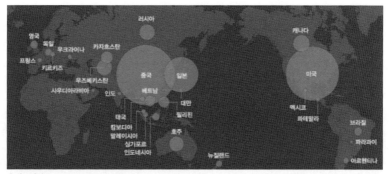

출처: 연합뉴스 http://www.peopleciety.com/archives/7108

<그림 2> 전 세계 한민족의 현황(2013)

또한 드물게 '배달민족'이라는 명칭도 사용되나, 명칭 자체가 20
세기에 들어 등장하였고, 아울러 신채호는 어윤적이 주장한 '배달(倍
達)'이란 호칭의 연원에 대해서 '믿기 어렵다'고 하여 비판적인 입장
을 견지하였다. 한민족은 주변으로부터 상대적으로 단절된 한반도라
는 공간을 배경으로 오래 전부터 고유한 언어적·문화적 공동체를
이루고 생활해 왔다. 그러나 오늘날 한민족이라고 불리는 집단이 언
제, 어떤 경로로 형성되었는지는 충분히 밝혀지지 않았다. 미국이나
중화인민공화국, 러시아 등과 같이 여러 민족이 공존하는 다민족(多
民族) 국가와 달리 대한민국은 한민족이 전체 주민의 대부분을 차지
하는 단일민족국가이다. 민족이란 동일한 언어와 문화를 바탕으로
공동체 의식을 지닌 집단이기 때문에 세계 어느 민족집단도 순수 혈
통만으로 이루어지지 않으며, 주변의 이질적 혈통을 흡수하고 여러
세대를 거치면서 하나의 민족집단으로 융화된다. 한국의 역사와 문
화적 측면에서 볼 때, 한국의 민족 기원을 살펴보지 않을 수가 없으
며, 한민족의 형성과정에 대해서는 1930년 이후로 연구가 진행되었

다. 또한 한반도 주민의 형성과정에 대한 연구는 남북한 사이에 큰 차이를 보이고 있다. 남한은 혼혈론과 주민교체설을 주장하고 있으며, 북한에서는 한민족 단혈성을 주장하고 있다(이기동, 2008). 박선주(1996)는 신석기시대 주민과 청동기시대 주민과의 진화상 관계가 규명되어져야 하며, 우리가 사는 지역에서 출토된 화석들을 가지고 형질상의 공통점과 변이를 찾아내는 것이 중요하다고 하였다. 이러한 논의에 따라 한국의 민족 기원에 대하여는 견해가 대체적으로 세 가지가 존재하며, 구석기시대 이후의 한반도와 만주를 중심으로 한국민족이동에 대한 의견에 따라 단혈성론, 주민교체설, 혼혈론 등을 대표적으로 들 수 있다.

첫째, 단혈성론은 단군(檀君)의 자손 혹은 백의민족(白衣民族)이라는 막연한 혈통과 습성에서 오는 것이 아니라, 한국민족이 50만 년 전의 전기 구석기시대에서 시작되어서 그 원형이 갖추어져, 신석기시대 및 청동기문화까지 이어져 왔다. 바로 이들의 후손이 50만 년 동안 단일 단혈성(單血性)을 유지하여 왔다는 것이다.

둘째, 주민교체설은 단혈성론과 다르게 구석기시대의 말기에서 신석기시대로의 연계는 적극적 근거가 미흡하며, 신석기시대와 청동기시대의 문화 구성원들은 다르다는 기원에서 출발하고 있다.

셋째, 혼혈론은 혼혈은 순혈의 대립 개념으로 서로 다른 종족 사이에서 생긴 혈통을 뜻한다. 이는 혼혈은 피를 섞는다는 행위의 개념이 아니라 종족이 다른 남녀의 성적 결합에 의한 후손의 재생산이라는 혈통의 결합을 말한다.

그렇다면 현재의 한국 사회는 어떠한가? 위의 한민족의 형성과정 중에 세 번째에 해당하는 혼혈론의 측면에서 볼 때 한국사회 혼혈의 정의는 다소 혼란스러울 수가 있다. 왜냐하면 국제결혼가정의 자녀는 모두 혼혈인으로 정의되기 때문이다. 예를 들어 한국인과 다른 국가인과의 결혼으로 태어난 자녀는 당연히 혼혈인이 되지만 한국인과 조선족 등 해외동포일 경우는 한민족의 개념으로는 혼혈인이라고 하기에는 타당성이 희박하다.

1.4. 한국인의 문화 특성

한국은 단군신화인 설화를 바탕으로 건국된 단일민족으로 순수한 민족의식을 갖고 있는 한민족이다. 이렇게 정의된 한민족은 크고 밝고 하나의 의미와 같고, 하늘과 으뜸, 처음과 성하다는 의미와 항상 광명으로 밝은 모든 진리와 빛을 상징함으로써 한(韓)의 의미를 내포하고 있다. 이것은 민족의 통일과 자연의 일치와 조화, 국민들 간의 협동과 평화정신이 내재되어 있다. 또한 유교, 불교, 도교의 혼합된 종교의식은 인간의 존엄성과 인간의 생명력을 느끼게 한다. 이는 일체, 평화, 의리의 존중으로 가치관을 형성하여 인간중심의 감성표현을 이룬다는 것을 의미한다.

이와 같이 한민족의 역사적 관점에서 한국의 문화특성을 살펴보면 다음과 같이 구분할 수 있다.

우선 한국문화의 첫 번째 특성은 단일민족으로서의 전통이 강하다는 점이다. 그 뿌리 깊은 전통문화, 즉 고유문화를 한 자리에서 유구하게 지켜오고 있다. 한국은 한반도라는 비옥한 자연공간을 차지한 상태에서 수천 년간 단일민족을 이루고 독자적인 중앙집권 정부를 운영하며, 동일한 문화권 속에서 살아왔다. 우리나라가 최근에 국가 내부에서의 종교 문제나 인종차별 또는 소수민족 문제, 부족 간의 대립 등으로 인한 사회분열이나 분규에 시달리지 않고 빠른 성장을 이룰 수 있었던 것은 그러한 역사경험에 기인하는 바가 크다. 또한 혈통 및 언어로부터 비롯되는 동질성은 천년 이상 지속된 단일한 중앙집권적 정부 아래 더욱 심화되어, 동일 조상 의식이나 풍속 면에서의 개성이 점차 나타났다. 특히 삼신할머니 신앙이나 명절의 조상 숭배 습속, 그네, 씨름, 농악, 한복, 음식 등의 풍속은 한국민족만의 독특한 개성이 드러난다. 그러한 풍속들은 우리 민족이 점유하고 있는 한반도의 자연조건과 잘 어울리고 우리의 심성에 맞도록 고유화 되어 이를 포기하기 어려운 경지에 이르렀다. 그래서 한민족은 외세의 침략에 대하여 전통문화를 지키려는 의지가 강하다. 중국문화는 남의 문화를 동화시키는 강한 포섭능력을 가지고 있어서, 주위의 많은 이민족들이 자신들의 정체성을 상실하고 중화사상 아래 동화되고 말았으나, 한민족은 자주성을 지키며 살아남았다. 이는 한국문화의 가치에 대한 민족 구성원들의 자각에서 비롯된 것이라고 하겠다.

한국문화의 두 번째 특성은 민족 내부에 계층 간의 엄격성이 약하고, 평등성이 강한 편이라는 점이다. 이는 단일민족의 전통문화를 장기간에 걸쳐 영위해 온 결과이기도 하다. 그러한 증거로서 들 수 있는 것은 다른 나라들에 비해 왕권이 상대적으로 취약하고, 양인의 폭넓은 신분상승이 가능하였으며, 노비의 사회경제적 처지가 그다지 낮지 않았다는 점 등을 들 수 있다. 물론 모든 시대에 그런 것은 아니었으나, 시대가 내려올수록 평등성은 차츰 심화되어 왔다. 이처럼 한국의 전통사회는 단일정부의 통제 아래 있던 단일민족이 오랫동안 공동체생활을 함께 영위해 온 결과, 계층 간의 평등성이 점진적으로 제고되어 왔다. 이러한 현상은 더 나아가 인간 상호간의 조화, 주변과의 조화, 자연과의 조화를 추구하게 되지 않았을까 한다. 그리하여 우리 민족은 소수계층만을 위하여 지나치게 화려한 건물을 짓거나, 드러나게 호화로운 생활을 하는 것을 자제해 왔다.

한국문화의 세 번째 특성은 각 시대마다 외부문화에서 필요한 것을 받아들여 종합함으로써, 우리의 필요에 맞는 개성 있는 것으로 만들어 왔다는 점이다. 이는 공존과 조화의 필요성을 민족 내부에서만 인정하는데 그치지 않고, 그러한 체질을 외래문화의 영역까지 극대화시킴으로써 나타난 것이다. 예를 들어, 거문고나 가야금과 같은 악기로부터, 원효의 교학 불교, 지눌의 조계종, 신라와 고려 및 조선의 관료제도, 퇴계와 율곡의 성리학에 이르기까지, 이런 대부분의 것들은 우리 사회의 현실에 기반을 두고 외래문화를 수용하여 종합함으로써 나타난 우리의 고유문화인 것이다. 한국문화에서 종합의 전통은 더 나아가 독창적인 문화를 창출해 내기도 하였다. 한국문화의 우수성을 말해 보라고 하면, 일반적으로 상감 청자, 금속 활자, 한글 창제, 거북선 등을 나열한다. 이들은 외래문화의 단순한 수용이 아니라 그들을 전통적인 문화 요소들과 종합하고 변용하여 한국사회에 필요한 것으로 탈바꿈시켜 만들어낸 산물이며, 당시의 세계문화에 비하여 선진적인 요소들이었다. 그러므로 외래문화에 대한 일방적인 추종도 곤란하지만, 외부문화의 수용경로를 인위적으로 차단하는 것은 언제 어느 시기를 막론하고 가장 큰 실책으로 귀결될 뿐이다.

한국문화의 네 번째 특성은, 근대로 이행되는 과정에 전통문화 단절의 경험을 겪었다는 사실이다. 이는 기존의 한국문화 전통을 전면적으로 부인하는 여건을 조성하여 현대의 한국인들이 자신감을 상실하는 계기가 되었기 때문에 지적해 두지 않을 수 없다. 역사는 한시도 끊이지 않고 변하는 것이어서, 성공이 있은 뒤에는 반드시 실패가 뒤따르기 마련이다. 그러나 한국사회 전체의 측면에서 볼 때는 민족문화에 내부 모순이 생길 때마다 그 극복능력을 가진 건전한 중간 계층을 자체 내에서 배출해 왔고, 그들은 다음 사회를 개척해 나갔다. 많은 문명들이 원인도 모르게 단절되었음에도 불구하고 한국 전통문화가 연면히 이어올 수 있었던 것은 그 때문이다. 그러나 조선 말, 대한제국기에는 중간 계층을 대변하는 개화세력이 상층 보수세력과 하층의 동학을 포섭하지 못하여 민족내부 의견이 조정되지 못한 상태에서 열강의 계기적 공격을 받고 무너짐으로써 한국은 식민지로 전락하였다. 또한 일제강점기 사회에서 한국은 파행적 근대화 과정을 겪었다. 모든 교육과정에서 한국 전통문화의 계승을 삭제하고, 언어·기술·건축·예술·사상 등 모든 문화부문에서 개화된 일본의 문화를 우월한 것으로 선전하고 강요하였다. 이는 일본의 근대화를 위해 한국민족을 희생시키고 한국민족의 자주적 생존을 막는 부당한 식민 통치에 대한 합리화에 불과하였다. 이러한 모든 것이 한국문화를 급속히 타락시켜갔으나, 그 중에서도 식민사관 교육의 폐해는 매우 컸고, 당시에 심어진 민족문화에 대한 열등감은 아직도 깨끗이 치유되지 않았다.

　현재 한국은 전통의식과 사고들이 농업사회에서 산업사회로 바뀌고, 고도성장에 따른 산업화로 바뀌면서 기본정신이 현실에

맞게 변화되었다. 즉 대가족에서 핵가족으로 한국의 전통적인 삶
의 기본형태가 사라지면서 서양화된 사고방식이 생활의식 속에 스
며들고 있으며, 경제적 풍요로 황금만능주의가 생기고, 도시가 발달
하고, 합리주의와 기능주의가 사회의 특성으로 자리 잡고, 고학력
중심의 사회와 사대주의 성향이 강해지는 등의 새로운 가치관의 확
립과 함께 문화적인 특성이 새롭게 변환되고 있다(김효은, 2003).

자료: 한국민족문화대백과

<그림 3> 단군왕검

2.귀화 성씨로 접근하는 한국의 다문화 역사

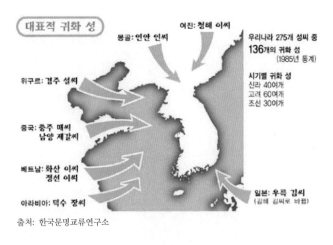

출처: 한국문명교류연구소

<그림 4> 한국인의 성씨

2.1. 삼국시대부터 조선시대까지 귀화 이민자의 변천사

한국에서 외국인이 유입되어 한국인으로 귀화의 시작은 삼국시대 초기로 기록되어 있다. 당시에 한국으로 귀화하는 외국인은 대부분 수(隋), 당(唐)에서 유입되었던 중국인들이었다. 고려시대에는 송(宋), 여진(女眞), 거란(契丹), 안남(安南: 베트남), 몽골, 위구르, 아랍 사람들 이었으며, 조선시대에는 명나라(明)와 일본(日本) 등 다수의 외국인 이 이주하여 한국으로 귀화(歸化)하였다고 한다. 이들이 한국에 귀화 하게 된 요인은 대부분 정치적 망명, 표착(漂着), 종교홍포(宗教弘布), 투항(投降), 구원(救援), 상사(商事), 전란피란(戰亂避亂), 범법도피(犯法 逃避), 정략결혼(政略結婚), 왕실 시종관계(侍從關係) 등이 대표적이다. 정치적 망명은 역사상 중국은 정권교체와 여러 쿠데타로 정국이 불안하였고, 이러한 상황 때문에 한반도로 피난하여 귀화한 예가 많았다. 당(唐)·송(宋) 시기와 명(明)·청(淸) 시기에 정치적 망명으로 귀화 이민자가 많았으며, 이는 지리적으로 가깝고 문화적인 측면에서도 유사한 한반도에 정치적 박해나 전란을 피하여 들어왔다. 조선왕조실록에는 '향화인'이라고 하는 당시 귀화 이민자들에 관한 내용이 상당부분 언급되어 기록되어 있다. 향화인의 향화(向化)는 현재의 우리말에는 낯선 용어이고 국어사전에 향화의 의미는 "왕의 어진 정치에 감화되어 그 백성이 됨"이라고 정의하고 있으며, 향화인에 대한 관리규정은 경국대전(經國大典) 등과 같은 법전에도 기록되어 있다.

이 당시에 그들은 자기의 성을 그대로 가져오고 그것을 시조로 삼았다. 당나라 현종 때 안록산(安祿山)의 난을 피하여 귀화한 김포 공씨(金浦 公氏) 시조 공윤보(公尹輔) 등과 당나라 황소(黃巢)의 난을 피하여 신라로 귀화한 효령 사공 씨(孝令 司空氏) 시조인 사공도(司空圖)가 대표적인 귀화 사례이다. 그리고 원나라 홍건적(紅巾賊)의 난을 피해 고려에 귀화한 경주 설 씨(慶州 偰氏) 시조 설손(偰遜)과 원(元) 말기 전란을 피하여 고려에 귀화한 밀양 당 씨(密陽 唐氏) 시조 당성(唐誠)이 한반도에 들어와 귀화하였다. 명나라 명옥진(明玉珍)의 반란에 가담하였다는 참소를 받고 장남 사중(史重)과 함께 고려에 망명하여 귀화한 청주 사 씨(靑州 史氏)의 시조인 사요(史繇) 등의 성씨 시조들이 정치적 박해를 피하여 한반도에 정착하였다. 파릉 초 씨(巴陵 楚氏)의 시조인 초해창(楚海昌)은 청나라가 개국하자 조선으로 망명하여 정착하였다. 이와 같이 한반도의 귀화 이민자들은 정치적인 박해나 아니면 전쟁으로 인한 피난 때문에 한반도에 들어와 정착한 것이다.

한반도에 귀화하는 이민자는 정치적인 망명뿐만 외교적 측면도 볼 수 있다. 역사적인 배경에서 살펴보았을 때 한반도가 위기에 처했을 때 도움을 주거나 정치, 문화교류를 통한 사신 등은 두 나라의 외교관계가 얼마나 밀접하였는지를 알 수 있다. 대표적인 외교 귀화 이민자로는 송나라(宋) 고종(高宗)의 명을 받아 사신으로 고려에 입국하여 귀화한 함평 모 씨(咸平 牟氏)시조인 모경(牟慶)의 예이다. 또한 명나라 태조 홍무제(洪武帝)의 명으로 한반도에 파견된 수안 계씨(遂安 桂氏)의 시조 계석손(桂碩遜) 등이다. 조정의 명을 받아 원군(援軍)으로 한반도에 들어온 경우는 명나라(明) 사람으로 정유재란 때 구원병으로 왔던 절강 시 씨(浙江 施氏)의 시조 시문용(施文用)이 있었다. 원나라(元) 원병을 이끌고 왔던 강음 단 씨(江陰 段氏)의 시조 단희상(段希祥), 임진왜란 때 파병되었던 해주 석 씨(海州 石氏)의 시조인 석성(石星), 임진왜란 때 한반도에 건너와 왜군을 섬멸한 영양 천 씨(穎陽 千氏)의 시조 천만리(千萬里) 등이 있다.

정치적이나 외교적 귀화가 아닌 개인적인 이유로 귀화한 사례로는 고려 예종 때 상선(商船)을 타고 내려온 풍산 심 씨(豊山 沈氏) 시조 심만승(沈滿升), 현풍 곽 씨(玄風 郭氏)의 시조 곽경(郭鏡)을 들 수 있다. 당나라(唐) 때 일본에 사신으로 가다가 동해에서 풍랑을 만나 경상북도 미포(美浦)에 터를 잡고 세거하게 된 평해 임 씨(平海 丘氏)의 시조 임대림(丘大林)과 당나라(唐) 사신으로 일본에 가다가 심한 풍랑으로 영덕군 축산(盈德郡 丑山)에 표착한 영양 김씨(英陽 金氏)의 시조 김충(金忠), 당나라(唐) 한림학사(翰林學士)를 역임하고 신라로 건너온 곡산 노 씨(谷山 盧氏)의 시조 노원(盧垣) 등이다.

대부분은 당시의 조정으로부터 높은 대우를 받았으며, 왕으로부터 성씨와 이름을 하사받은 귀화 이민자도 적지 않다. 이와 같이 귀화 이민자로 한국 성씨를 받은 사람들을 크게 구분해 보면 중국계가 가장 많고 몽골계, 여진계, 위구르계, 아랍계, 베트남계, 일본계 등으로 분류된다. 표준국어대사전에서 귀화의 법률적 정의는 다른 나라의 국적을 얻어 그 나라의 국민이 되는 것이라고 명시되어 있다. 따라서 귀화는 외국인이 국적을 취득하여 그 나라의 국민이 되는 것을 말한다. 귀화 성씨는 귀화한 사람이 본래 자기의 성씨를 갖고 귀화하고자 하는 나라에 가서도 그대로 사용하는 것을 말한다.

1985년 인구조사에서는 한국의 성씨는 276개로 조사되었으며, 대부분 중국이나 주변국가에서 귀화한 뒤에 자신의 성씨를 그대로 국내에서 사용한 귀화 성씨는 총 성씨의 약 50%에 해당하며, 전체인구의 약 20%를 차지한다고 한다고 하니 귀화 성씨가 차지하는 비중이 이렇게 높다고 할 수 있다. 이것은 한국이 단일민족이라고 하지만 실제로 외국에서 귀화한 사람들이 많았다. 2000년 통계조사에서는 한국의 성씨가 728개로 한자(漢字) 성씨 288개와 한자를 사용하지 않은 성씨 442개로 조사되었다. 그러나 2015년 현재 통계청의 조사에서는 한국의 성씨가 5,582개로 밝혀졌으며, 한자를 사용하는 성씨가 1,507개이고 한자를 사용하지 않은 성씨는 4,075개로 나타났다. 이와 같이 15년 정도의 기간 동안 한국의 성씨가 급증한 이유는 한국의 다양한 이민자에 기인한다. 한자 성씨도 많이 증가한 이유는 중국인(한국계 중국인 포함)이 귀화하였을 경우에 본인의 성씨를 등록하기 때문이다. 또한 중국과 달리 한자 성씨를 사용하지 않은 국가에서 온 귀화 이민자들은 한국으로 귀화 시에 본인의 성씨를 그대로 등록한 경우이다. 한자를 사용하지 않은 성씨의 대표적인 성씨는 맥과이어, 스즈끼, 존슨 등을 들 수 있다. 이처럼 한국인으로 귀화하는 이민자가 증가함에 따라 한국의 성씨도 증가하는 연계성에서 찾아볼 수 있다.

2.2. 삼국시대의 귀화 성씨

한국의 족보에 나타난 귀화인들은 대부분이 중국에서 들어왔으며, 이는 지리적으로 인접한 중국과의 교류가 가장 활발했기 때문이다. 이러한 역사적 정황에서 보면 한민족의 혈통 속에는 순수한 한족(韓族)이 아닌 것이라는 것을 알 수 있다.

황한용(2014)의 사료 연구에서는 중국의 고대왕조 하(夏), 상(商), 주(周)는 물론 춘추전국시대(春秋戰國)와 진(秦), 한(漢), 그리고 위진남북조(魏晉南北朝), 수(隋), 당(唐), 송(宋), 요(遼), 금(金), 원(元), 명(明), 청(淸) 시대에 이르기까지 많은 한족들이 동래(東來), 귀화(歸化)하였다고 분석하였다. 이와 같이 삼국시대 이전부터 중국에서 동래한 귀화 이민자들이 이미 존재하고 있었다.

삼국사기(三國史記)의 신라본기(新羅本紀)에서 박혁거세(朴赫居世) 38년의 기사(記事)에는 다음과 같이 나타나 있다. '중국사람은 진나라 전란 때문에 피난하여 진한(辰韓)에 동래, 정착하였다.'라고 기록되었다. 기자(箕子)는 은나라(殷)의 현자로 주나라(周) 무왕(武王)이 은나라를 멸망시키자 몇몇 지사들을 이끌고 고조선으로 피신하였다. 기자는 이 당시에 청주 한 씨(淸州 韓氏), 행주 기 씨(幸州 奇氏), 태원 선우 씨(太原 鮮于氏) 등의 성씨를 세웠다. 그리고 기자(箕子)를 수행했던 사람들은 태인 경 씨(泰仁 景氏) 함열 남궁 씨(咸悅 南宮氏), 신천 강 씨(信川 康氏), 함평 노 씨(咸平 魯氏), 그리고 토산 궁 씨(土山 弓氏) 등 새로운 성씨를 가진 귀화 이민자로 한반도에 정착하였다. 그리고 황씨의 시조인 황락(黃洛)과 평해 구 씨(平海 丘氏)의 시조 구대림(丘大林)은 신라 때 교지국(交趾國)에 사신으로 가던 길에 풍랑을 만나 표착된 곳에 거주하게 되었다.

한편, 중국의 당나라는 한국의 통일신라 시기와 같은 시대로 활발한 교류로 인해 많은 사람들이 상호간 왕래하면서 귀화한 사례가 많았다. 이종일(1993)의 연구에 따르면 당나라와 통일신라 시기의 교류로 인하여 한반도로 귀화한 것으로 보이는 성씨는 모두 25개로 1985년 한국인구의 10%에 해당한다고 하였다.

2.3. 고려시대의 귀화 성씨

고려시대에 송·원나라 사람이 귀화하여 시조가 된 것으로 믿고 있는 성씨는 40개 정도이다. 이와 같이 귀화한 성씨가 고려시대에 이처럼 증가하였다는 것은 고려가 대외적으로 중국과 폭넓고, 다양한 교류를 전개하는 등 적극적·개방적 외교를 펼쳐나갔다는 것을 알 수 있다. 고려왕조실록은 전란으로 소실되었으며, 조선시대 정도전 등이 '고려국사'를 편찬하였다. 그렇지만 송나라와 원나라를 제외한 요(遼), 금(金) 등은 문화적으로 다소 낮은 북방 소수민족으로 한반도에 귀화한 사람도 다수 있었으나, 씨족을 대부분 형성하지 못하였다.

2.3.1. 고려의 국제결혼이민자: 제국공주

13세기와 14세기 시기의 고려는 원나라 간섭기 하에 들어가면서 고려사회의 특성은 원나라와의 국제결혼이다. 고려와 원나라 간의 왕고려의 국제결혼은 왕실 통혼으로 충렬왕을 시작으로 약 100년 동안

이어졌다. 충렬왕은 원나라 세조 쿠빌라이의 딸인 제국대장공주(帝國大長公主)와 혼인하였으며, 이후 역대의 고려국왕은 세자시절 독로화(매자: 質子)[1]로 원나라 수도에 머물면서 원 공주와 혼인한 후 즉위하는 것이 하나의 통례가 되었다. 그리고 혼인 순서와 상관없이 원나라 공주를 정비(正妃)로 삼고, 정비가 낳은 아들이 왕위계승자가 되는 원칙이었다. 원나라 간섭기 고려의 국왕 7명 가운데 충목왕과 충정왕을 제외한 다섯 명의 고려왕이 원나라의 부마가 되었다. 왜냐하면 충목왕은 8세에 즉위하여 재위 4년 만에 12세의 나이로 사망하였으며, 충정왕은 12세에 즉위하여 3년 후에 퇴위하였으므로 왕비를 맞아들이지 못하였기 때문이다.

고려왕과 혼인한 원나라 출신 왕비들은 오직 제국대장공주만이 명실상부한 공주이고, 나머지는 모두 종실(宗室) 출신이었다. 그래서 이들이 고려의 정치구도에 영향을 미친 것은 역사적 사실이지만 정치적 영향력이 모두 동일한 것은 아니었다. 원나라의 공주 출신 왕비들은 원나라를 배경으로 한 고려에서의 위상에서 왕이나 왕의 여인(他妃)들과의 갈등을 야기하였으며, 원나라 출신 왕비와 관련된 사건들은 원나라의 개입을 불러일으켰고, 고려의 정국동향에 큰 영향을 미치기도 하였다. 이처럼 고려사에서는 원나라 공주출신 왕비들이 고려에 해악을 끼친 것을 주로 거론하였다.

이처럼 고려가 왕실 통혼에 적극적인 자세를 취하게 된 것은, 원나라 왕실과의 혼례를 맺음으로써 반몽세력을 제어하고 왕실의 권위를 높이려고 한 것이다. 또한 당시 원나라에서는 고려를 원의 군현으로

---

1) 독로화(禿魯花): 인질(質子) 또는 볼모라는 뜻으로, 고려시대 중국 원나라에 볼모로 잡혀간 왕자나 고관의 자제들을 이르던 말로 중세 몽골어로 '툴루게(tuluge)'의 음역어이다.

만들자는 정벌 논의가 제기되는 상황이었으므로 고려의 세자(후의 충렬왕)는 고려의 존립을 지킬 필요가 있었다. 또한 고려 국내의 반란을 진압하기 위해서는 원나라에 가시적인 확신을 줄 수 있는 수준에서 원나라의 판도로 들어가겠다는 의지를 밝히면서도 자신의 지위를 확고히 해야 할 필요에서 공주하가(公主下嫁)를 청했던 것이다(도송이, 2007). 충렬왕은 제국대장공주와의 혼인이 성립된 이후 호복을 입고 개체하여 귀국함으로써 원나라로의 접근을 분명히 하였다고 고려사 세가 28편에 기록되어 있다. 당시 고려 백성들은 충렬왕이 원나라의 복장과 머리 모양[2]을 하고 귀국하자 모두 통곡을 하였으나, 충렬왕은 자기의 본 모습은 바뀌어도 고려를 위해서 자신의 보여지는 이미지를 희생하였다고 기록되어 있다. 제국대장공주는 충렬왕과 혼인한 후 2명의 왕자와 1명의 공주를 두었고, 첫째 아들이 후에 왕위를 이어 충선왕이 된다.

자료: 민족문화대백과사전

<그림 5> 원나라 세조 쿠빌라이

---

2) 몽고식 변발은 머리 변두리를 깎고, 정수리부분의 머리털만 남겨 땋아 늘인 것인데 고려 충렬왕은 세자로 있을 당시 원에 다녀올 때 변발호복으로 입국하여, 고려국왕에 오른 후 모두 몽고의 의복과 개체 변발을 할 것을 명하였다. 그러나 일반서민들이 이를 시행한 것은 아니고 주로 지배계급에서만 적용된 경우이다(민족문화대백과사전).

2.3.2. 몽골계의 대표 성씨: 연안 인 씨

연안 인 씨(延安 印氏)는 황해도 연안군을 본관으로 하는 귀화 성씨로 시조 인후(印侯)는 본명이 훌라타이(忽刺歹)이다. 1275년(고려 충렬왕 1년)에 충렬왕의 비 제국대장공주(齊國大長公主)를 따라 고려에 와서 귀화하였다. 당시 대장군이었던 교동 인 씨(喬桐 印氏)인 인공수(印公秀)의 집에 있으면서 친분을 쌓았으며, 인공수의 성을 빌려 자신의 성씨를 인 씨(印氏)로 삼았다고 한다.

2.3.3. 청해 이 씨(青海 李氏): 여진

시조는 고려시대 여진족 출신인 이지란(李之蘭, 1331년(고려 충혜왕 1년)~1402년(조선 태종 2년))이다. 본명은 쿠란투란티무르(古倫豆蘭帖木兒)이다. 이지란(李之蘭, 1331년~1402년)은 여진족 출신이며 고려 말 조선(朝鮮) 초의 무관이다. 여진족 이름은 퉁두란(佟豆蘭)으로서 성씨(姓氏)는 퉁(佟, 동)이고, 이름은 두란(쿠란투란티무르, 古倫豆蘭帖木兒, 고륜두란첩목아)이다. 이지란의 아버지 아라부카(阿羅不花)는 여진(女眞)의 금패천호(金牌千戶)였다. 아버지에 이어 천호가 되었다가 원나라 말기 1371년(고려 공민왕 20년) 많은 부하를 이끌고 귀화하여 함경도 북청(北青)에 거주하면서 이성계 휘하에 들어가 이 씨 성을 하사 받았으며, 이어 조선 개국공신 1등에 책봉되고, 청해백(青海伯)에 봉해졌다. 청해는 북청의 별호(別號)로 국어사전에서 별호는 본래의 이름 외에 따로 지어 부르는 이름이라 정의되어 있다. 조선 태조 이성계(李成桂, 1335년~1408년)보다 4년 먼저 태어났지만 늘 전장을 함께 하면서 주군으로 모셨다. 태조 이성계(李成桂)와는 의형제를 맺었으며, 그 인연으로 후에 이(李) 씨 성을 사성 받아 개명하였다 한다. 이성계가 왕이 되기 전 고려의 무장으로서 활약할 때부터 그를 따라 여러 전투에 참가하였으며, 조선 개국에 동참해 개국공신 1등이 되었다.

자료: 한국민족문화대백과

<그림 6> 여진족 출신 장군, 이지란(李之蘭)

2.3.4. 경주 설 씨(慶州 偰氏)와 덕수 장 씨(德水 張氏): 아랍계

경주 설 씨와 덕수 장 씨는 아랍인이나 중앙아시아 쿠르크족인 위구르인들을 의미한다. 고려시대에 아랍인이 직접 왔던 기록은 3번 정도가 남아 있었다. 이들은 아랍인이라기보다는 몽골제국에서 제2의 지배계층을 이룬 위구르인이 그 대부분일 것이라는 추정이 있다. 당시 개경에는 이들 위구르인을 칭하는 말하는 회회인(回回人)의 집단 거주지가 있었고, 심지어 이슬람 종교의식을 거행하던 사원도 있을 정도였기에 회회인이 고려에 미친 영향이 크리라 짐작할 수 있다. 고려 충렬왕 시대의 고려가요 '쌍화점'에 '회회아비'가 들어 있는 것처럼 당시 고려사회는 회회인이 고려인들과 더불어 생활한 것으로 추정된다. 기록에도 회회인들은 고려왕실에서 개최하는 팔관회에 초청될 정도로 인기가 있었으며, 이들의 참석을 즐거워했다는 것이 남아 있다는 것이다. 회회인에 관한 이야기는 조선시대 1427년 세종이 근정전에서 귀화한 회회인들이 코란을 암송하며 만수무강과 국가의 안녕을 기원하는 의식인 회회조회(回回朝會)를 즐겼다는 실록의 기사가 있다.

경주 설 씨(慶州 偰氏)의 시조 설손(偰遜)은 본래 위구르 사람인데 원(元)나라에 귀화(歸化)하여 단주태수(單州太守)를 지내고, 1358년(고려 공민왕 7년) 홍건적의 난을 피해 고려에 귀화하였다. 경주 설 씨는 위구르 사람이 설련하(偰輦河)에서 살았기 때문에 설(偰)로 성씨를 삼았다. 조선 세종 때 집현전 학사로 이름이 높았던 설순은 위구르계인 경주 설 씨이다.

자료: 중국 소수민족 연구

<그림 7> 위구르족 남성의 전통복장

덕수 장 씨(德水 張氏)의 시조 장순룡(張舜龍)은 회회인으로 원나라 세조 시기 필도치라는 벼슬을 지냈는데, 1275년(충렬왕 1년) 충렬왕 비인 제국공주를 배행하여 고려에 왔다가 금자광록대부(金紫光祿大 夫: 고려 문관 종2품에 해당) 문하찬성사(門下贊成事: 고려 관직명)를 지내고 덕수부원군에 봉해졌다.

2.3.5. 화산 이씨(花山 李氏): 베트남

화산 이씨는 귀화 성씨로 중시조는 이용상(李龍祥)이다. 시조는 베트남 리 왕조(이조)의 개국황제인 이태조 이공온(李公蘊·Lý Công Uẩn) 이며, 중시조 이용상은 7대손이다. 베트남의 제6대 황제 영종 이천조(李天祚·Lý Thiên Tộ)의 일곱 번째 아들로 정선 이씨의 시조 이양혼과는 종손과 종조부 사이이다. 1226년 정란에 왕족들이 살해당하자 화를 피하기 위해 측근들을 데리고 바다에서 표류하다가 황해도 옹진군 화산면에 정착했다고 전한다. 당시의 고려 고종은 이를 측은히 여겨, 그에게 그 지역의 땅을 주었으며, 그를 화산군으로 봉해서 정착을 도왔다. 이용상은 원나라 침입 때 지역 주민들과 함께 몽고군과 싸워 전과를 올렸으며, 이후 그의 후손들이 이용상을 시조로 받들고 본관을 화산으로 삼았다. 이러한 800년의 역사를 바탕으로 현재는 한국과 베트남의 가교 역할을 하고 있다.

2.4. 조선시대의 귀화 성씨

조선왕조실록 지리지에는 동남아시아인과 이슬람교도뿐만 아니라 중국인, 왜인(倭人: 일본) 인, 만주 지역에 산재하여 주거하던 여진족의 여러 종족인 야인(野人)들이 조선에 귀화하여 생활하는 것이 기록되어 있다. 압록강과 두만강 밖에 거주하던 여진 종족은 좋은 말이 새끼를 낳으면 상납하였고, 농사를 짓다 흉년이 들면 곡식을 빌리러 오기도 하였다고 전하고 있다.

보편적인 역사의 상식에서 추론하면 조선시대는 쇄국정책과 연계하고 있지만 조선왕조실록 지리지에는 숱한 외국인들이 조선에 상주하고 있었음을 기록하고 있다. 이와 같이 조선의 대외 관계는 현재의 동아시아 지역이 기조였으며, 중국과의 관계가 가장 높은 비중을 차지하였다. 당시의 상황에서 중국의 인종도 한족, 여진족, 만주족 등으로 분화될 수 있다. 그리고 일본의 유구인(琉球人: 오키나와)인과의 교린관계를 유지하였던 것을 알 수 있다. 그러나 조선왕조실록 지리지에는 훨씬 광범위하게 외국인과의 교류가 있었다는 것을 기록하고 있다. 조선시대 초기에는 일본, 태국, 자바, 수마트라, 보르네오, 몽골, 위구르 등지에서 사신들이 들어와 조공을 받쳤다는 기록이 전해오고 있다. 또한 네덜란드인, 흑인(당시 유럽의 아프리카 노예로 추정)까지 있었다고 나와 있는데 이는 조선의 건국 후 태조 2년 1393년의 기록에 나와 있는 내용이다.

2.4.1. 태국인 기록

섬라곡국(暹羅斛國)에서 그 신하 내(乃: 관직이름) 장사도(張思道) 등 20명을 소목(蘇木) 1,000근, 속향(束香) 1,000근과 토인(土人) 2명을 바치니, 임금이 두 사람으로 하여금 대궐 문을 지키게 하였다.[3]

---

3) 태종실록 2년 6월 16일: 섬라곡국(暹羅斛國)은 태국이며, 토인(土人)은 태국 원주민을 말한다. 소목(蘇木)은 콩과의 식물로 천연 염색이며, 속향(束香)은 한약재이다.

섬라곡국 사절 장사도 일행은 임무를 마치고 본국으로 돌아가서 그 다음해 1394년 장사도 일행이 다시 조선으로 돌아와서 태조에게 다음과 같이 요청하였다고 기록에 나와 있다.

자료: 민족문화대백과사전

<그림 8> 섬라곡국 사절 장사도

작년 12월에 회례사(回禮使) 배후(裴厚)와 함께 일본에 이르렀다가, 도적에게 겁탈되어 예물과 행장을 다 태워버렸습니다. 다시 배 한 척을 꾸며 주시면 금년 겨울을 기다려서 본국에 돌아가겠습니다.[4]

그리고 장사도는 칼과 갑옷, 구리 그릇과 흑인 두 명을 바쳤다고 조선왕조실록 지리지에 기록되어 있지만 어떤 사람들인지는 알 수가 없다. 또한 장사도는 1394년 태조에게서 예빈경(禮賓卿)[5]의 직책을 받았다. 이는 1396년 태조 5년의 조선왕조실록 지리지의 기록에 다음과 같이 나타나 있다.

---

4) 「태조실록」 3년 7월 5일

5) 예빈경(禮賓卿): 외국사진을 접대하는 예빈시의 관직을 말한다. 이는 장사도가 귀국을 포기하고 조선에 거주하고 있음을 알 수 있다. 세종실록 2년 2월 16일의 기록에 어가 앞에서 길을 인도하는 장사도와 삼국의 길을 인도한 장용 등에게 활과 화살을 하사했다는 기록에서 세종 때까지 조선에서 귀화 이민자로 산 것으로 확인된다.

이자영이 일본에서 왔다. 당초에 자영이 통신사로 예빈시 소경(少卿) 배후와 함께 섬라곡국(暹羅斛國)에 회례사로 갔다가 그 나라 사신 임득장 등과 함께 돌아오던 길에 전라도 나주 앞바다에서 왜구에게 붙잡혔다. 다른 일행은 죽고, 이자영만이 사로잡혀 일본에 있다가 이제 돌아오게 된 것이었다.[6] 사망한 줄 알았던 섬라곡국 임득장 등 6명의 외교사절이 왜구에 잡혀갔다가 도망하여 왔으므로, 임득장 등 4명에게 각각 옷 한 습씩 하사하고 종인(從人)에게도 주었다.[7]

사흘 후에는 섬라곡국 사신 일행과 투항해온 왜인들이 조회에 참석하였으며, 투항한 왜인들에게 의복 등을 하사하였다고 기록에서 알 수 있다. 이와 같이 당시의 조선은 태국과의 외교 관계가 있었음을 기록을 통해 알 수 있다.

2.4.2. 중앙아시아 투르크계 이슬람교도 기록

조선왕조실록에는 회회인(回回人)도 기록에 나타나 있으며, 위구르를 중심으로 하는 일반적인 무슬림을 통칭한다. 회회인 설장수(偰長壽)[8]는 고려 공민왕 때 원나라 승문감 벼슬을 하던 아버지 설손(偰遜)과 함께 귀화한 귀화 이민자이다. 당시의 용어로는 향화(向化)한 것이다. 설장수는 인물됨이 민첩하고 심지가 곧으며 언변이 좋아 사람들의 칭송을 받았다. 설장수는 19세에 아버지 설손과 함께 조선에 왔지만 이미 조선말을 구사할 수 있었다고 한다. 그는 통역관을 지

---

6) 「태조실록」 5년 7월 10일

7) 「태조실록」 6년 4월 23일

8) 설장수(偰長壽): 직해소학(直解小學)을 편찬하기도 하였으며, 여러 편의 시를 남겨 시의 일부가 김종직의 시선집 청구풍아(靑丘風雅)에 전하고 있다.

냈으며, 사역원 제조로서 사역원과 역과제도의 입안(立案)에 역할을 크게 하였다. 1396년 태조 5년 11월에 본관(계림: 鷄林)을 하사받았다. 이렇듯 설장수는 태조에게 관향까지 하사받았으니 조선 사람으로 귀화 이민자가 된 것이다.

1425년 세종 7년에는 타타르족(중앙아시아 투르크계) 사신이 조선을 다녀갔다고 기록되어 있으며, 1426년 세종 8년에는 귀화한 남만인(南蠻人) 우신에게 옷감을 하사하고 아내를 얻도록 하였다고 기록되어 있다.

1407년 태종 7년의 조선왕조실록에는 이슬람교도 승려인 회회 사문 도로가 처자를 데리고 와서 조선에 거주하기를 원하여 태종이 집을 주어 정착토록 하였다는 기록이 있다. 도로라는 자의 일대기를 확인해 보면 1412년(태종 12년) 2월에 '회회 사문 도로에게 금강산, 순흥, 김해 등지에서 수정을 캐도록 했다. 도로는 수정으로 다양한 물건을 만들어 임금에게 진상하여 칭찬을 들었다. 도로는 조선은 산천이 수려하여 진귀한 보화가 많아 전국에서 활약할 수 있도록 허가를 얻기도 하였다. 또한 태종실록에는 광산인 도로 외에 이슬람교 지도자 서지에게 쌀을 하사하였다.' 이는 당시 종교의 자유가 있었다는 것을 역설함을 알 수 있다. 이슬람 사람들의 모습은 세종대왕 즉위식에서도 발견되었으며, 즉위식 장면에서 '종실과 문무백관이 경복궁 뜰에 늘어섰다. 임금이 근정전에 나오니 여러 신하들이 절을 올려 하례하고, 성균관 학생과 회회 노인, 회회 승려들도 모두 절을 올렸다.'고 실록에서 기록하고 있다.

세종 9년(1427. 4. 4.)에는 조정 대신들이 회회교도의 혼인 문제에 대해 임금에게 상신한 청원문이 발견되었다. 지금으로 비유하면 국제결혼이라고 할 수 있다. 회회교도는 의관이 조선의 일반적인 차림 새와 달라 모든 백성이 회회인과 혼인하기를 부끄러워하였다고 한 다. 그래서 신하들이 세종에게 건의하여 회회인들이 이미 우리나라 사람인 바에 마땅히 우리나라 의관을 입는 것이 백성들과 혼인도 자 연스러워질 것이라고 하였다. 또한 대조회(大朝會, 년초 1일, 16일 입춘과 동지에 갖는 조회)때 회회교도의 기도하는 의식도 폐지함이 바람직하다고 건의하였다. 이 기록은 조선의 지도부가 이슬람교도들 을 우리나라에 정착시키고 조선사람과 혼인시키기 위해 많은 노력 을 기울였다는 것을 알 수 있다. 그러나 한편으로는 이슬람교도들은 특유의 종교의식을 금지시킴으로써 그들은 고유의 풍습을 버리고 조선에 귀화되어야 하였다.

2.4.3. 필리핀 이민자 기록

조선 당시의 여송국(呂宋國)은 필리핀에 해당된다. 1801년 8월 순 조 1년에 제주도에 국적을 알 수 없는 외국인들이 표류해 왔으며, 말 과 글이 통하지 않았다고 한다. 1807년 제주목사 한정운(韓鼎運)이 보고서를 올렸다고 기록되어 있다. 말과 글이 통하지 않으니 어느 나 라 사람인지 알 수가 없었는데 그 당시 때마침 유구인들도 표류해 와 있었는데, 유구인들이 말과 글이 통하지 않은 이들을 여송국 사람이 라고 알려주었다. 그러나 비변사는 여송국에 대해서 상고해 본 후 지 리적으로 중국 복건성도 멀지 않지만 본래 통공(通貢)하는 나라가 아 니라서 당연히 사신의 왕래가 없었다고 하였다. 또한 제주도에 표류 해 온 사람들이 여송국 사람들이라는 유구인의 말을 믿을 수 없다고 하였다. 그래서 심양에 외교문서를 보내 그들을 본국으로 돌려보내자는 순조의 지시에 반대하였으나 당시 여송국에 표류해 갔다가 돌아오게 된 조선인이 있어서 제주도에 표류해 온 말과 글이 통하지 않은 이들이 여송국 사람이라는 것을 알 수 있었다. 그들이 여송국에서 표류해 온 사람들이라는 것을 밝혀내기까지가 장장 9년 정도의 시간이 소비되었다고 실록에는 나타나 있다. 이와 같은 당시의 국가 간의 교류는 대부분이 해상을 이용해야 하였음으로 표류에 의해 원하지 않은 귀화도 이루어졌다는 것을 역사 기록에서 알 수 있다.

2.4.4. 여진족의 무한한 조선 드림(dream)

자료: 네이버 지식백과

<그림 9> 여진족

조선시대 초기 국경 동북쪽 지역에서는 조선과 세력이 강한 여진 부족 간에 잦은 무력충돌이 있었다. 이에 조정은 그들을 달래기 위해 여진족 추장가족들 중 신체 건강하고 무예가 뛰어난 자를 볼모로 한양에 보내기로 협약을 체결하였다. 여진족 추장의 자녀가 볼모로 오게 되면 임금을 호위하는 왕실 수비 담당인 시위대에 근무시켰다. 이와 같은 조약은 조선에서는 여진족과의 무력충돌을 방지하고, 유사시 볼모로 활용되었고, 여진족은 문명국인 조선의 선진문물을 습

득할 수 있는 기회로 시위대 생활은 선망의 대상이 되었다. 이에 따라 조선에 볼모로 활용되는 여진족 요원들은 활과 말을 타는 기술능력이 출중한 용사들이 대부분이었으며, 벼슬과 융숭한 대접을 받는 사실이 알려져 야인들이 대거 몰려 왔다.

1477년 2월 세종 8년에는 급작스럽게 증가한 야인에 대해 신하들은 출입에 대한 심사를 강화하여 자격자만 통과증을 발급하자는 상소를 했다. 그 결과 조선에서 필요로 하는 특기자와 학문이 있는 자는 입국시키고, 자질이 없고 불량한 자, 사회 물의를 일으키거나 범죄자는 들어올 수 없었다. 조선실록에는 조선으로 온 외국인들이 처녀와 결혼한 사례가 등장하기 시작하였으며, 인구 숫자로 국가의 세력을 키우는 관점에서 외국인과의 결혼을 장려한 것으로 추정된다. 오늘날의 저출산 고령화의 관점과는 다소 차이가 있지만 당시에도 국가에서 추진하는 국제결혼이 있었다는 것을 알 수 있다. 조선왕실에서는 외국인들의 귀화를 포용하기 위해 의복, 양식, 주택, 노비와 옷 등을 하사하여 생활안정을 유도하였으며, 세종 6년(1425. 7. 17.)에는 귀화자에게 3년까지 양식을 공급하고 토지세는 3년, 국가에서 무상으로 사역시키는 요역은 10년간 면제해주는 법령을 시행하였다. 또한 귀화한 외국인에게 과거시험을 통한 문호를 개방하여 통과된 외국인은 벼슬을 받았으며, 그중에 학문이 뛰어난 자는 고위 관직까지 올랐으니, 1469년 12월 성종 즉위년에는 김상미, 동청주, 낭삼파, 태호시내 등의 이름을 확인할 수 있다. 1444년 2월 세종 26년에는 귀화한 왜인 등구랑은 해안에 노략질 하러온 왜적을 붙잡는 공을 세워 은대와 사모를 하사받았으며, 조선(造船) 기술자로서 여러나라 병선(兵船) 중 중국 병선의 우수성과 유구국의 병선보다 조선 병선 기술이 낮은 편이라고 상소를 하였다. 이에 조성은 왜인 등구랑에게 신형 전투함을 제작하라고 명을 내렸다. 조선 조정에서 최고위직에 오른 귀화인은 여진족 출신의 동청례(童淸禮) 장군이며, 시위를 살던 여진족의 아들이고, 귀화한 후 성종 시절 무과에 급제하여 연산군 시절에는 황실 경호대장이 이르렀다. 그러나 연산군의 파행과 음행이 복합적으로 쌓이면서 연산군 타도를 위한 쿠데타가 발생하고, 국왕을 폐위하는 무장(武將)으로 동청례도 합류하였지만, 귀화인이란 이유로 논공행상에서 차별 대우를 받았다. 이에 동청례는 불만을 토로하고 지나친 발언을 했으며, 역모 죄로 체포되고, 중종 3년(1508년 12월 3일) 능지처참을 당했으며, 그의 처자는 종이 되고 가산은 몰수당했다. 이와 같이 조선시대에도 여러 유형의 귀화 이민자들이 존재하였다.

2.4.5. 사성(賜姓) 김해 김씨(金海 金氏): 일본

일본계의 성씨로는 사성(賜姓)[9] 김해 김씨(金海 金氏)가 있다. 사성 김해 김씨 중 우록 김씨의 시조(始祖) 김충선(金忠善, 1571(선조 4)~1642(인조 20))은 원래 이름은 사야가(沙也可)였다. 자는 선지(善之), 호는 모하당(慕夏堂), 이름을 하사 받은 후의 본관(本貫)은 김해이다. 1592년 임진왜란 당시 가토 기요마사(加藤淸正) 휘하의 좌선봉장(左先鋒將)으로 3,000여 군사를 이끌고 침입했다가, 경상도병마절도사 박진(朴晉)에게 귀순하였다. 경주·울산 등지에서 일본군을 물리친 전공을 세워 첨지의 직함을 받았다. 정유재란 때는 손시로(孫時老) 등 항복한 왜장과 함께 의령전투에 참가하여 많은 공을 세웠으며, 이러한 전공을 가상히 여긴 조정으로부터 가선대부를 제수 받았다. 도원수 권율(權慄), 어사 한준겸(韓浚謙) 등의 주청으로 선조로부터 이름을 하사 받았고, 자헌대부에 승품되었다. 뒤에 야인들의 침입으로 변경이 소란하자 종군을

---

9) 사성(賜姓): 임금이 공신 등에게 성(姓)을 내려 주는 일이나 그 성(姓)을 이르던 말이다.

자원하여 방수(防戍)에 10여년 동안 봉직하였으며, 1613년 광해군 때 정헌대부가 되었다. 또한 김충선은 1624년 인조 2년 이괄의 난에서 서아지(徐牙之)를 사살한 공으로 사패지(賜牌地)를 하사받았으나 사양하고 수어청의 둔전으로 사용하도록 하여 인망을 얻었다. 이후에 1636년 병자호란 때는 스스로 광주(廣州)의 쌍령(雙嶺)에 나아가 싸워 큰 전과를 올렸다. 1643년에는 국경수비 외괴권관(外怪權管) 직책 이행 중일 때, 청나라 칙사의 항의로 해직되어 대구의 녹리(鹿里)로 돌아왔다. 그리고 장춘점(張春點)의 딸과 혼인하여 살면서 가훈·향약 등을 마련하여 향리교화에 힘썼다. 김충선의 저서로는 1798년(정조 22년)에 간행된 ≪모하당집: 慕夏堂集≫ 3권이 전해지고 있다.

2.4.6. 박연: 네덜란드

자료: 민족문화대백과사전

<그림 10> 박연 기념우표와 한글 최초 세계지리서

본명은 얀 야너스 벨테브레이(Jan. Janse. Weltevree)로 1626년(인조 4년) 뱃사공으로 홀란디아(Holandia)호에 승무하다가 일본에 가려고 1627년(인조 5년)에 아우버르케르크(Ouwerkerck)호로 바꿔 타고 항해하던 중 제주도에 표착했다. 동료 헤이스베르츠(Direk Gijsbertz)

및 페르베스트(Jan pierteree Verbaest)와 함께 땔감과 음료수를 구하러 제주도에 상륙했다가 관헌에게 붙잡혀 한양에 호송되고 훈련도감에서 근무했다. 조선왕조실록에는 이들이 남만(南蠻) 출신이라고 적고 있다. 나중에서야 그들이 네덜란드인이라는 것을 알게 되었고, 훈련대장 구인후(具仁垕)의 지휘를 받아 항복해 온 일본인과 포로가 된 청나라 군인을 통솔 감시했으며, 명나라에서 수입한 홍이포(紅夷砲)의 제작법·조종법을 지도했다. 병자호란이 일어나자 세 사람은 모두 출전하여 박연을 제외한 두 사람은 전사하였다.

1648년(인조 26년) 8월 25일 인조실록의 기록을 보면, '정시를 설행하여 문과에 이정기 등 9인을, 무과에 박연 등 94인을 뽑았다.'라고 되어 있다. 제도와 문물 기록서인 ≪증보문헌비고: 增補文獻備考≫의 ≪본조등과총목: 本朝登科摠目≫에도 박연이 장원으로 급제했다는 기록이 있는데, 박연은 벨테브레이로 추정된다.

그리고 조선 여성과 결혼하여 1남 1녀를 낳았다. 하멜 표류기10)에 따르면, 1653년(효종 4년) 헨드릭 하멜 일행이 제주도에 이르렀을 때 파견되어, 하멜 등을 서울에 호송하고 하멜이 도감군오(都監軍伍)에 소속되자 감독자이자, 한국의 풍속을 가르쳐 주고 통역했다고 한다. 네덜란드 암스테르담 북쪽 드 레이프(De Rijp)에는 그를 기리는 기념비가 세워져 있다.

박연은 겨울에 솜옷을 입지 않을 정도로 건강했으며, 동양 각국의 풍물 및 선악(善惡), 화복(禍福)에 대해 이야기하는 것을 즐겼다고 한

---

10) 하멜표류기(1668): 태풍으로 조선에 표착한 네덜란드인들의 14년간에 걸친 억류생활을 기록한 책으로, 1651년 네덜란드 동인도회사 소속 선박의 포수(砲手)로 항해 도중 일행 36명과 함께 제주도에 표착하였다. 1668년 탈출하여 ≪하멜표류기(漂流記)≫로 알려진 기행문을 발표하였는데, 이는 그의 억류생활 14년간의 기록으로서 한국의 지리·풍속·정치·군사·교육·교역 등을 유럽에 소개한 최초의 문헌이다.

다. 그의 출신을 고려할 때 개신교의 교리를 조선인들에게 설파한 것이 아니냐는 추측이 있기도 한다.

2.4.7. 하멜: 네덜란드

네덜란드인 헨드릭 하멜이 일본 나가사키로 항해하던 중 태풍을 만나 조선의 제주도에 표착하여 14년간 조선에 억류된 생활을 기록한 보고서였다. 하멜이 이 보고서를 작성한 이유는 14년간 네덜란드 동인도회사에서 받지 못한 임금을 받기 위한 것이란 설도 있다. 조선이라는 나라의 존재를 유럽에 소개한 최초의 문헌으로서 1668년에 네덜란드어(語)·영역본(英譯本)·불역본(佛譯本)·독역본(獨譯本)이 발간되었고, 한국에서는 1971년 재미교포 잡지 ≪태평양≫에 연재되었으며, 최남선이 이를 ≪청춘≫이라는 잡지에 최초로 수록하였다. 이후 영국왕립협회 한국지부에서 G.레드야드의 영역본을 발간한 바 있으며, ≪진단학보≫(震檀學報) 1~3권에 이병도(李丙燾)가 영·불역본에서 번역하여 하멜 표류기라는 제목으로 전재(轉載)하였다.

하멜이 승선한 네덜란드 동인도회사 소속의 무역선 스페르베르(Sperwer) 호(號)가 1653년(효종 4년) 1월에 네덜란드를 출발하여 같은 해 6월 바타비아(Batavia, 현 인도네시아 자카르타), 7월 타이완(臺灣)에 이르고, 거기서 다시 일본의 나가사키(長崎)로 항해하던 중 폭풍우에 밀려 8월 중순 제주도 서귀포 인근 해안에 표착하였다. 선원 64명 중 28명은 익사하고, 하멜을 포함하여 36명이 제주도에 표착하여 관원에게 체포된 경위와 1653년~1666년(현종 7년)의 14년간을 제주도, 한양, 강진, 여수에 끌려다니며 겪은 고된 생활, 즉 군역(軍役)·감금·태형(笞刑)·유형·구걸의 풍상을 겪은 사실들이 소상하게 기록하고 있다. 또한 조선의 사람과 접촉하면서 조선의 여러 지방마다 풍속과 사정을 견문한 결과가 상세하게 적혀 있다. 특히 부록인 조선국기 (朝鮮國記)에는 한국의 지리·풍토·산물·경치·군사·법속(法俗)·교육·무역 등에 대하여 실제로 저자의 보고 들은 바가 기록되어 있다.

하멜과 그 일행은 제주도에 표착하여 10개월간 감금되었으며, 다음 해인 1654년 5월에 서울로 호송되어 훈련도감의 군인으로 배속되었다. 청나라 사신을 통해 탈출을 시도하였다가 발각되어 전라도 강진으로 유배되었으며, 7년 후 강진에 흉년이 들자 전라도 지방 여러 곳으로 분산·이송되었다. 전라도 여수로 이송된 하멜은 1666년 9월 동료 7명과 함께 해변에 있는 배를 타고 일본으로 탈출하였다. 일본 나가사키로 도망하여 1668년 7월에 네덜란드로 귀국하였다.

하멜 보고서는 조선의 존재를 유럽인에게 뚜렷하게 알렸을 뿐 아니라, 당시 한국의 사회실정·풍속·생활 등을 파악하는데 귀중한 사료가 된다. 벨테브레와 하멜 같은 경우는 표류로 인한 것이었고, 이 당시 조선에서는 표류한 외국인은 절대 본국으로 보내지 않고 자국 영토에서 살게 하였다.

자료: 두산백과

<그림 11> 하멜기념비(좌)와 하멜기념범선(우)

3. 가락국에서 고려시대까지 다문화 역사

3.1. 허황후와 국제결혼

고대의 이민역사에서 이민자는 주로 지배계층 간의 결혼이었으며, 드문 일이 아니었다. 현재와 같이 과학문명이 발달하기 전의 고대의 국제결혼은 긴밀한 접촉과 개인적 친분, 밀접한 사회관계가 존재하지 않는 한 어떤 국가의 왕도 자신의 딸 등을 먼 지역으로 보내는 것은 쉽지 않았을 것이다. 고대 이민역사에서 한반도의 고대의 가락국 신화에는 인도 아유타국(阿踰陀)에서 온 허 황후의 신화를 들 수 있다. 한국의 다문화사회에서 국제결혼에 관한 담론에서도 허 황후에 대한 논의는 한국의 다문화가정에 사회통합의 긍정적인 면과 가치관을 지속적으로 심어주고 있다. 그러나 최근 허 황후와 관련된 논의에서 허 황후의 인도 도래설은 만들어진 역사에 불과하며, 1076년 가락국기가 처음 쓰인 후 1000년 동안 변형되고 살이 붙은 신화로 완성되기까지의 과정은 이해관계가 있는 종친, 지역 불교계, 기관, 학계의 일부 학자들에 의해 재구성되었다고 주장하고 있다. 다른 시각에서는 허 황후의 신화가 사실이 아닐지라도 허 황후 신화의 역사적 의미는 인정하고 있으며, 이러한 이야기가 선조들에 의해 전승되어온 문화적 자산이라는 점이다. 이는 설화 고유의 문화적 자산가치와 문화 행사가 반드시 역사적 사실로만 이루어지는 것이 아니라는 것이다.

한편, 해양을 통한 고대 인도와 한국의 문화적 접촉가능성에 관한 내용은 여러 학자들에 의해 연구되었다. 대표적인 예는 허 황후의 고향이라고 추정하는 인도 아요디아 지역의 쌍어문이 김해 수로왕릉 정문과 안향각에 남아있는 쌍어문(雙魚紋)이 유사하다는 주장과 남인도 타밀 지역과 가락국의 문화적 연관성으로 남인도의 타밀어와 한글의 유사성이다. 예를 들어 '엄마', '아빠', '풀'이라는 단어가 같으며, 한국어의 '풀을 베다'에서 '베다'가 타밀어로 '베두', 그리고 한국어 '이리 와'는 타밀어의 '잉게 와'로 유사함을 제시하였다(김병모, 1988). 또한 옛 가락국 지역의 산 이름을 살펴보면 김해의 신어산(神魚山), 밀양의 만어산(萬魚山), 양산의 어곡산(魚谷山)의 지명에는 모두 물고기 어(魚)가 들어가 있다. 이와 같이 옛 가락국 지역의 지명에 물고기가 들어갔다는 것은 물고기 숭배와 관련성이 있으며, 남인도 타밀나두주에 있는 드라비다 문화권인 판디야 왕국의 물고기 숭배와 공통점이라는 것이다. 판디야 왕국의 기장은 쌍어였으며, 남인도의 고도 마두라이는 고대 판디야 왕국의 수도로서 판디야의 중심인 미낙시 사원은 물고기 숭배와 깊은 연관성을 가지고 있다. 다른 연구에서는 가락 또는 가야라는 단어가 고대 드라비다어로 '물고기'를 뜻하며, 가락은 고어(古語)이고, 가야는 신어(新語)이기 때문에 가락국은 어국(魚國)으로 볼 수 있다고 하였다. 또한 인도와 가락국의 물고기 숭배의 관련성은 허황옥의 오빠인 장유화상이 가락국의 불교 유입을 기념해서 지은 신어산 은하사 대웅전 수미단의 쌍어문에서도 찾을 수 있다. 게다가 신어산의 은하사 대웅전 본존불이 관음보살이라는 점이고, 관음신상에 대한 일반적인 정설이 바로 인도로부터의 직접 유입이라는 것에 있기 때문이다.

위의 내용과 같이 고대 가락국의 인도와의 교류 외에도 신라 진흥왕 때는 인도 아육왕(阿六王)이 배에 실어 보낸 황금과 철로 불상을 조성하였다는 기록에 나타나 있듯이 고대에도 외국과의 활발한 교류가 있었다는 것을 알 수 있다. 또한 백제 554년 성왕 32년에 왜에 보낸 물품 중에서 양모를 주재료로 하는 페르시아 직물로 북인도에서 생산되는 모직의 기록이 있다. 이는 1999년 부여 능산리 절터 6차 발굴 시에 대나무편 사이에 끼인 폭 2cm, 길이 12cm의 면직물 수습에서 확인할 수 있다. 중국은 송나라 이후에 면화가 인도에서 유입된 것을 보면 백제는 중국보다 훨씬 앞서 인도와의 활발한 교류가 짐작된다. 이는 당시에도 한반도에 이미 다문화사회가 형성되어 있었을 것이라는 가능성을 엿볼 수 있다.

자료: 한국관광공사

<그림 12> 허 황후와 금관가야의 시조 수로왕(왼쪽부터)

3.2. 고려의 국제결혼

3.2.1. 노국공주

서울 종묘의 망묘루(望廟樓) 안쪽에는 고려 제31대 공민왕을 위하여 종묘와 함께 창건된 공민왕 신당(恭愍王 神堂)이 있다. 신당 내부에는 특이하게 공민왕과 노국대장공주가 함께 있는 영정이 가운데 있고 벽에는 준마도가 걸려 있다. 이 신당은 태조가 종묘를 창건할 때 같이 세웠다고 한다. 앞면 1칸에 영정을 모신 작은 건물로 임진왜란 때 종묘와 함께 불타버린 것을 중건한 것이다. 공민당 신당이 뜻하는 의미는 알려지지 않고 있으나, 노국공주와 같이 있는 영정이 봉안되고, 또한 종묘에 공민왕 신당이 있다는 것은 태조 이성계의 동시대에 살았던 공민왕에 대한 평가를 보여주고 있다.

노국대장공주는 원나라의 황족인 위왕(魏王)의 딸로서, 이름은 보탑실리(寶塔實里)이다. 1349년(고려 충정왕 1년) 원나라에서 공민왕과 결혼하여 고려의 왕비가 되었다. 노국대장공주는 공민왕이 반원정책을 실시하자 자신이 태어난 고국을 배척하고, 남편을 도와 공민왕의 사랑을 독차지했다. 그러나 둘 사이에는 아이가 생기지 않았고, 노국대장공주는 후에 겨우 아이를 갖게 되었으나, 난산으로 죽었다. 그녀가 죽자 공민왕은 매우 슬퍼했으며, 그녀가 죽은 지 얼마 후 정치권을 신돈(辛旽)에게 양도했다. 공민왕은 그녀의 초상화를 그려 벽에 걸고 밤낮으로 바라보면서 그리워하였고, 공민왕은 그녀의 영혼을 위로하기 위해 혼제를 지냈으며, 그 진영을 모시기 위해 호화로운 영전을 짓도록 하였다(문화원형백과 자료).

1) 공민왕 신당(恭愍王 神堂)

고려 제31대 공민왕과 왕비인 노국대장공주의 영정을 모신 사당이다. 정식이름은 '고려공민왕 영정봉안지당(高麗恭愍王影幀奉安之堂)'이다. 공민왕은 밖으로 원나라를 물리쳐 나라의 주권과 영토를 되찾고, 안으로 개혁정치를 폈으며, 개인으로서 예술적 재능이 뛰어난 임금이었다. 공민왕이 친히 그렸다고 전하는 말 그림도 사당 안에 있다. 조선왕조의 최고 사당인 종묘에 고려의 왕을 모셨다는 점이 특이하지만 그 이유는 정확히 알 수 없다(문화재청 자료).

종묘 망묘루 안쪽에 위치한 공민왕 신당에 공민왕과 노국공주가 그려진 영정이 모셔져 있다. 종묘에 비해서 작은 규모이지만 태조가 종묘를 창건할 때 세웠던 것으로 후손들이 그 유지를 받들어 오늘에 이르고 있다.

자료: 네이버 지식백과

<그림 13> 공민왕 신당

자료: 민족문화대백과사전

<그림 14> 공민왕 부부 초상화

<그림 6>은 고려 제31대 공민왕과 원나라 출신 왕비 노국대장공주 부부의 초상화이다. 무신도의 색채가 짙은 이 그림은 누가 언제 그린 것인지 알 수 없지만, 노국대장공주는 화려한 관과 웅장한 소매 폭, 길게 늘어뜨린 치마 등에서 왕비의 위엄이 느껴지는 그림이라 할 수 있다(중앙박물관 자료).

2) 노국대장 공주와 놋다리

고려 말 공민왕이 홍건적(紅巾賊)의 난을 피하여 왕후와 공주를 데리고 안동으로 길을 떠났다. 개성을 떠나 문경 새재(鳥嶺)를 넘어 예천의 풍산을 거쳐 소야천(所夜川)의 나루에 이르렀다. 이 나루를 건너야 안동에 들어오게 되는데 물이 불어 신발을 벗고 건너야 했다. 때는 겨울이어서 물이 몹시 찼고, 이때 마을 부녀자들이 나와 개울에 들어가 허리를 굽히고, 다리를 놓아 건너가게 하였다고 한다. 즉, 사람다리를 놓아 왕비와 공주를 모신 것이다. 왕 일행은 안동을 지나 경주로 피난할 예정이었으나 홍건적이 문경 새재를 넘어오지 않았고, 안동지방의 인심이 후하여 다음해 봄에 개성으로 환궁하였고, 이러한 일이 있은 뒤로 안동에서는 새해를 맞이하여 상원(上元)날 저녁이면 마을 부녀자들이 모여 놋다리 놀이를 하게 되었다고 한다. 또한 피난 중 불편하게 지내는 공주를 위안하기 위하여 놋다리를 고안하였다는 설도 있다.

한편 공민왕이 홍건적의 난을 피해서 안동으로 피난 간 일은 역사적 사실로, 1361년(공민왕 10년) 11월 19일에 궁궐을 떠나 한 달 만에 안동에 도착했고, 이때는 연말연시의 가장 추운 겨울이었는데, 이러한 사실은 놋다리놀이의 기원설과 일치한다. 그리고 왕이 공주를 데리고 피난 왔다는 내용이 역사적 사실에 없는 것으로 보아 여기서의 공주는 노국공주(魯國公主)로 해석된다. 이와 같은 설화에 근거를 둔다면 놀이의 형성연대는 공민왕 때 홍건적의 난이 일어났을 무렵으로 볼 수 있고, 《동국세시기》의 기록을 보면 적어도 그 저작연대인 1849년 이전에는 이미 형성되었던 것임이 확실하다. 그러나 놋다리밟기를 고대사회에서 단순히 만월(滿月)의 축제로 행하여지던 민속놀이로 본다면, 공민왕대보다 훨씬 이전부터 전승되어오다가 홍건적의 난 때에 왕과 왕비를 정성껏 모시려는 백성들의 정성으로 이 놀이가 채택되었을 가능성도 있다. 놋다리밟기의 내용은 ≪동국세시기≫에 기록된 것과 오늘날 전승되는 것과 거의 비슷하다. 정월대보름이 가까워지면 소녀들에 의해서 '아기놋다리'가 시작되고, 대보름날 밤에 백여 명의 부녀자들이 한마당에 모여 본격적인 놋다리 놀이가 벌어진다. 평상시에는 외출이 자유롭지 못하였으나 상원날 밤에는 이 놀이를 위하여 많은 부녀자가 모이는 것이 관습으로 되어 있다. 놀이 방법은 모두 허리를 굽히고, 뒷사람은 앞사람의 허리를 두 팔로 감아 안고, 얼굴을 앞사람의 궁둥이에 대고 고개를 왼쪽으로 돌린다. 이러한 모습을 ≪동국세시기≫에서는 '물고기를 꿴 형상'과 같다고 하였다. 허리를 굽힌 수많은 사람들의 열이 이루어지면 7, 8세쯤의 어리고 예쁜 소녀를 공주로 뽑아 곱게 입혀 등 뒤에 올려놓고 열 뒤에서 앞으로 천천히 밟으며 걸어가게 하였다. 또한 나전(螺鈿)이라든가 지롱(紙籠: 초화문양을 그려 기름을 바른 것)·죽장롱(竹欌籠) 등도 애용되었다(국어국문학자료사전, 1998).

자료: 네이버 지식백과

<그림 15> 놋다리밟기

3.2.2. 기 황후

시호는 보현숙성황후(普顯淑聖皇后), 정확한 공식명칭은 보현숙성황후 기 씨(普顯淑聖皇后 奇氏)지만 명성황후를 민비라고 부르는 것과 비슷하게 기 씨 성을 가진 황후였다고 해서 주로 기 황후라고 불린다. 본관은 행주(幸州). 아버지는 기자오(奇子敖)이고, 고려 말의 권신 기철(奇轍)의 누이동생이며 북원(北元)소종(昭宗)의 어머니이다. 기 황후의 첫째 오빠인 기식은 기 황후가 태어나기도 전에 죽었다. 기자오는 음서(蔭敍: 선조의 덕으로 관직에 오르는 제도)로 관직에 올랐던 걸 보면 꽤 힘 있는 집안이었음을 알 수 있다. 한편 그녀의 고려식 본명은 알려진 바 없으나 '솔롱고 올제이 후투그'라는 몽골식 이름만 남아 있다. '솔롱고 올제이 후투그'의 한자식 표기의 한국식 발음은 '숙량갑 완자홀도홀(肅良合 完者 忽都)'이다.

1333년, 그녀는 공녀로 원나라에 가게 되었는데 고려출신 환관인 고용보가 추천하여 궁녀가 되었고, 고용보는 그녀를 앞세워서 권력을 얻고자 했는지, 그녀를 혜종의 차와 다과를 담당하는 시녀로 삼았다. 혜종은 아름다운 용모와 뛰어난 학식을 가진 기씨 성을 가진 여인에게 반해 비(妃)로 삼았다.

그러나 혜종의 총애를 받게 되면서 혜종의 제1황후에게 수많은 고초를 겪을 수밖에 없었다. 당시의 시대적 상황에서 이민자로서의 입장과 여성이라는 입장이 접목되어 더 큰 어려움을 있었을 것이라는 필자의 개인적 소견도 더해 본다. 그러나 타나실리의 일가가 모반을 꾸민 혐의로 집안이 날아가면서 타나실리도 황후에서 폐위되고 중서우승상 벼슬의 바얀(伯顔)에 의해 폐후 되어 유배 가는 길에 독살된다.

혜종은 그녀를 새로운 제1황후로 삼으려고 애썼지만 당시 실권자였던 메르키트 바얀이 몽골족이 아닌 여성을 황후로 삼을 수 없다고 강하게 반대하는 바람에 바얀 후투그를 새로운 황후로 삼을 수밖에 없었다. 사실 바얀이 반대한 이유에는 기 씨가 황자를 낳지 못해서라는 이유도 있었을 것이다. 그러나 1338년, 기 씨는 혜종의 아들인 아유시리다라를 출산하고, 메르키트 바얀이 실각하자 혜종의 국사였던 사라판이 기 씨를 제2황후로 책봉하길 청하였고, 그녀는 제2황후로 책봉되었다.

제2황후에 오른 이후 기 황후는 흥성궁에 거주하면서 비록 아들과 황제의 총애가 있긴 했지만 정치적 뒷받침이 없었다. 그래서 고민하고 있던 중 마침 황태후 부다시리가 축출되었다. 부다시리는 당시 휘정원을 관리하고 있었는데 부다시리가 축출당한 이후 혜종은 휘정원의 관리를 기 황후에게 맡겼다. 기 황후는 이것을 천재일우로 삼고 측근들인 박불화와 고용보를 이용해서 원나라의 실권을 장악하고 막강한 권세를 휘두르게 된다. 휘정원을 자정원으로 이름을 바꾸고 자신을 추천한 환관 고용보를 자정원사로 임명해 황실의 재정을 장악했으며, 엄청난 부를 쌓아 정치자금도 마련하게 된다. 자신의 아들인 아유시리다라를 황태자로 책봉하게 했고, 고려 출신이었던 권 씨와 김씨가 황태자비가 되었다. 같은 고향 출신이자 고용보가 추천한 환관인 박부카(朴不花, 박불화)를 동지추밀원사로 임명해 군사권도 장악하였다. 후에 환관인 박부차를 재상에 버금가는 정2품 영록대부까지 임명한다. 1365년에 바얀 후투그가 죽은 뒤에는 제1황후가 되었는데, 사실상 원나라는 기 황후의 천하가 된 것이다. 기 황후는 당시 원에서 인기가 좋던 고려 공녀들을 세력가들에게 선물하기도 했다. 그리고 당시 불교문화가 동아시아에 큰 영향력을 행사하던 시기였기 때문에 거액의 내탕금(內帑金: 판공비)을 내어 불교 관련 건축물을 세우기도 하였다. 그러나 이는 순전히 원 황실과 친원파 등에 의한 자신의 일족 번영을 목적으로 세운 것이지 결코 고려를 위한 것이 아니었다.

하지만 기 황후의 득세는 고려에는 오히려 좋지 않은 영향을 미쳤
는데 그녀는 자신과 일족의 이익을 위해 고려에 많은 간섭을 행사하
였다. 기 황후가 득세하면서 고려에 남아있던 기 황후의 가족들도
고려의 권력을 장악하여 실세로 행세하였다. 이에 반감을 가진 공민
왕은 병신정변을 일으켜 기철 일파를 모조리 숙청하였다. 기 황후
또한 덕흥군 왕혜(王譓)11)를 앞세워서 원나라의 군대로 고려를 침공
하나 최영과 이성계에 의해 패배하고 만다.

자료: 구글 이미지 자료

<그림 16> 기 황후 추정 모습

한편 원으로 끌려온 고려 공녀들을 유력자들에게 보내 기 황후와
측근의 권력을 강화하는데 이용하기도 하였다. 또한 기 황후의 세력

---

11) 몽골식 이름은 타스티무르(塔思帖木兒)이다.

이 성장하면서 고려가 원으로 보내는 공물의 양은 오히려 늘었다. 자기가 불리하거나 필요할 때 권력자에게 또 다른 공녀를 뇌물로 갖다 바쳤다. 이에 따라 이곡이라는 사람이 순제에게 상소를 넣어 공녀 차출을 중지시켰으나 기 황후는 오히려 박불화를 시켜서 공녀를 계속 보내라고 독촉을 했다는 기록도 있다. 이처럼 궁극적으로 원 제국 말기는 원 제국 자체가 세력이 약해져서 더 이상 피지배 민족들을 억압할 수 없었다. 그래서 피지배 민족들에게 요구를 하기 어렵게 되었고, 본국 관리도 힘들어졌기 때문에 저절로 여러 요구가 사라진 것이다.

혜종은 탕기시의 반란을 제압하고, 반란에 큰 공을 세운 바얀이 최고의 권세를 누리게 되었다. 권세를 등에 업은 바얀은 혜종의 윤허도 없이 담왕 살살독을 마음대로 처형한다. 거기다가 탕기시 형제와 다름없이 마구 권세를 휘둘렀으며, 이 때문에 혜종은 바얀에게 불만을 갖게 되었다. 이에 따라 톡토 테무르, 지아와태, 사라판 등이 메르키트 바얀을 실각시켜서 좌승상으로 강등하고 변방으로 쫓아낸 후에 톡토 테무르를 대승상에 임명하며 수년간은 원에 평화가 도래했다. 그러나 혜종이 라마교에 빠지게 되고, 나아가 방탕해짐으로써 점점 정치에 관심이 없어졌다. 그 무렵 훗날 북원의 소종이 되는 황태자 아유시리다라는 장성하여 나랏일을 직접 맡을 정도였는데, 방탕함에 빠진 혜종의 모습을 지켜보던 기 황후는 이를 염려하여 황태자 아유시리다라와 양위를 의논하였고, 당시 승상이던 태평에게 황태자의 양위에 도움을 청하지만 태평은 응답하지 않고 거절한다. 이 사실이 혜종의 귀로 들어가게 되었고 2달 동안 혜종은 기 황후를 보지 않을 정도로 크게 노하였다.

1360년, 오고타이 칸의 후손인 아르카이 테무르가 반란을 일으키고 급기야 1364년에는 볼케 테무르가 대도를 함락하는 사건이 벌어지고 만다. 이때 황태자 아유시리다라는 탈출에 성공했으나 기 황후는 미처 빠져나가지 못해 포로로 잡혔다. 이것에 아유시리다라가 코케 테무르에게 도움을 청하고 화가 난 볼케 테무르는 교지를 위조하여 기 황후를 궁 밖으로 쫓아내서 100일 동안 감금시킨다. 하지만 1년 후인 1365년, 한족계 출신 군벌 코케 테무르가 아유시리다라의 편을 들며 대도를 수복하여 결국 황태자파와 반황태자파의 내분은 끝나는데, 기 황후는 코케 테무르의 힘을 입어 혜종에게 양위를 해줄 것을 간곡히 부탁하나 혜종은 이를 거절하였고, 코케 테무르마저 회군하여 대도를 떠나고 만다. 이후 1365년 9월에 바얀 후투그가 사망하고 많은 대신들이 기 황후를 제1황후에 책봉할 것을 청했지만 기 황후가 혜종을 자꾸 양위시키려 한 것 때문에 제1황후 책봉에 입을 다물었다고 한다. 하지만 기 황후는 정궁황후의 자리를 포기하지 못하고 바얀 후투그가 생전에 관리했었던 중정원을 자정원에 편입시키고, 이름도 숭정원이라 바꾸어 더욱 세력을 키워서 혜종을 압박한다. 결국 혜종은 숭정원파의 압박을 이기지 못하고 1365년 12월 기 황후를 마침내 제1황후로 책봉한다.

그러나 기 황후가 제1황후에 책봉된 지 2년 8개월 만인 1368년 8월, 주원장은 서달에게 대군을 이끌고 북진을 명령하게 되고, 혜종은 기 황후와 아유시리다라와 함께 대도를 버리고 응창부로 피난가게 된다. 이 과정에서 며느리 권 황후와 김 황후, 그녀들의 자식들까지 전부 포로로 잡힌다. 이에 기 황후는 고려가 구원병을 보내지 않는 것에 매우 역정을 냈다고 한다. 응창부도 위험해지자 원나라의 초기 수도인 카라코룸으로 천도했고, 이 과정에서 혜종이 1369년 4월 23일 이질로 사망한다. 그리고 아유시리다라가 황제에 올랐지만 기 황후가 어찌되었는지는 이후 기록에 남아있지 않아 알 수 없다. 아마도 기 황후는 카라코룸에서 아들이 황제의 자리에 즉위하는 것을 보고 황태후가 되어 살다가 죽었을 것으로 추정된다.

원나라가 망하던 시기의 황후이기도 하지만 고려의 입장에서는 민폐만 끼칠 뿐 득이 되는 것은 적었다. 원나라에서 그녀가 권력을 잡고 그녀의 오빠 기철, 기원이 힘을 가지게 되자 부마국인 고려에서는 기 씨 집안의 눈치를 볼 수밖에 없었고, 기 씨 집안은 기 황후의 세를 등에 입어 사리사욕을 채우기에 바빴다. 날이 갈수록 고려의 기 씨 일족은 횡포와 전횡을 부렸고, 결국 공민왕이 즉위하자마자 원과 충돌할 각오로 기 씨 집안을 정리하게 되었다. 그 후 공민왕이 반원정책을 펼치자, 공민왕을 제거하고 충선왕의 셋째 아들인 덕흥군을 왕으로 세우기 위해 군대를 보냈으나 고려가 이를 막아내며 무산되어 버린다.

원나라 입장에선 그나마 막장이 아닌 모습의 황후에 가까웠다. 그녀에 대한 자세한 기록은 원사 후비 열전뿐이나, 열전과 열전 외의 사료에선 자정원이라는 기구로 막대한 부를 축적했으나 심하게 사치와 향락에 빠지진 않았고, 실생활에서의 그녀는 틈틈이 효경과 사서를 읽었으며, 책 읽는 것을 좋아했다고 한다. 또한 귀한 음식을 먹기 전에는 항상 원나라의 사당인 태묘에 올리는 등 내명부에 모범을 보이기도 했다고 한다. 그러나 그건 원나라 입장이고, 고려엔 부정적인 영향을 줬을 뿐이다. 기철 등 기 씨 일족의 악행과 공민왕의 숙청에 대해 1만의 군대를 고려로 보낸 것은 영원한 원성을 들어야 할 것이다.

이처럼 기 황후는 원 패망의 주역으로 꼽히기도 하는데, 이때 원나라는 어차피 망조가 깃든 나라였고, 애초 원나라 멸망의 가장 큰 이유를 꼽자면, 원의 한족 차별로 인한 한족들의 불만과 원나라 말기에 인플레이션으로 인한 물가폭등[12] 그리고 이로 인해 경제가 파탄되었던 점, 군벌들의 봉기, 그리고 농민반란을 가장 큰 이유로 꼽을 수 있는데, 결론적으로 원나라의 멸망은 기 황후만의 잘못은 아니라는 것이다.

그렇다고 해서 기 황후 또한 정치적 악수가 없었던 것은 아니었다. 톡토 테무르가 대승상이 된 후 유례없는 평화를 맞이했던 원나라였으나 희대의 간신이었던 합마가 기 황후와 톡토 테무르를 이간질하여 결국에는 톡토 테무르를 죽게 만들고 만다. 기 황후도 1345년 톡토 테무르가 3사를 편찬할 때 그의 말에 힘을 실어주었기 때문에 비록 기 황후의 본심은 아니라 하더라도 대승상 톡토 테무르를 죽인 것은 단연코 악수였다. 기 황후가 합마의 이간질에 넘어가지 않고, 톡토 테무르가 오래도록 원나라에 남아있었다면 원나라의 멸망이 늦추어질 수도 있었을 것이다. 또 한 가지의 결정적 악수로는 심복이었던 고용보가 죽은 후에 박불화에게 너무 많은 권력을 준 것이었고, 이것은 1364년의 황태자파와 반황태자파의 내전이 일어나는 계기가 되고 말았다. 결국 자신도 반황태자파였던 볼루드 테무르에 의해 궁에서 쫓겨나서 일반 사가에 100일간 감금되는 피해를 입는다. 이는 원나라의 국방력을 크게 약화시켰으며, 가뜩이나 불안했고 어지러웠던 원

---

12) 특히 경제관념이 없었던 원 조정은 교초를 말 그대로 남발했는데, 그 결과 인플레이션이 가속화된다.

나라를 더욱 흔들리게 만들었다. 결국 원이 만리장성 이남지역을 빼앗기고, 다시 초원으로 돌아가게 되는 결과를 낳았다.

비록 자국의 왕보다 높은 지위를 얻어 28년간 황후로서 온갖 권세를 누렸지만 그녀 역시 반황태자파와 정치적 정적들에 의해 골머리를 앓아야 했고, 고민도 많이 했을 것이다. 또한 그녀의 치세였던 28년 중에서 25년은 제2황후 생활이었다. 이미 바얀 후투그가 어진 황후였다고는 하나 엄연히 바얀 후투그가 그녀의 윗사람이었고, 기황후는 완전히 마음껏 인생을 누리지 못했을 것이다. 그리고 차별대우도 있었는데 기 황후는 황후의 옥책과 금보도 갖지 못했으며, 책립 의식에도 참가하지 못했다. 그리고 원나라에서 다수의 황후를 두었더라도 정궁황후를 제외한 나머지 황후들은 사실 고급 비자(妃子)에 가까웠다. 거기다가 생전에 원나라가 멸망하고 건조하고 추운 카라코룸으로 피난을 가기도 하였다. 그렇지만 신분이 낮은 공녀로 와서 제2황후, 제1황후에 책봉되었으며 자기의 핏줄이자 아들을 직접 황제의 자리에 즉위시켰으니 역사의 한 획을 그었다 할 수 있겠다.

3.3. 삼국시대의 이민자(Migrants)

3.3.1. 삼국유사 석탈해와 인도인

≪삼국사기≫에 의하면 탈해는 본래 다파나국(多婆那國) 출생으로 처음에 그 국왕이 여국왕의 딸을 데려다 아내로 삼았더니 아이를 밴지 7년 만에 큰 알을 낳자 왕이 버리라고 했다. 그러나 왕비는 그것을 차마 버리지 못하고 알을 싸서 보물과 함께 궤짝 속에 넣어 바다에 띄웠다. 그 궤가 금관국 해변에 가서 닿으니, 금관국인이 이를 이

상히 여겨 내버려두었다. 궤는 다시 진한의 아진 포구에 다다랐으며, 한 노파의 눈에 발견되어 노파가 궤를 열어본즉 거기에는 아이가 있었다(주간경향, 2006. 8. 11. 보도자료).

신라 제4대왕 석탈해(昔脫解, 재위 서기 57~80년)의 출신지 다파나국(多婆那國) 또는 용성국(龍城國)은 어디인가? ≪삼국사기(三國史記)≫와 ≪삼국유사(三國遺史)≫에 나오는 석탈해 설화를 당시 타밀인의 언어 및 사회상과 비교해 분석한 결과, 그도 허 왕후와 마찬가지로 인도 남부 타밀지역에서 온 인물임을 유추할 수 있다.

석탈해는 자신이 '숯과 숯 돌을 사용하는 대장장이 집안'이라고 밝혔는데, 석탈해의 성(姓)인 '석(Sok)'은 당시 타밀어로 '대장장이'를 뜻하는 '석갈린감(Sokalingam)'의 줄인 말로 성과 집안 직업이 그대로 일치한다. '석갈린감', '석', '석가(Soka)' 등은 영어의 Blacksmith, Goldsmith나 Smith처럼 대장장이 집안의 이름으로 통용됐으며, 지금도 타밀인의 남자이름에 남아 있다. 또한 '탈해(Talhe)'는 타밀어로 '머리, 우두머리, 꼭대기'를 의미하는 '탈에(Tale)'나 '탈아이(Talai)'와 거의 일치한다. 따라서 '석탈해'라는 이름은 타밀어로 '대장장이 우두머리'를 가리켜 그가 바다 건너 한반도에 함께 들어온 대장장이의 지도자임을 이름에서 암시하고 있다.

아울러 석탈해의 다른 이름 토해(吐解)는 타밀어 토헤(Tohe)나 토하이(Tohai)와 일치하는데 이는 '새의 날개, 특히 공작새 날개'와 '보호자, 후견인' 등 2가지 뜻을 갖고 있어 석토해라는 이름은 '대장장이의 보호자'라는 의미다. 더구나 석탈해가 '대장간 도구'를 '단야구'(鍛冶具)라고 불렀는데 당시 타밀어의 단야구(Dhanyaku)와 그 발음 및 뜻이 완전히 일치한다.

3.3.2. 인도 타밀어에서 엿보는 신라의 흔적

석탈해는 인도 남부 '촐라왕국' 출신으로 추정된다. 약 2000년 전 당시 타밀인이 세운 촐라왕국(Chola Kingdom) 등 인도 남부지역은 당대 세계 최고품질인 우츠(Wootz)강철의 원산지인 철의 선진국으로 동서양에 철을 수출하던 '철의 실크로드' 중심지였다. 석탈해가 비록 이방인이지만 초기철기시대에 머물러 있던 한반도에 칼이나 철제 농기구 등 인도 남부의 강력한 선진 철기문화를 갖고 이주해 기존 토착세력에 맞서 신라의 왕권에 참여하는 결정적인 계기를 잡게 된 것이다.

둘째, 발음과 뜻이 완전히 일치하는 또 다른 단어는 석탈해의 제안에 의해 제3대 유리(儒理)왕부터 쓴 '니사금'(Nisagum)이라는, 왕을 뜻하는 용어이다. 제2대 왕 남해(南解) 차차웅의 후임을 놓고 노례(努禮)왕자가 장자상속 기득권을 포기, 매부인 석탈해에게 왕위를 양보하려고 했을 정도로 석탈해가 지닌 인도 남부 철기문화의 힘이 컸던 것이다. 하지만 석탈해는 '이가 많은 사람을 후임 왕으로 정하자.'고 제안, 결국 떡에 물린 잇자국이 많은 노례왕자를 제3대 유리 니사금(尼師今)으로 칭하기 시작한다. '니사금'은 사실 당시 타밀어로 '대왕'(a great king), 또는 '황제'(an emperor)라는 뜻으로 일반적인 왕보다는 상위 개념이다.

당시 타밀어 '니'가 우리말에 들어와 '이'가 됐는데 삼국유사에서 '니사금'을 '치질금(齒叱今)'으로도 표현한 것은 '니'를 훈독해 한자어로 표기한 것이다. 이빨은 타밀어로 '니' 와 '빨' 등 2가지로 쓰이다가 현재는 '빨'만 쓰이는 데 2가지가 합쳐진 '니빨'이 우리말에선 '이빨'이 된 것이다. ≪삼국유사≫에 따르면 신라 석 씨계의 마지막 왕인 제16대 흘해왕(재위 310~356)까지 니사금이라는 명칭을 사용하다가 김(金) 씨 가문에 의한 왕자리 독점을 알리는 제17대 내물왕부터 왕은 '마립간'으로 불리기 시작한다. 따라서 석탈해가 자신의 모국어에서 빌려온 니사금은 석 씨계의 몰락과 함께 신라왕의 명칭에서 완전히 사라지게 된다.

셋째, 석탈해가 자신의 부친을 다파나국의 함달파(含達婆)왕, 줄여서 함달(含達)왕이라고 밝히고 있는 데 함달파(함달)는 타밀인이 가장 숭배하는 신 '한다파(Handappa)', 줄여서 '한단(Handan)'과 거의 일치한다. '한다파'는 힌두교 3대 신의 하나인 시바(Shiva)의 둘째 아들이며, 인도 북부 아리안은 별로 중요시하지 않고 남부 타밀인만 으뜸으로 섬기는 신으로 남성 이름에도 자주 등장한다. 아울러 '한다파'는 당시 타밀어로 '아버지'라는 뜻도 있기 때문에 석탈해가 자신의 아버지를 타밀인이 가장 존경하는 신 '한다파'의 한자 표기로 함달파왕, 또는 함달왕이라고 칭했던 것이다. '한다파'는 최근 무루간(Murugan)으로 더 많이 불리고 있다.

넷째, 서기 8년 신라 제2대 남해(南解)왕의 사위가 된 석탈해는 2년 뒤 국무총리 격인 대보(大輔)라는 중책을 맡았는데 당시 타밀 나라에선 왕의 신하 가운데 측근을 뜻하는 '데보(Devo)'와 일치한다. '데보'는 남자신(God)을 뜻하는 '데반(Devan)'과 여자 신(Goddess) 및 왕비(queen)을 뜻하는 '데비(Devi)'와 같은 뿌리로 '신의 다음 자리'(next to God)'와 '막강한 사람(a powerful man)이라는 2가지 뜻을 갖고 있다. 당시 왕은 신처럼 받들어졌기에 '신의 다음자리'와 '막강한 사람'이라는 2가지 뜻을 갖는 '데보(Devo)'가 바로 왕 다음의 권력자를 가리키는 것이다. 이를 한자어로 표기한 대보(大輔)자리에 석탈해가 신라 역사상 처음으로 오른 것은 그가 타밀 나라 출신임을 시사한다.

또한 제3대 유리(儒理)왕이 죽어 서기 57년 석탈해가 왕위에 오르고 대보자리에 자신에게 집을 양도했던 '표주박(瓢)을 허리에 찬 호공(瓢公)'을 발탁하였다. 신라 1000년 역사에서 왕의 최측근인 대보(大補)라는 직위를 맡았던 사람은 오로지 이 두 사람뿐이며 두 사람은 매우 특수한 관계로 호공 또한 타밀 출신으로 추정된다.

'호공이란 사람은 그 족속과 성을 자세히 모른다. 본래 왜인으로 박을 허리에 차고 바다를 건너온 까닭에 호공이라고 일컫는다.' ≪삼국사기≫에 기록되어 있는 호공에 대한 최초의 장면이자 그의 정체에 대한 설명의 전부인데, 전형적인 왜인은 아니지만 아무튼 왜가 있는 지역에서 건너왔음을 분명히 밝히고 있다. 박은 인도나 아프리카 등 열대지방에서 자라는 식물이며, 타밀인은 기원전부터 뜨거운 날씨 때문에 목을 축이기 위해 허리에 표주박을 차고 다니는 습관이 있다. 표주박은 타밀어로 단니 쿠담(Thaneer Kudam)이라고 불렸고, 호공도 석탈해와 마찬가지로 일본에 정착했던 타밀인 중 한 사람으로 석탈해보다 먼저 바다 건너 신라에 정착했던 것으로 보인다.

다섯째로 주목되는 것은 석탈해가 한반도에 사상 처음으로 도입한 동물 뿔로 만든 술잔인 각배(角杯)가 고구려나 백제에선 발견되지 않고 오직 신라와 가야 지역에서만 발굴되고 있다는 점이다. 지금까지 고고역사학계에선 시베리아나 몽골 등의 북방 기마 유목민이 사용했던 뿔잔이 이 두 나라에만 전해졌다고 주장하고 있다. 하지만 북방의 각배가 어떻게 지리적으로 근접한 고구려나 백제를 건너뛰어 한반도 동남쪽 신라와 가야에만 전해질 수 있겠는가? 이 의문은 신라와 가야의 각배가 북방이 아니라 남방의 바닷길을 통해 전해진 것으로 보면 쉽게 풀린다. 각배는 그리스, 이란, 아프가니스탄 등 지중해 및 중근동 고대국가에서 발생했는데, 이들 나라와 기원전부터 이미 해상무역을 활발히 했던 타밀인의 인도 남부에서도 흔히 발견되고 있다. 따라서 타밀인이 신라와 가야, 일본에 각배를 소개했을 것으로 추정하는 것이 논리적으로 훨씬 더 타당하다. 각배를 타밀어로 쿠디꿈 콤부(Kudikkum Combu)라고 부르는데 타밀 출신인 석탈해와 허 왕후가 각각 신라와 가야에 이를 소개했던 것으로 보인다.

≪삼국사기≫에 나오는 석탈해의 출신국 다파나국(多婆那國) 또는 용성국(龍城國)을 추적해 보면, 다파나는 산스크리트어와 고대 타밀어로 태양을 뜻하는 다파나(Tapana) 또는 다파난(Tapanan)과 일치해 '다파나국', 즉 '태양국(太陽國)'(당시 타밀인 나라 촐라 왕국의 별명)이다. 아울러 ≪삼국유사≫에서 말하는 용성국(龍城國)의 용성(龍城)은 당시 촐라 왕국의 도시 가운데 대장간과 철기제작으로 잘 알려진 항구도시 나가파티남(Nagappattinam)을 가리킨다고 볼 수 있다. 타밀어로 나가(Naga)는 본래 '코브라'를 뜻하지만 힌두교도에겐 코브라가 용으로 전화되어 숭배대상이 됐기 때문에 '용'으로도 불리며 파티남(pattinam)은 '도시'를 뜻해 '나가파티남'은 '용성'(City of Dragon)을 의미한다. 따라서 석탈해가 철기생산 및 해상무역으로 번성했던 국제도시 나가파티남, 즉 용성이 소재했던 촐라 왕국을 용성국으로 지칭한 것으로 보인다.

나가파티남은 대장장이를 뜻하는 '석'('석갈린감'의 줄인 말)이라는 이름을 가진 사람이 대거 거주했고, 동시에 타밀인의 해외진출 전진기지였던 만큼 대장장이 가문인 석탈해의 가족이 이곳에서 동아시아를 향해 떠났을 것으로 추정된다.

두 역사서 모두 석탈해의 출신지가 '왜의 동북쪽 1,000리(약 435㎞) 되는 곳'이라고만 밝히고 있을 뿐인데 당시 왜가 규슈(九州) 북쪽을 가리켰다는 점에서 다파나국의 위치는 오늘날 교토현(京都縣) 부근으로 볼 수 있다. 1세기 후반 저술된 ≪한서(漢書)≫지리지에 따르면 기원전 현재의 규슈지역을 중심으로 '왜에는 100여 개의 소국이 있으며 통역관에 의해 한(漢)나라와 의사소통이 되는 곳이 30나라'라고 밝히고 있는 만큼 다파나국도 이 중 하나로 볼 수 있다.

이 지역에 있던 타밀인의 집단 거주지를 석탈해가 자신의 고국 별명인 '다파나국' 또는 '용성국'이라고 말했던 것으로 보인다. 마치 유럽에서 대서양 건너 신대륙으로 이주한 영국인이 고국을 그리워하여 집단 거주지역을 캐나다에선 'London', 미국에선 'New England'와 'New York'이라는 명칭을 붙인 것과 일맥상통한다.

3.3.3. 박혁거세는 인도인에 의해 양육

가야 초대 왕비 허 왕후 및 신라 제4대 석탈해왕의 설화 속에 언어적 유사성 및 해양교류 등을 추적한 결과, 이들이 인도 남부의 타밀 출신이라는 점을 발견할 수 있다. 그 연장선상에서 박혁거세의 설화에 나오는 주요 명칭들이 당시 타밀어와 일치하는 것을 발견했고, 더구나 윷놀이와 제기 등 우리의 전통 민속놀이도 타밀어 명칭과 놀이 형태가 완전히 똑같다. 박혁거세의 대부 격인 6촌장이 타밀 출신이라 자신들의 언어와 풍습을 우리에게 그대로 소개했기 때문이다.

무엇보다도 당시 타밀어에서 '자력이 아니라 타인의 도움으로 왕위에 오른 운 좋은 왕' 또는 '행운을 가져다주는 왕'을 지칭하여 '박히야거세(Pakkiyakose)' 또는 '박히야거사이(Pakkiyakosai)'라고 불렸는데, 이를 우리말로 표현한 것이 바로 '박혁거세(朴赫居世)'이다. 6촌장들이 이를 한자로 표기하면서 '박처럼 둥근 알에서 태어났다'하여 성은 '박(朴)', '세상을 밝게 한다.'하여 이름은 '혁거세(赫居世)'라는 한자어 작명을 한 것이다. 인도가 원산지인 '박'은 당시 타밀어와 우리말이 아주 똑같으며, 현재 타밀어로는 수라이카이(Suraikai)라고 불리고 있다.

또한 박혁거세에게 붙인 '왕'의 명칭 거서간(居西干)도 당시 타밀어 '거사간(kosagan)'과 그 발음과 뜻이 완전히 일치한다. 아울러 6촌장들의 이름 또한 당시 타밀인들의 이름과 유사하다. 박혁거세 알을 처음으로 발견한 돌산 고허촌의 소벌도리는 타밀어로 '훌륭한 지도자(Good Leader)'를 뜻하는 소벌두라이(Sobolthurai)와 거의 같다. 알천 양산촌의 알평은 아리야판(Aryappan)과, 자산 진지촌의 지백호는 치빠이코(Chippaiko)와, 무산 대수촌의 구례마는 구레마(Kurema)와, 금산 가리촌의 지타는 치타(Cheetha)와, 명활산 고야촌의 호진은 호친(Hochin)과 각각 일치한다. 이들의 출신에 대해 학계에선 '이곳(서라벌)에 오래 전부터 조선의 유민들이 내려와 여섯 마을을 형성하고 있었다.'고 쓰여 있는 여러 역사서의 내용과 유물 등을 분석하여 박혁거세 및 6촌장 모두를 북방유목민 출신으로 보고 있다. 하지만 박혁거세와 6촌 주민들이 북방 출신이라고 하더라도 역사서에 '하늘에서 내려온 신성한 존재'라고만 전해오는 6촌장만큼은 허 왕후나 석탈해와 마찬가지로 당시 막강한 해상력으로 아시아 전체를 누비고 다니던 인도의 타밀 출신으로 보인다.

둘째, 박혁거세의 탄생지 근처에 있는 우물 '나정'은 타밀어로 '파헤친 도랑이나 이랑'을 뜻하는 '나중(nazung)'과 거의 일치한다. 타밀어의 나주쿠(nazukku)는 '땅을 파헤쳐 이랑이나 도랑을 만들다.'(=make a shallow furrow)라는 뜻의 능동형 동사인데 그 수동형 동사 '나중구(nazungku)'는 '이랑이나 도랑이 만들어지다'(=be ploughed with shallow furrows)라는 뜻이다. 여기서 '파헤친 도랑이나 이랑'이라는 뜻의 명사 '나중(nazung)'이 바로 박혁거세의 우물 '나정'으로 변이된 것으로 보인다.

자료: 네이버 지식백과

<그림 17> 박혁거세가 태어났다는 삼국사기 기록을 입증하는 기원 전후의 우물지

셋째, 박혁거세의 또 다른 이름인 '불구내'는 현재 타밀 나두주(州) 땅에 있던 당시 타밀인들의 촐라 왕국 바닷가 마을 '부르구나이(Purugunai)'와 거의 일치한다. 신라 제4대 왕 석탈해의 고향이 동서양 무역으로 크게 흥했던 고대 국제도시 나가파티남(Nagapattinam)

이 있는데 이 도시 남쪽으로 약 8㎞ 떨어진 곳에 부르구나이가 있다. 박혁거세의 후견인 6촌장들이 이곳을 출발, 동아시아를 향해 떠났을 것으로 추정되는데 자신들의 고향 이름을 박혁거세의 별명으로 붙여 막강한 영향력의 흔적을 남긴 것으로 보인다. 부르구나이는 현재 벨란간니(Velankanni)로 명칭이 바뀌었으며, 가톨릭 교회 '안네 벨란간니(Annai Velankanni)'가 들어서 관광명소가 되었다.

넷째, 고구려의 주몽이나 가야의 김수로왕과 마찬가지로 박혁거세도 알에서 태어나지만 혁거세의 알이 박에 견주어졌다는 점이 다르다. 박은 우리말과 당시 타밀어가 그 발음과 뜻에서 똑같다. 박은 현대 타밀어로는 수라이카이(Suraikai)라고 불린다. 박은 인도나 아프리카 등 열대지방에서만 자라는 식물이라 인도에서 건너온 6촌장들이 자신들의 일상생활 필수품 중 하나인 박이라는 단어를 사용한 것으로 보인다. 당시 타밀인들은 무더운 날씨를 견디려고 박을 파낸 표주박 등으로 만든 물통을 허리에 차고 다니며 목을 축이곤 했다. 이 물통은 타밀어로 단니 쿠담(Thaneer Kudam)이라고 불리며 호리병박으로 만든 작은 물통은 수라이 쿠담(Surai Kudam), 호박으로 만든 큰 물통은 푸사니 쿠담(Pusani Kudam)이라고 칭한다.

다섯째, 신라 이전의 나라 이름인 '서나벌'은 당시 산스크리트어 및 고대 타밀어로 황금을 뜻하는 '서나(Sona)'와, 벌판(field)을 의미하는 '벌' 또는 '펄(Pol)'이 합쳐져 황금밭(Gold Field)이라는 의미를 갖고 있다. 우리말에서 '벌'의 옛말이나 거센말은 '펄'인데 고대 타밀어와 마찬가지로 '매우 넓고 평평한 땅'을 의미한다. 아울러 '서라벌'도 '아름다운(nice)'을 뜻하는 '서라(Sora)'가 '벌(Pol)'과 합쳐져 '아름다운 들판'을 뜻해 새 나라의 이름으로 삼은 것으로 보인다.

여섯째, 박혁거세의 비 알영(閼英·BC 53~?) 부인은 아리영이라고도 불리는 데 타밀 여성이름 아리얌(Ariyam)과 거의 일치한다. 아리얌은 아리야말라(Ariyamala)의 줄인 이름으로 기원전 타밀 왕국역사에 나오는 캇타바라얀(Kaththabarayan)왕의 부인 이름인 데 이를 신라 초대 왕비 이름으로 원용한 것으로 보인다.

또한 계룡의 왼쪽 옆구리에서 태어난 알영 부인이 얼굴은 무척 아름다웠지만 입술이 마치 닭의 부리와 같이 생겼다는 내용도 인도 힌두교 신화에서 지혜와 총명의 여신(Goddess of Learning and Wisdom) 사라스와티(Saraswati)가 백조(swan)의 부리를 갖고 태어났다는 설화 내용과도 거의 일치한다. 결국 알영 부인은 용모와 인품이 뛰어나 백성들에게 박혁거세와 함께 이성(二聖)이라고 불릴 정도로 추앙받았다는 것은 힌두교를 믿는 인도 타밀인들이 사라스와티를 숭배하는 것을 연상시킨다. 힌두교와 관련된 것들이 우리 역사서에 등장하는 것은 전혀 낯설지가 않다. 신라의 대학자 최치원의 ≪석리정전≫에서 '가야 산신 정견모주는 곧 천신 이비가지에 감응한 바 되어 대가야왕 뇌질주일(惱窒朱日·이진아시왕의 별칭)과 금관국왕 뇌질청예(惱窒靑裔·김수로왕의 별칭) 두 사람을 낳았다.'라고 되어 있는 데 이들 모두 힌두교와 관련 있다. 힌두교의 주요신 시바(Shiva), 부인 파르바티(Parvati), 두 아들 가네쉬(Ganesh)와 무루간(Murugan)을 각각 고대 타밀어로 '이비가지(Ibigaji)', '정견(Chongyon)', '뇌질주일(Noejil Juil)', '뇌질청예(Nojil Chongye)'라고 불렀다. 이 구절은 조선 중종 25년(1530)에 펴낸 ≪동국여지승람≫의 증보 개정판인 ≪신증동국여지승람≫이 최치원의 ≪석리정전≫에서 인용한 것이라고 밝히고 있다.

일곱째, 박혁거세 왕은 재임 17년(기원전 40년)에 알영 부인을 대동, 6부를 순시하며 농사와 양잠을 권하고, 농토를 충분히 이용하도록 하였다고 전하고 있다. 즉, 삼과 누에로부터 얻은 실로 길쌈해서 삼베옷과 비단옷 등을 해 입었고, 벼농사를 비롯한 곡식생산에 주력했다는 이야기다. 또한 제3대 유리왕은 추석 때 길쌈놀이를 실시했다고 ≪삼국사기≫는 전한다.

우리말의 비단, 삼, 길쌈, 벼, 풀 등은 고대 타밀어와 그 발음과 뜻이 완전히 일치한다. 뿐만 아니라 새해 첫날 우리가 즐기는 윷놀이, 제기놀이, 쥐불놀이, 팽이놀이 등 민속놀이도 당시 타밀어로 각각 '윷노리(Yuddh, Yuth Nori)' '제기 노리(Jegi Nori)' '추불 노리(Chupul Nori)' '팡이 노리(Pamgi Nori)'로 불리며 그 형태도 완전히 똑같다. '놀이'는 고대 타밀어로 '노리(Noori), 또는 노루(Nooru)'로 불렸으며, 현재 타밀어로는 '빌하야들(Vilaiyattu)'로 불린다.

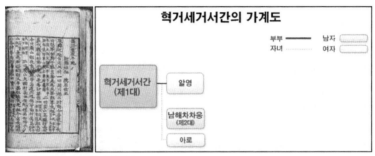

자료: 한국민족문화대백과, 두산백과

<그림 18> 삼국유사(권1)/혁거세 왕(좌), 혁거세 거서간의 가계도(우)

3.3.4. 백제의 왕인 도왜설(渡倭)

백제에서 왜로 전래된 불교를 중심으로 한 이 시대의 문화를 야마

토정권의 소재지이자 일본 고대국가형성의 주요한 무대였던 아스카(飛鳥)에서 취하여 아스카문화라고 일컫는다. 이곳에서 꽃이 핀 문화는 백제는 물론이고, 고구려와 신라로부터도 영향을 받아 장대한 사원과 정교한 불교 조형품들이 만들어졌다. 백제촌을 일본에서는 백제마을(百濟の里)이라 하는데, 이곳에는 일찍이 백제왕과 백제인들이 건너가 살았다는 것이다. 규슈(九州)뿐만 아니라 일본 고대문화가 꽃핀 나라(奈良)·교토(京都)의 고대역사를 논할 때, 삼국시대에 건너간 사람들이 닦아 놓은 선진문화의 전달자적인 역할을 무시할 수 없다는 것은 이미 잘 알려져 있다.

일본 대중문화 수입을 논의함에 있어서 참고로 해야 할 사실의 하나로써 왕인 박사 비문을 들 수 있다. 왕인은 아직기의 뒤를 이어 ≪논어≫10권, ≪천자문≫1권을 가지고 영암 상대포에서 배를 타고 일본으로 건너가, 일본 응신왕(應神王)의 총애를 받아 일본 태자 토도치랑자(兎道稚郎子)의 교육을 담당하고 교화를 널리 행하여 일본 문교의 시조라고 일컬어지고 있다. 일본은 우리나라를 식민통치하고 있던 1939년에 동경의 우에노(上野)공원에 왕인 박사비를 세웠는데, 이는 현재까지 전해지고 있다. 그 비문의 내용은 대략 다음과 같다.

'박사 왕인은 백제인으로 백제 구수왕(仇首王) 때 응신천황(應神天皇)의 초청을 받아 同 16년 2월에 '천자문 ≪千字文≫'과 '논어 ≪論語≫'를 가지고 건너와 황태자의 사부가 되었고 태자는 왕인의 학문을 배워 천하를 형에 양위하여 후세의 수범이 되었으며 이래로 일반 서민에 이르기까지 인륜도덕을 모르는 자가 없게 되었다. 왕인의 제자 중에도 뛰어난 학자·문인들이 속출하여 그 수를 헤아릴 수 없었다.

이에 뜻하는 사람들이 왕인 사당을 지어 제사를 모시고 돌을 세워 위업을 아로새겼다. 조선인 왕인에 대하여 일본인은 거국적으로 존경하지 않은 자가 없거니와 하물며 조선인으로서 그를 경모하지 않는다면 조선의 선현군자로서 유림(儒林)에 낄 수 있으리오. 공자는 춘추시대에 태어나 만고불후의 인륜도덕을 밝혀 천하만세에 유림의 시조가 되었다. 박사 왕인은 공자가 죽은 지 7백60년 후 한국에서 태어나 일본황실의 태자들에게 충신효제의 도를 가르쳐 널리 일본 국내에 전수, 1653년간 전승시켜 왔다. 천고에 빛나는 박사 왕인의 위덕은 실로 유구 유대함이 그지없어라. 여기에 비석을 세우는 것은 오직 그의 끼친 바 덕에 보답하려는 데 그치지 않고 나아가 동방의 문화에 천년 만년토록 보탬이 되기를 기원하는 바이다.'

비문에 적혀 있는 바와 같이, 일본인들은 왕인을 공자의 위덕에 견주어 거국적으로 숭모하고 있지만 그 이면에 당시 중국침략 수행을 위해 식민지였던 조선을 철저히 이용하려고 한 일본정부는 내선일체, 곧 '일본과 조선은 하나다'라는 슬로건을 만들어 조선문화를 철저히 부정하려고 했다. 즉 왕인은 그 상징적인 인물로 이용된 것이다. 이러한 의도는 이 비의 뒷면에 발기인 중 조선총독이었던 미나미지로를 비롯한 일본의 조선침략 중심인물이 몇 명 포함된 것만으로도 알 수 있다(하재홍, 2016).

하지만 또 다른 관점으로 바라볼 수 있는데, 왕인이란 인물을 신격화하여 비를 세웠다는 것은 그 당시 왕인이 일본에 전파한 농도 짙은 문화파급력은 일본 측에서도 부인할 수는 없을 것이다.

자료: 리베르스쿨

<그림 19> 왕인 박사비

3.4. 고려시대의 글로벌 문화

3.4.1. 이슬람 문화

고려 초기, 중국은 북방민족이 세운 왕조들과 송(宋)왕조가 공존한 시기로 중국에는 오대십국을 통일한 송나라가 있었고, 북방에서는 거란, 여진, 몽골이 연이어서 크게 번성하였다. 이 시기 고려와 송과의 관계는 북방민족을 견제하기 위한 목적으로 활발한 상호교류가 있었다. 당시 교류관계를 보여주는 유물로는 신안 보물선 등에서도 나타났듯이 송에서 만든 도자기류가 많은 것으로 보이며, 인쇄관련 서적류, 청동거울 등이 남아 있는 것으로 보인다.

송(宋)은 거란을 견제하기 위해 고려와 통교하였고, 고려는 송으로부터 각종 서적과 예악, 의학기술 등을 들여와 고려의 인쇄문화와 의료 및 각종 학문, 상업과 의례를 발전시켰다. 뿐만 아니라 도자기, 비단, 약재, 악기, 차, 향료, 상아, 물소뿔 등 지배층을 위한 사치품들을 주로 수입하고, 금, 은, 구리, 인삼, 잣, 동물가죽, 마포, 화문석, 나전칠기, 종이, 금은세공품 등을 송에 수출하였다. 선진문물의 수용이 주목적이던 고려는 거란이나 금의 동향에 따라 송과의 외교관계를 끊었다 회복하기를 반복하는 실리외교를 펼쳤다(중앙박물관 자료).

자료: 중앙박물관

<그림 20> 송과의 관계 유물

'호주(湖州)' 글씨가 새겨진 개성출토 중국거울은 개성 출토, '호주'라는 명문이 새겨진 청동거울이다. 명문으로 볼 때, 중국 '호주'의 한 공방에서 제작되어 고려에 수출된 것으로 추정된다. 당시 수도이던 개성지역에서 출토된 점, 같은 형태와 내용의 거울이 고려와의 교류가 특히 활발하던 송대에 많이 만들어진 점, 호주의 위치 등으로 볼 때, 이 거울은 북송이나 남송에서 제작되어 고려에 유입된 것일 가능성이 크다. 또한 '항주(杭州)' 글씨가 새겨진 개성출토 중국거울은,

송(宋), 개성 출토, '항주'라는 명문이 새겨진 청동거울이다. 명문으로 볼 때, 중국 '항주'의 '대륙가'라는 공방에서 제작되어 고려에 수출된 것으로 추정된다. 같은 형태와 내용의 거울이 고려와의 교류가 특히 활발하던 송(宋)대에 많이 만들어진 점, 항주의 위치 등으로 볼 때, 북송이나 남송에서 제작되었을 가능성이 크다(중앙박물관 자료).

자료: 중앙박물관

<그림 21> 개성 출토 청동거울

자료: 중앙박물관

<그림 22> 송나라 동전

<그림 13>은 파주 서곡리 출토, 고려 말 재상 권준(1281~1352)의

무덤에서 나온 송나라 동전들로, 10세기 말에서 12세기 초에 주조된 것이다. 이처럼 몇 세기 앞선 송나라 때 주조된 동전들이 다수 출토되었다는 것은 송나라와 고려 사이의 경제 교류가 그만큼 활발하였음을 짐작할 뿐만 아니라, 사실상 송나라 동전들이 고려사회에서 오래도록 화폐로 기능하였을 가능성을 높여주고 있다. 이들 송나라 동전은 다양한 시기의 고려 유적들에서 전국적인 범위로 출토되고 있다.

고려시대에는 중국과 교류가 더욱 활발해지면서 송(宋), 원(元) 등의 도자기도 많이 수입되었다. 고려의 수도였던 개경지역에서 왕궁터와 무덤, 절터 등을 중심으로 경덕진요(景德鎭窯)에서 제작된 청백자를 비롯하여, 요주요(耀州窯), 정요(定窯), 자주요(磁州窯), 월요(越窯) 등에서 제작된 다양한 자기들이 출토되고 있다. 이러한 도자기들은 왕족과 문벌귀족을 비롯한 고려 상류층이 사용한 것으로 보인다.

자료: 중앙박물관

<그림 23> 개성 출토 송나라 도자기

고려와 송 사이의 교역에서 가장 큰 비중을 차지한 것은 상인들의 무역이었다. 특히 송 상인들의 고려 왕래는 고려 상인의 송 왕래에 비해 한층 빈번하였다. ≪고려사≫에 기록된 경우만도 260여 년간

120회에 걸쳐 5천여 명이 송 상인들이 고려를 찾은 것으로 나타난다. 이들 송 상인은 주로 7, 8월경에 고려를 찾아왔고, 여진인, 탐라인, 일본인 등과 더불어 팔관회에 참석한 후 돌아가는 경우도 많았다. 송 상인들은 양국의 외교가 끊어진 시기에도 고려를 찾아와 교역하였고, 두 정부 사이의 비밀문서나 승려들 사이의 서신전달, 불교전적 등의 구입요청, 납품을 매개하는 일 등을 하기도 하였다. 11세기에는 대식국(아라비아)의 상인들이 3회에 걸쳐 고려를 찾아왔는데, 이 역시 송상인들을 통해 고려에 대한 정보를 얻었기 때문으로 보인다.

-국제무역항 벽란도-

물결이 밀려왔다 다시 밀려가고,
오가는 뱃머리 서로 잇대었네.
아침에 이 누각 밑을 출발하면
한낮이 못되어 남만에 이를 것이다.

- 이규보, 동국이상국집 -

무신집권기의 문인 이규보가 벽란도를 읊은 시이다. 실제로 벽란도는 바닷길로 온 외국사신이나 상인들이 고려를 출입하던 관문이었다. 벽란도를 가장 많이 드나든 외국인은 송나라 상인들이다. 일본 사람들도 종종 왔지만, 그 횟수는 송나라 상인에 비할 바가 못 된다. 그러나 벽란도에서 가장 이채를 띤 것은 대식국(大食國) 객상(客

商), 즉 아라비아의 상인들이었다. 현종 15년(1025년)에 온 알 라자 등 100명, 이듬해의 하산, 라자 등 100명, 그리고 정종 6년(1040년)에 찾아온 바라카 일행 등 아라비아 상인들은, 그 이름들만큼이나 이국적인 용모와 정성향, 몰약, 수은, 용치, 대소목 등의 물품을 선보였다. 오늘날 우리나라를 지칭하는 '코리아', '코레아' 등의 서양 말은 이들 아라비아 상인이 널리 알렸을 '고려'라는 이름에서 비롯되었다고 보는 시각이 많다(중앙박물관 자료).

3.4.2. 원나라와 고려의 유행문화

우리 역사에서 몽골은 7차례에 걸친 고려침략과 함께 이후 원 간섭기의 고려에 대한 수탈에 주로 초점이 맞추어져 있다. 물론 고려의 정치와 국제관계는 내우외환이 빈번하였다. 몽골의 침략과 대몽항쟁, 그에 따른 전쟁과 원 간섭기에 고려가 겪었던 고난의 역사는 고려사에 있어서 결코 적지 않은 비중을 차지하며, 이를 교과서에서 비중 있게 다루는 것도 역시 설득력을 얻는다. 또한 거란, 여진, 몽골과 같은 북방 유목민족 국가들이 흥망하여 역사상 유례를 찾기 힘들 정도로 고려와 자주 충돌한 것도 엄연한 역사적 사실이다. 북방 유목민족이 주로 야만적이고 호전적인 침략자로서의 이미지가 강하게 남아있는 것도 이 같은 측면에서 주로 기인한다. 따라서 고려시대는 한마디로 북방민족의 도전과 응전의 역사구조라고 할 수 있다. 몽골과의 관계사에서도 일관된 서사기법은 국가의 위기에서 '몽골=악', '고려=선'이라는 대립구도 속에서 악의 침입에 대항한 용감한 응전의 역사라는 구도를 보이고 있다.

몽골에 대한 우리의 편견은 전통적인 중국 중심의 역사관과 서구

사회가 가지는 몽골에 대한 편견을 수용한 것에서도 원인을 찾을 수 있다. 우리는 몽골을 비롯한 북방민족에 대하여 이른바 변용된 오리엔탈리즘(orientalism)을 가지고 있다고 할 수 있다. 오리엔탈리즘은 서양이 가지는 동양에 대한 편견이지만 우리에게는 몽골을 비롯한 북방민족이 야만인이라는 뿌리 깊은 편견으로 나타난다. 북방민족은 야만세계, 중국은 선진문명이라는 전통적인 화이관(華夷觀)이 우리에게 투영되어 있는 데에서 원인을 찾을 수 있다. 유목민들에 대한 이미지나 생각은 늘 축소되거나 과장된 면이 나타나게 된다. 서하, 여진 등 일부 문자를 가진 유목민들도 있지만 대부분의 유목민들은 일반적으로 문자를 갖고 있지 않기 때문에 자기들의 역사를 가지고 있지 못하다. 당연하게도 유목민들에 대한 정확한 이해나 연구가 쉽지 않은 결과를 초래하였다.

위와 같은 이유로 유목민에 대한 시각과 그들의 역사는 대부분 그들과 인접한 문자를 가진 정주 사회가 남긴 역사를 통해 접근할 수밖에 없었다. 즉, 유목민들과 역사적으로 오랫동안 부딪쳐 유목민에 대한 편견과 오해가 담겨온 중국 중심의 역사관에 익숙해 있는 우리들은 고스란히 그 편견을 이어받았다고 볼 수 있다. 우리 세계사 교육도 서구사회가 가지는 몽골에 대한 편견을 그대로 담아 몽골의 세계 지배 원동력으로 그들의 군사적 용맹성, 잔인함, 전술 등에 초점이 맞추어져 있다. 자연스럽게 잔인함, 폭력, 야만성 등이 몽골의 역사를 상징하는 키워드가 되었다고 볼 수 있다. 사실 몽골에 대한 편견은 전 세계적으로 뿌리 깊다고 할 수 있다. 야만적인 몽골의 이미지는 그 당시 서구나 이슬람, 중국 사회에 몽골군의 침입이 미친 충격이 그만큼 컸기 때문이다. 물론 당시 몽골군의 파괴와 살육은 명

백한 역사적 사실이다. 예컨대 아랍의 역사가 알 아티르(Ibnal-Ather)는 몽골군의 침입을 훗날 회상하면서 징기스칸과 몽골군은 적그리스도보다 더욱 잔혹한 사람으로 묘사하고 있다. 중국 문헌에 나타나는 것처럼 당시 금의 보주에서는 성이 함락된 후 성 밖으로 모든 주민들이 끌려나가 남녀노소를 불문하고 모두 도륙하여 수십만에 이르는 시체가 쌓여 성벽과 거의 같은 높이가 되었다고 할 정도였다(김호동, 2011). 하지만 달리 생각해보면 전쟁의 참혹함에서 애초부터 비켜나갈 수 있는 전쟁이 있는가라는 점과 함께 당시 몽골이 가지고 있던 농경사회에 대한 무지함과 그들의 생존방식을 시야에 넣지 못했다는 점에서 이 같은 인식은 재고해 볼 필요가 있다.

최근 학계에서 연구되고 주목받는 팍스 몽골리카(Pax Mongolica)는 몽골제국이 소수민족의 연합으로 세계주의를 달성하여 상호 단절되어 있던 지역세계들을 정치·문화·경제적으로 연결시켰다는 세계사적 의미에 주목하여 이를 가리키는 용어로서 도입되었다. 몽골의 대제국을 통해 당시 세계 네트워크가 연결되었으며, 아프리카 대륙을 포함하는 세계지도와 여러 민족들의 역사를 포괄적으로 서술한 세계역사도 처음으로 제작·편찬되었다. 또한 광역 교통망이 구축되어 세계 각지 사람들이 유라시아 대륙을 종횡으로 누비고 다니며, 전례 없는 규모로 음식, 도구, 사상 등의 문물교류가 가능하게 되었고, 융합할 수 있는 장을 마련하여 동서 문화의 교류가 역사상 가장 활발하게 이루어진 시기가 되기도 하였다. 여기에 고려도 역시 중요한 일원으로서 역할을 한 것으로 보는 시각이 존재한다는 점에서 이 같은 관점은 눈여겨 볼 필요가 있다. 이제는 시선을 넓혀 몽골과 고려와의 관계사는 교류사로서의 관점에 입각하여 문화전파, 상호관련성 및 상호의존성의 시각이 도입되어야 한다. 고려는 몽골과의 접촉을 통해 직·간접적으로 유라시아의 문명과 이른바 간문화적 상호작용(cross-cultural interactions)을 하였다고 볼 수 있기 때문이다. 이럴 때 몽골의 침략과 이후 원 간섭기의 수탈과 압제의 역사로 점철된 고려의 암울한 사회상의 이미지에서 또 다른 고려의 개방적이고 다원화된 모습이 보여 질 수 있는 것이다. 이러한 관점에서 볼 때 몽골과 고려 양자 간의 관계사를 동아시아 교류사의 관점에 입각하여 조망할 수 있는 시선으로 돌려야 한다. 이를 위해서는 일국사의 경계를 넘어 세계사적인 배경과 우리 역사를 함께 시야에 담는 것이 필요하다. 한반도의 공간적 범위를 확장시켜 다양한 대외관계와 교류를 파악하여 주변민족의 삶을 한층 더 객관적이고 구체적으로 이해할 수 있도록 해야 한다. 따라서 한국사와 상호관련을 맺으며, 영향을 주고받는 주변국과의 관계를 상호교류의 관점으로 초점을 맞추면서 그들의 역사와 문화를 이해하도록 해야 한다. 또한 역사에서 실제로 일어났던 몽골의 침략 등의 사실은 서술하되 동아시아 교류사의 관점에 입각하여 몽골과 고려 양자 간의 사회문화적인 교류에 초점을 맞춘다면 개방적이고 역동적이며 다원화된 고려 사회가 좀 더 선명하게 포착될 수 있을 것이다(김봉석, 2014).

한편 9세기 이후에 나타난 불교계의 새로운 경향은 선종(禪宗)의 유행이었다. 선종은 ≪소의경전(所依經典)≫에 따라 그 종파를 구별하는 교종(敎宗)과 대조되는 입장에 선다. 이러한 선종은 선덕여왕 때에 처음 전래된 이후 9세기 초 도의(道義)가 크게 성행시켜 9산(九山)이 성립되었다.

신라 말기에는 도당(渡唐) 유학생 가운데 걸출한 학자가 많이 나왔는데, 김운경(金雲卿)·김가기(金可紀)·최치원 등이 대표적인 인물이었다. 특히 최치원은 당에까지 문명(文名)을 크게 날렸으며, 많은 저술을 남겼으나 ≪계원필경집(桂苑筆耕集)≫과 약간의 시문(詩文)만이 현존하며, 7~8세기에 크게 발달한 향가는 9세기에도 널리 보급되었다. 9세기 말에는 진성여왕의 명에 따라 향가집 ≪삼대목(三代目)≫을 대구화상(大矩和尙)과 각간(角干), 위홍(魏弘)이 편찬하였다. 신라 말에는 호족의 대두와 함께 풍수지리설(風水地理說)이 널리 유포되었다. 승려 도선(道詵)이 선양한 풍수지리설은 호족세력에게 수용되었는데, 이에 각지의 호족들은 풍수지리설에 입각해서 그들의 존재를 정당화하였다. 고려의 통일 후 풍수지리설은 크게 발전하여 지배자나 지방호족들에게 정치적으로 이용되는 경우가 많았다. 지방세력이 성장한 이면에는 지방문화가 발달하고 있었다. 신라의 난숙한 귀족문화는 지방으로 확산되어 지방문화의 발달을 가져왔다. 호족들이 주도하고 지방민들이 참여하는 지방단위의 문화 활동이 전개되어, 지방사회 단위의 불사(佛事)들이 추진되고 지방학교들이 세워졌다. 9~10세기경 지방에서 만들어진 불상이나 석탑 등은 왕경(王京)에서 파견된 일류 장인들이 만들어낸 이전 시기의 작품만큼 균형 잡히고 세련되지 못하였으나, 지방별로 소박하고 꾸밈없는 개성미를 보여준다.

　지방출신들의 지적 수준도 향상되었다. 소경(小京)과 같은 지방의 중심지들에서는 일찍부터 저명한 학자들이 배출되었으며, 신라 말에는 학식을 갖춘 문인의 저변이 크게 확대되어 있었다. 고려 초에 이르면 태조 왕건을 비롯한 지방출신 지배층들은 이전시대의 모순을 비판하고, 새로운 정책을 제시할 정도로 유교경전에 대한 이해나 정치이념에서 체계를 갖추고 있었다. 고려 관인층의 다른 한 부류인 신라 6두품 출신의 문인들보다는 수준이 낮았지만, 호족출신들도 대개는 기초적인 문인적 소양을 갖추었고, 그것은 계속 향상되어갔으며, 고려 초 이래로 호족출신들은 문인적 소양을 갖춘 관인집단의 주된 구성원이었다.

그리고 새로운 시대적 상황은 인간관과 신분관의 변화와 함께 지배자로서의 관인(官人)에 대한 관념의 변화를 가져왔다. 불교가 하층민에까지 확산되고, 보편적 개체로서의 인간의 본성에 대한 깨달음의 중요성을 강조하는 선종(禪宗) 교단이 번창함에 따라 새로운 인간관이 확산되었다. 왕족을 신성족(神聖族)으로 표방한 건국신화나 왕족이 전생에 부처의 혈통이었다는 진종설화(眞宗說話)와는 대조적으로, 8세기 중엽의 설화에서는 노비와 같은 하층민도 깨달음을 얻어 해탈할 수 있는 존재로 이야기되었다. 새로운 사조에 따른 인간관이 확산되면서 혈통별 신분차이를 극도로 강조하는 골품제에 입각한 인간관이 붕괴함에 따라, 새로운 사회질서의 출현이 요구되었다.

골품제의 폐쇄성에 대한 비판은 일찍부터 제기되어, 고려 초에는 학식이 높은 현인을 관인으로 등용해야 한다는 인식이 널리 퍼졌고, 태조 왕건이 즉위 직후 발표한 정치적 급선무의 하나도 현인의 등용이었다. 그러한 이상이 실현되지 못한 경우도 많았지만, 그것은 사회적 공론으로서 그리고 관리인사의 이상적 원칙으로서 확고하게 자리 잡았다. 혈통에 따른 신분의식은 남아 있었지만, 그에 따른 제약과 폐쇄성은 크게 약화되어 이전시대와는 근본적으로 다른 방식으로 작용하였다.

그리고 고려의 법제에서는 골품제와 달리 지배층조차 신분별로 세분하여 관등의 상한을 두거나 관직을 제한하는 신분적 편협성이 제거되었고, 학식의 정도를 기준으로 하는 과거제도가 새로이 중요한 관리등용 제도가 되었다. 무인들이 정권을 장악하자, 일부 문인들은 출세를 단념하고 초야(草野)에 은거하며 음주와 시가(詩歌)를 즐기는 경향을 나타내었다. 이인로(李仁老)·임춘(林椿) 등은 그 대표적인 인물로 중국의 죽림칠현(竹林七賢)에 비기어 스스로를 해좌칠현(海左七賢)이라고 자처하였다. 다른 한편 이규보(李奎報)·최자와 같이 최 씨의 문객으로서 무인정권 하에서 새로운 출세의 길을 모색하는 문인 학자들도 있었다. 그러나 이들에게도 정치적 진출에는 한계가 있었다. 문인들은 무신정권 아래서 문필과 행정사무의 기능인으로서 벼슬을 구하거나 그 문객(門客)이 되어 무인집정의 환심을 사기 위해, 시나 문장을 짓곤 하였다. 이 두 부류의 문인들은 서로 얽혀서 하나의 문학적 세계를 이룩하였고, 그 속에서 자라난 것이 신화(神話)·전설(傳說)·일화(逸話)·시화(詩話) 등을 소재로 한 설화문학(說話文學)이었다. 무신정권의 기반이 확고해진 이후 문인들은 무신들이 주도하는 현실에 순응하면서도, 억눌린 현실로부터 무언가 변화를 꿈꾸었다. 이러한 가운데 경기체가(景幾體歌)라는 새로운 유형의 문인 시가(詩歌)가 등장하여, 이후 고려후기와 조선전기에 걸쳐 유행하였다. 최 씨 집권기에 지어진 ≪한림별곡(翰林別曲)≫은 당시 문인들의 문필재능과 지식을 과시하는 것으로 시작하여, 당시 문인들의 주변에서 높게 평가되거나 애호되는 것들을 호쾌한 기분으로 노래한 것이다.

3.4.3. 고려의 술 문화

노래와 함께 빠질 수 없는 것이 바로 술이었다. 그중에서도 소주는 빚어서 익은 술을 소줏고리를 통해 증류하여 얻은 술이다. 소자(燒酎)의 자(酎)는 술 주(酒)자를 쓰기도 하는데, 자(酎)의 본뜻은 세 번 고아서 증류한 술이라는 뜻으로 증류주임을 나타내는 것이다. 우리나라의 평북지방에서 산삼을 캐는 사람들의 은어로 술 또는 소주를 아랑주라고 하며, 개성에서는 소주를 '아락주'라고 한다. 우리말 대사전에 보면 그 어원은 밝혀지지 않고 있으나 아랑주를 질이 낮은 소주로 풀이하고도 있다. 오늘날 경상도와 전라도 지방에서는 소주를 고을 때 풍기는 알코올 냄새를 아라기 냄새, 소주를 고고 남은 찌꺼기를 '아라기'라고 부르기도 한다. 이와 비슷한 말로 원래 증류주를 뜻하는 말로서 아라비아어의 아락(Araq), 만주어의 아얼키(亞兒吉), 몽고어의 아라키(亞利吉), 범어(梵語)의 아물타(Amrta)가 있다. 따라서 우리말의 아랑주나 아락주는 고유어가 아니라 증류주의 발생과 관련하여 붙여진 외래어라 할 수 있다. ≪본초강목(本草綱目)≫에서는 「화주아척길주(火酒阿剌吉酒)」를 언급하였는데, 원나라에서부터 시작되었다고 설명하면서 소주를 화주(火酒) 또는 주로(酒露)라고도 부른 것으로 해석된다. 원나라는 아라비아의 회교문화를 받아들였으며, 중국과 한반도까지 영향을 끼친 역사적 사실로 미루어 볼 때 소주의 기원은 아라비아이며, 몽골을 통해서 고려후기에 들어 온 것이라는 설이 설득력을 얻는다(김삼수, 1980).

소주는 양조주를 증류하여 이슬처럼 받아내는 술이라 하여 노주(露酒)라고도 하며, 그 밖에도 화주(火酒), 한주(汗酒), 백주(白酒), 기주(氣酒) 등으로 불리었다. 이렇게 다양한 소주의 명칭은 예로부터 술을 즐기면서 술의 명칭을 다양하게 지은 데에서 유래한 것이다. 예컨대 ≪임원십육지(林園十六志)≫를 보면 조선시대의 술이 180여 종류가 기록되어 있을 정도였으며, 종류만큼이나 음용되고 이름 불리어지는 술은 무척 다양하였다. 소주는 고려시대부터 시작되어 조선시대까지는 사치스런 고급주로 분류되기도 하였다. 조선 성종 때의 사간(司諫)이었던 조효동(趙孝同)이 민가에서 소주를 음용하는 것은 매우 사치스런 일이라 하여 왕에게 소주 제조를 금지하라는 명을 내리도록 아뢰었다고 한 점으로 보아 소주는 당시 고급주였을 것으로 보인다. 한편 단종이 몸이 대단히 허약하여 조정의 중신들이 약으로 소주를 고아 올렸다는 기록이 있는 것으로 보아 소주는 약용으로도 활용되었을 것이다. 우리나라 3대 명주로는 개성소주, 제주 고소리술, 안동소주를 꼽는다.

먼저 개성소주는 개성의 특산주인 송악소주가 현재에도 북한에서 외국인 관광객들 사이에 호평을 받고, 중국을 비롯한 여러 나라에도 수출되고 있다는 소식을 접할 정도로 예로부터 명성이 자자하였다 (연합뉴스, 2008.5.26). 이원진이 편찬한 ≪탐라지(耽羅志)≫에 다용소주(多用燒酒)라는 기록이 있는데, 바로 제주의 고소리술을 말한다.

전통적으로 소주를 내리는 도구를 소줏고리라고 하는데, 제주도에서는 이 소줏고리를 고소리라고 부르기 때문에 고소리술이라는 이름이 붙은 것이다. 안동소주도 역시 우리나라의 전통적인 술로서 안동에서 전승되어온 증류식 소주이다. 안동에서 소주가 유명해진 원인은 안동에 일본정벌 본부가 있어서 몽골군이 상당기간 체류하여 몽골의 풍습이 전래되었으며, 안동출신 도원수 김방경[13]이 중책을

---

13) 김방경(金方慶)은 고려후기 안동출신의 무신이다. 1270년 6월 개경환도가 강행되자 삼별초가 반란을 일으켰다. 그때 김방경은 삼별초 토벌임무를 맡았다. 이듬해 새로 원의 원수로 임명된 흔도(忻都)와 더불어 진도를 사방에서 공격하여 삼별초를 토벌하는 데 성공하였다. 1274년(충렬왕 즉위년) 10월 도원수 흔도(忻都)의 총지휘 아래 원의 일본정벌 때 도독사(都督使)로서 고려군 8천 명을 이끌고 참여하였다.

맡은 것이 작용한 것으로 전해진다(배영동, 2006). 그런데 위의 세 곳을 당시 고려의 상황과 관련지어 생각해보면 몽골 군대의 주둔이라는 공통점이 있다. 즉 당시 고려에서 만들어진 소주는 몽골 군대가 머물렀던 곳 위주로 발달하여, 오늘날까지 전통소주 명맥의 원류가 되었던 것이다(류인수, 2010). 이 같은 점은 소주의 몽골 전래설을 뒷받침하는 사례로서 유력한 근거로 볼 수 있다.

또한 소주를 통해 보면 당시 고려사회가 활발한 국제적인 교류 속에서 다원화되고 개방적인 사회였음이 드러나기도 한다. 예컨대 고려 속요인 ≪쌍화점(雙花店)≫14)을 보면 당시 소주의 통용과 관련된 사회문화적인 의미를 엿볼 수 있다. 작품 속에 등장하는 쌍화(雙花)와 술이라는 음식문화와 관련지어 당시 사회가 다른 문화와의 교류가 활발했던 다문화된 사회였음을 짐작할 수 있기 때문이다. 주지하다시피 고려는 이른바 원 간섭기 이전부터 벽란도를 통해 중국과는 물론 아라비아 상인들과 대규모 교류를 하였다. 100명 정도의 상인이 입국하였다는 ≪고려사≫의 기사를 보면 고려의 교역규모를 짐작하게 한다.15) 이 정도 수준이라면 거래물량이 상당했을 것으로 보이며, 고려와 아라비아 세계와는 가까운 거리를 유지했을 것으로 짐작할 수 있다. 더 나아가 원 간섭기에는 원이라는 매개를 통해 고려와 아라비아 세계가 더욱 활발한 교류가 이루어졌음을 짐작할 수 있는데, ≪쌍

---

14) 『쌍화점』은 충렬왕 때 만들어져 『악장가사』에 실려 있다. 또한 『고려사』 악지(樂志)에는 제2장만이 발췌되어 '삼장(三藏)'이라는 제목으로 한역되어 전한다. 조선조에는 이른바 남녀상열지사(男女相悅之詞)의 대표적인 노래로 지목되기도 하였다.

15) 고려시대 많은 외국의 사신이나 상인들의 왕래에 대한 『고려사』의 기사는 대표적으로 다음과 같다. 갑인(甲寅)에 흑수말갈(黑水靺鞨)의 아리고(阿里古)가 왔다. 이 달에 대식국(大食國)의 열라자(悅羅慈) 등 100명이 와서 특산물을 바쳤다(高麗史 世家5 顯宗甲子十五年九月). 신사(辛巳)에 대식(大食) 만하(蠻夏), 선나자(詵羅慈) 등 100명이 와서 특산물을 바쳤다(高麗史 世家5 顯宗乙丑 十六年九月).

화점≫에 나오는 이른바 회회인16)들에 대한 글이 방증이 될 수 있다. 충렬왕 때 소주를 즐기는 사람들을 소주도(燒酒徒)라고 부를 정도로 고려시대에 소주는 활발하게 통용되었을 것으로 보인다. 이러한 의미에서 ≪쌍화점≫4연에 등장하는 술과 술집아비는 오늘날의 소주를 의미한다고 볼 수 있다. 단정키는 어렵지만 술을 만들어 파는 술집아비 역시 이슬람 출신으로 고려에 상주하며, 장사를 했던 인물로 추정해 볼 수 있다. 충렬왕 때에 이슬람상인들이 가게를 빌려서 장사했다는 것을 ≪고려사≫의 기록을 통해서 확인할 수 있기 때문이다. 또한 일반 과실주나 곡물로 담근 술의 경우에는 대부분 집에서 손수 담가 먹는 경우가 많았기 때문에 굳이 술을 사러 술집에 가야할 필요가 없었을 것이다. 아울러 증류주의 전래가 오래지 않은 시기이므로 고려인들이 직접 증류작업을 통해 술을 만들었다기보다는 증류기술을 확보하고 있던 이슬람사람들이 술을 제조하여 이를 술집에서 판매했을 개연성이 상당히 높기 때문이다(김명준, 2006).

자료: 사물의 민낯

<그림 24> 재래식 증류기, 소줏고리(좌)와 아라비아의 '아락주'(우)

16) 회회인은 아라비아인으로 추정된다.

위에서 살펴본 바와 같이 소주의 통용과 관련지어 보면 당시 고려 사회는 아라비아 상인이 술집에서 술을 팔 정도로 국제적으로 활발한 교류가 이루어졌던 시기였음을 알 수 있다. 흔히 고려는 다른 시기의 왕조에 비해 상대적으로 잦은 외침 때문에 대외관계가 주로 전쟁과 항쟁으로 점철되었다고 생각되기 쉽다. 그런데 시각을 달리하면 중국뿐만 아니라, 북방민족, 유구, 동남아, 아라비아까지 국제적으로 대외교류가 왕성하게 이루어졌던 것이 고려의 모습이기도 하다.

4. 조선시대부터 근대사까지 다문화 역사

4.1. 조선백자와 조선도공 디아스포라

4.1.1. 임진왜란과 도공

임진왜란·정유재란, 일본역사에서는 흔히 '도자기 전쟁'이라고 말한다. 선진문물의 약탈을 위한 전쟁이었던 것이다. 도공만이 아니었다. 금공(金工), 석공(石工), 목공(木工)은 물론 세공품을 만들 수 있는 장인은 모두 포함되어 있었다.

17세기 초까지 백자를 만드는 기술은 중국과 한국만 갖고 있었기에 조선백자에 군침을 흘리고 있던 일본은 이를 직접 만들기 위하여 임진왜란 때 전쟁에 참가했던 영주들이 경쟁적으로 도공들을 잡아가기도 하였다.

임진왜란 때 끌려가 일본에서 백자의 세계를 연 이삼평은 아리타(有田)에서 백자의 원료가 되는 흙을 발견하였다. 이를 사용해 일본에서는 처음으로 자기를 빚었기에 그는 지금도 도조(陶祖)로 추앙받고 있다.

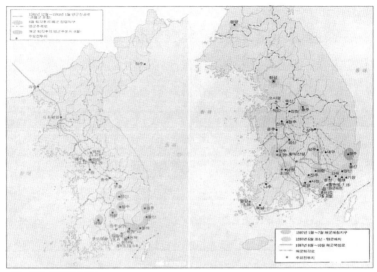

자료: 한국민족문화대백과

<그림 25> 임진왜란 전황도(좌)와 정유재란 전황도(우)

기술을 천시하던 당시 조선에서 천민대접을 받으며, 자기가 만든 작품에 이름도 새기지 못하였던 조선도공들은 자신명의로 된 도자기를 빚기 시작하면서 일본의 도자기산업을 비약적으로 발전을 시켰다. 조선도공들은 큐슈지역을 중심으로 정착하면서 자신의 혼을 담은 백자, 청자를 만들면서 일본의 도자기 수준을 높였다.

지금도 아리타 마을에 가면 그를 기리는 거대한 기념비를 만나게 된다. 그의 이름 앞에는 영광스럽게도 도예의 조상으로 추앙하는 도조(陶祖)라는 말이 커다랗게 새겨져 있다. 이삼평 기념비로 오르는 언덕길에는 무궁화가 피어있다. 4백 년 전의 조선인 이삼평을 기리며 꽃마저 그의 조국의 꽃 무궁화를 심어놓고 있었던 것이다. 산 정상에 거대하게 '도조 이삼평 기념비'를 세우고 또한 신사(神祀)까지 만들어 이삼평을 추앙하고 있다.

이삼평(家)은 이곳에서 사백여 년을 정신적 지주가 되어왔다. 도자기 전쟁이라 일컬어지는 임란 때 조선에 원정 온 이곳 번주 '나베지마 나오시게'에 의해 하카다 앞바다로 끌려온 한 조선도공은 이곳에서 아리타 자기의 조상이 되고, 종래에는 「신」으로 떠받들어진다. 그래서 이제는 그가 발견했다는 백자광 「이즈미야마 자석장」과 가마터 「텐구 다니」는 물론, 그가 눕고 앉은 곳마다 모두 사적이 되었다.

조선시대의 도자기술은 결국 임진왜란을 계기로 일본에 전해지게 된다. 이 시대 일본은 다도가 성행하여 명기의 찻잔은 다이묘들이 하나의 성을 주고서라도 획득하려고 하였다. 그러한 이유가 있기 때문에 임진왜란 때 출병한 무장들은 계획적으로 조선의 도공들을 강제 연행해 귀국했으므로 '도자기 전쟁'이란 별난 명칭을 얻게 된 것이다. 이 전쟁의 결과로 일본 서남부에 있는 다이묘들의 영지에서는 도업이 일순간에 활기를 띠게 되었는데, 대표적인 것으로 호소카와의 <아가노야끼(上野燒)> 구로다의 <다카도리야끼(高取燒)>, 모리의 <하기야끼(靑萩)>, 시마즈의 <사쓰마야끼(京薩摩)> 등이다. 그러나 무엇보다도 중요한 것은 나베지마라는 무장이 데려온 도공으로, 여기에서 일본도자사에 혁명적인 과업을 성취한 조선인이 바로 이삼평(李參平)이다. 나베지마 나오시게에 의해 일본에 와서 그의 영지에서 도업에 종사하면서 일본에서 최초로 자기를 만들었다는 점이다. 이삼평은 모든 일본인들이 바라는 자기를 만들기 위해 원료를 찾아 들과 산을 헤매다가 드디어 가미시라카와의 덴구다니에서 태토(胎土)를 발견하고 가마를 쌓아 자기제작에 성공하였다. 이 시기는 여러 가지 문헌을 종합해 1616년으로 보인다.

그러나 이와 같은 사실도 그동안 일본에서는 다소 회의적인 시각으로 보는 사람이 많았으나 근래에 와서 연구와 발굴의 결과 이삼평의 위업을 누구도 부인 못할 뚜렷한 증거들이 속속 드러났다. 이처럼 화려한 도자기의 명성 이면에는 망향의 한을 달래며 흙과 불과 씨름하며 도자기를 구워낸 조선도공들의 혼과 땀이 자리하고 있다. 임진왜란 당시 강제로 끌려왔던 수백 명의 조선도공이 아리타에 정착하여 가마를 열고, 자기를 굽기 시작한 것이 '일본 도자기'의 시발점이 된 것이다. 무로마치(室町) 시대 일본에서는 다도가 성행함에 따라 조선에서 수입되는 다기가 큰 인기를 얻었기 때문에 조선도공들은 일본군의 표적이 되었다. 다이묘들은 뛰어난 도공들을 수백 명씩 데려와 각자의 영토 내에 가마를 열고 특색 있는 도기를 만들어내도록 했다. 조선도공들이 가져온 발 물레와 가마 제작기술을 통해 일본 도자기는 눈부신 발전을 거듭하게 되었고, 엄청난 경제적 효과를 창출했다.

에도(江戶)시대 중기에는 나가사끼항을 통하여 서양에 수출되어 유럽 귀족들을 매료시키기에 이르렀다. 기록에 따르면 1653년부터 100년간 유럽으로 수출된 아리타 도자기는 100만점을 넘었을 정도의 번성기를 구가했다. 임진왜란 당시 일본군은 규슈 출신이 주력이었고, 그들이 조선도공을 무더기로 데려온 탓에 규슈의 유명한 도자기 산지는 모두 조선도공들이 시작한 가마에 뿌리를 두고 있다. 일본에서는 도자기를 구워낸 곳이라는 의미로 도자기 산지를 야키(燒)로 칭하는데, 지명과 함께 불러 도자기를 구분하고 있다. 예컨대 아리타 도자기는 '아리타 야키(有田)'로, 역시 사가현의 가라쓰(唐津)에서 구워낸 것은 '가라쓰 야키(唐津燒)'로 부른다. 한국에도 널리 알려진 도공 심수관은 '사쓰마(薩摩) 야키' 계열이다. 현재 이들 지역에는 아직도 자신을 조선도공 아무개의 12~14대라고 스스로 칭하는 조선도공의 후예들을 만날 수 있다.

자료: 네이버 이미지

<그림 26> 아리타 도잔 신사에 위치한 도조 기념비

4.2.1. 필리핀 통역가 문순득 표류기

정약전이 지은 '표해시말'의 주인공인 문순득은 전라도 신안군 우이도의 홍어장수 출신으로 흑산도에서 잡은 홍어를 전국에 판매를 하였다. 1801년 12월 나주 영산포로 가던 중 돛이 부러져 바다에 표

<그림 27> '표해록'의 문순득 동상

류하게 되었다. 표류하다가 가장 먼저 도착한 곳이 유구국(현재의 일본의 오키나와)이었으며, 이곳은 이미 조선과 교류관계에 있으므로 비교적 우호적인 대우를 받았으며, 고향으로 돌아가기 위한 방법을 찾기 위해 유구국의 언어를 익혔다. 문순득은 유구국의 사람들은 밥을 먹을 때 반찬을 손 위에 올려 먹는 관습이 있다고 하였다. 1802년 10월에 유구국에 온 청나라 사신의 배를 얻어 타고 고향으로 돌아갈 수 있게 되었으나, 가는 도중 풍랑을 만나 다시 표류를 하여 여송국(현재의 필리핀)에 도착하였다. 문순득은 여송국에서도 고향을 갈 날을 기다리면서 무기력하게 있지 않았으며, 필리핀 언어를 배우고 장사

까지 하면서 긍정적으로 적응을 하였다. 여송국에서는 9개월 정도 체류하였는데 여송국의 언어를 의사소통이 가능한 정도까지 익혔다. 그리고 1803년 마카오로 가서 중국대륙을 지나 3년 2개월의 장정을 마치고 고향으로 돌아오게 되었다.

문순득의 여송국 언어소통의 능숙함을 인정하는 일화가 있었다. 1807년 제주도에 우리와 피부색도 다르고 언어도 통하지 않는 외국인 5명이 표류하여 체류하게 되었는데, 이들은 청나라로 압송되었다가 다시 제주도로 돌아와 생활하게 되었다. 5명 중에 2명은 타국에서의 생활 등으로 죽음을 맞이했고 3명은 문순득의 통역으로 인해 이들이 여송국 사람인 것을 확인했고 여송국으로 돌려보내지게 되었다. 문순득은 당시 흑산도에 유배 온 정약전과의 인연으로 인해 표류 경험담을 책으로 남길 수 있었다. 이것이 '표해시말'이며 문순득의 후손들은 아직도 우이도에 거주하고 있다.

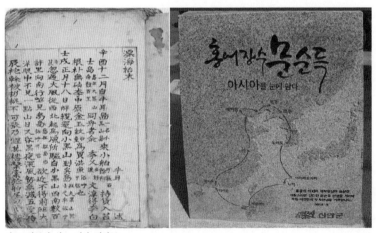

자료: 한국의 섬 - 전남 신안군

<그림 28> 정약전의 '표해시말'(좌)과 문순득 기념비(우)

4.2. 한국의 외국어 교육

우리나라에서는 고대부터 외국과 교류를 맺으면서 이에 따른 외국어교육이 실시되어 왔다. 고구려·신라·백제 등 삼국은 외교와 문물의 수입, 유학생의 파견 등으로 당(唐)과의 교섭이 빈번하였고, 일본과도 교류를 하였다. 따라서 삼국은 당나라와 일본 등 주변국가의 언어를 해득해야 할 필요가 있어 이들 나라의 외국어를 가르칠 교육기관이 절대적으로 필요하였을 것이다.

≪삼국사기≫에도 외국어교육을 위한 기관이 있었을 것으로 짐작하게 하는 문구가 보이지만, 외국어교육기관 설치에 관한 구체적인 기록은 아직 발견되지 않고 있다.

고려시대에는 사대(史臺)·통문관(通文館)·사역원(司譯院) 등의 기관에서 인근 나라의 외국어교육을 실시하였다. 사대는 고려 초에 설치된 기관으로 고려와 밀접한 외교관계를 맺고 있던 인근 국가 언어의 통역과 번역에 관한 일을 관장하는 한편, 이들 외국어에 대한 교육도 실시하였다. 통문관은 역어의 일을 맡아보던 관청으로 역인들이 사리(私利)에 따라 내용을 그대로 전하지 않거나 미천한 출신의 역인들이 졸역이나 오역하는 것을 막기 위하여 1276년(충렬왕 2년)에 설치되었다. 통문관에서는 궐내의 교육을 담당한 금내학관(禁內學官) 중 40세 미만의 7품 이하인 참외인(參外人)을 대상으로, 주로 한어교육을 실시하면서 몽고어와 여진어도 가르쳤다. 외국어의 번역과 통역에 관한 일을 관장하는 관청으로 고려 말에 설치된 사역원은 통문관의 후신으로서, 중국어·몽고어·여진어·일본어 교육을 실시하였다.

1800년대 말 문호개방과 함께 종래 중국, 일본중심의 외국어교육에서 탈피하여 서양 여러 나라의 언어교육이 실시되기 시작하였다.

조선시대에도 사역원을 그대로 두어 외국어의 통역과 번역에 관한 일을 관장하는 중앙기관으로 설치하였으며, 중국어·몽고어·여진어·일본어의 역관을 양성하였다. 사역원에는 한학교수와 훈도 각각 4명씩과 여진어·몽고어·일본어 훈도를 각각 2명씩 두고, 중류계급의 자제들을 입학시켜 외국어교육을 실시하였는데, 사역원의 학생정원은 중국어 35명, 몽고어 10명, 여진어 20명, 일본어 10명으로 되어 있었다. 또한 지방에서도 필요에 따라 각 지방관서에서 중국어·여진어·일본어의 역관을 양성하도록 하여, 평양·의주·황주에서는 각각 30명씩의 중국어 역관을 양성하였고, 여진어의 역관은 북청에서 10명, 의주·창성·만포·이산·벽동·주원 등지에서 각 5명씩 양성하였다. 또한 일본어의 역관은 부산과 제물포에서 각 16명, 염포에 6명을 양성하였다.

1876년(고종 13년) 일본과의 강화도조약 체결을 계기로 서구 여러 나라와의 외교적 교섭이 본격화되면서 나라에서는 서양언어를 구사할 수 있는 통역인이 절실히 필요하게 되었다. 이에 따라 외아문협판(外衙門協辦) 겸 총세무사였던 독일인 묄렌도르프(Mollendorff, P.G.)가 1883년에 외아문의 부속기관으로 우리나라 최초의 영어교육기관인 동문학(同文學)을 설립하였다. 통변학교(通辯學校) 또는 영어학교라고도 불린 동문학은 영국인 헬리팩스(Hallifax, T. E.)가 운영의 책임을 맡고 중국인 오중현(吳仲賢)과 당소위(唐紹威)가 영어교육을 담당하였다. 여기에서 40여 명의 학생을 모집하여 오전·오후로 나누어 영어교육을 실시하다가 1886년에 폐지되었다.

한편 1883년 민간인에 의하여 원산에 설립된 우리나라 최초의 근대적 사립학교인 원산학교(元山學校)에서는 일본어 등의 외국어를 교과목의 하나로 가르쳤다.

1886년에는 정부에서 육영공원(育英公院)을 설립, 미국인 교사 3인을 초빙하여 영어교육을 실시하였다. 육영공원에서는 젊은 현직관리와 선비들을 입학시켜 좌·우 양원으로 나누어, 미국인 교사들이 영어로 된 교과서를 가지고 영어위주의 교육을 실시하였다.

육영공원은 1894년에 폐지되고 영어학교로 개편되었고, 1880년대에 기독교 선교사들이 설치한 배재학당(培材學堂)·이화학당(梨花學堂)·경신학교(儆新學校)·정신여학교(貞信女學校) 등의 선교계 학교에서는 미국인 선교사들이 영어를 교과목의 하나로 가르쳤을 뿐만 아니라 일반 교과목도 영어로 가르쳤다.

자료: 민족문화대백과사전

<그림 29> 호머 헐버트와 육영공원

그 뒤 갑오경장을 계기로 근대적인 학제가 마련되면서 소학교 (1895)·사범학교(1895)·외국어학교(1895)·상공학교(1899)·중학교 (1900)가 설치되었는데, 이들 학교 중 소학교에서는 외국어로 일본 어를 가르쳤고, 한성사범학교(漢城師範學校)에서는 영어를 가르쳤으 며, 중학교에서는 영어와 일본어를 가르쳤다.

특히 정부는 1895년에 <외국어학교관제>를 제정하여 1895년에 이미 설치되어 있던 일어학교와 영어학교를 관립 일어학교와 관립 영어학교로 개편하고 관립 법어학교와 관립 인천일어학교를 신설하 였으며, 이어 관립 아어학교(1896)·관립 한어학교(1897)·관립 덕 어학교(1898)를 설립하여 영어·일어·불어·독어·중국어·러시아 어 등의 외국어교육을 국가적으로 실시하였다.

일어학교와 한어학교는 수업연한이 3년제(1902년에 4년으로 변 경)였고, 영어학교·법어학교·덕어학교·아어학교 등은 5년제였다. 이들 외국어학교는 1명의 교장 아래 각기 독립해서 운영되었으며, 해당 외국어뿐만 아니라 일반 교과목도 가르쳤다. 관립 외국어학교 들은 처음에는 해당 언어를 가르칠 수 있는 외국인을 초빙하여 가르 치다가, 점차 외국어학교 출신의 한국인을 교관으로 삼았다.

외국어학교는 1906년에 관립 한성외국어학교로 통합, 개편되었다. 한편 1890년대 후반기에 이르러 민간인이 설립한 사립학교가 많이 등장하였는데, 대부분의 사립학교에서는 영어와 일본어 등 외국어를 주로 가르쳤다. 이는 당시의 우리나라 실정이 외국어 해독자의 사회 적 진출이 수월해 외국어교육을 받으려는 사람이 많았기 때문이었 다. 선교계 학교에서도 여전히 영어를 중심으로 외국어를 가르쳤고, 우리나라에 와 있던 일본인들이 일본어교육기관을 설치하여 운영하기도 하였다.

1905년 을사조약의 체결로 일제 통감부가 설치되면서 일제의 식민지정책에 따라 1906년 8월에 새로운 학교령을 제정, 기존의 각급학교를 개편하고 고등여학교(1908)와 실업학교(1909)를 설치하였다. 이와 같이 학교령에 따라 각급 학교에서는 일본어를 필수교과로 과하였으며, 일본어 이외의 외국어로는 고등학교에서 영어·독어·불어·중국어 중 택일하여 학년에 따라 2~3시간씩 하고, 고등여학교에서는 선택과목으로 외국어를 하였다.

한편 1906년에 제정된 <외국어학교령>과 동시행규칙에 따라 종전의 개별 외국어학교를 관립 한성외국어학교로 통합하여 1904년에 폐지된 아어학교 외의 외국어학교를 한 곳에 모아 계속 영어·일어·불어·독어·한어 등을 교육하였다. 이들 5개 외국어학교의 수업연한은 3년이었으며, 12세 이상의 남자를 입학시켜 해당 외국어와 일반교과를 가르쳤다.

학부는 관립 인천일어학교도 계속 존치시키는 한편 1907년 평양에 관립 평양일어학교를 설치하고, 1908년 관립 한성일어학교에 1년제의 일어 속성과를 설치하였다. 학부는 1909년 한 곳에 모여 있지만 각기 분리되어 있던 5개의 외국어학교를 하나의 학교로 통합하고, 이와 같이 관립 한성외국어학교에 일어부·영어부·불어부·독어부·한어부와 일어속성과를 두었다.

관립 한성외국어학교는 1911년 11월에 폐지되었는데, 이에 앞서 1909년에 관립 평양일어학교는 관립 평양고등학교로, 관립 인천일어학교는 관립 인천실업학교로 개편되었다. 한편 사립학교에서도 당시 일본어 이외에 영어·불어·중국어 등을 가르친 학교가 많이 있었다.

국권상실 후 일제는 1911년에 <조선교육령>을 제정하여 학제를 전면적으로 개편하고, 일본어를 각급 학교에서 필수로 가르치게 하는 한편, 일본어 이외의 외국어교육은 중등학교와 전문학교에서 부분적으로 실시하도록 하였다. 즉 고등보통학교에서만 영어를 선택과목으로 하여 3·4학년에서 2시간씩 가르칠 수 있게 하였다가 1920년부터는 영어·불어·독어 중 하나를 필수로 과하고, 여자고등보통학교에서도 영어와 불어 중 하나를 선택과목으로 하였다.

한편 고등교육기관인 보성전문학교(普成專門學校)·이화여자전문학교·세브란스 의학전문학교 등에서도 외국어로 영어와 중국어를 가르쳤다. 1922년 제2차 <조선교육령>에 따라 학제가 개편되면서 외국어교육의 양상도 변경되었다. 또한 고등보통학교는 영어·독어·불어 중 1과목을, 여자고등보통학교는 영어·불어 중 1과목을 필수로 과하였고, 5년제의 사범학교 보통과에서도 영어를 가르쳤다.

전문학교 중 특히 이화여자전문학교의 문과는 영문과나 다름이 없을 정도로 영어와 영문학 위주의 교육을 실시하였다. 그 결과 1928년부터 이화여자전문학교의 문과 출신은 사립여자고등보통학교 영어교사 자격증을 수여받기도 하였다.

1924년에 설립된 경성제국대학 예과에서는 영어·독어·라틴어를 가르쳤고, 1926년에 개설된 경성제국대학 법문학부 문학과에는 영문학과 중문학 전공과정이 설치되었다. 세브란스 의학전문학교에서는 1930년대에 와서 영어·독어·라틴어를 가르쳤다. 1938년에 공포된 제3차 <조선교육령>에 따라 중학교와 사범학교의 보통과에서는 영어·독어·불어·중국어 중 1과목을 가르치고, 고등여학교에서는 영어·불어·중국어 중 1과목을 선택하였다.

전문학교와 경성제국대학에서도 영어·독어·불어·중국어를 외국어로 선택하였다. 제2차 세계대전 막바지인 1943년 이후 일제는 각급 학교에서 외국어교육을 축소시켜 중등학교의 경우 저학년에서만 외국어를 필수과목으로 과하고, 고학년에서는 선택과목으로 하였다. 특히 영어는 적성어라는 이유로 더욱 제한하였다.

4.2.1. 조선시대 외국어 교재

국가 간 교류에 있어서 외국어의 중요성은 옛날이든 지금이든 중요성은 다르지 않다. 고려 충렬왕 2년 1276년에 통문관(通文館)을 설치하였다는 기록이 존재한다. 고려의 당시 상황을 봤을 때는 원나라의 언어인 몽골어가 가장 중요시 되었으나 명나라가 세워지면서 중국어가 매우 중요해졌다. 고려멸망 후 조선시대에서는 통문관을 사역원(司譯院)으로 바꾸었으며, 태조 1392년 8월 과거제도에 처음으로 역과(譯科)가 포함되었다. 조선시대에는 외국어를 역어(譯語)라고 하였으며, 외국어 학습, 교육, 연구, 통역 등을 통칭하여 역학(譯學)이라고 불렀다. 또한 6개의 국어로 구성되어 있으며, 중국어, 몽골어를 기본어로 하여 만주어, 일본어, 위구르어, 유구어로 되어 있다.

세종은 한학(漢學), 몽학(蒙學), 여진학(女眞學)의 사학(四學)을 갖추었고 중국어(漢語)를 배우기 위해 중국으로 유학생 파견계획까지 세울 정도로 외국어에 대한 높은 관심을 가졌다. 사학의 구체적인 내용을 살펴보면 다음과 같다.

첫째, 조선과 중국과의 관계 때문에 조선왕조의 전 시기를 걸쳐 중요성이 강조되었으며, 한학 강이관(漢學講肄官), 한학 습득관(漢學習讀官), 질정관(質正官) 등의 제도를 시행하였다.

둘째, 몽학은 몽골의 침략에 대비하여 몽역관을 양성, 확보하는데 목적이 있었기 때문에 실용적인 목적이라 할 수 없다.

셋째, 왜학은 배를 타고 가는 길이 험하고 한어역관처럼 벼슬 얻을 기회가 적었기 때문이다.

넷째, 여진학은 사학 중에 가장 늦게 도입되었으며, 1667년 청나라 헌종 때에는 청학(淸學)으로 명칭을 변경하였다. 청나라에서는 만주어 보전에 힘을 쏟았지만 18세기 중엽에 이르러 만주어 사용은 소멸되었다. 그러나 조선에서는 19세기 말까지 청어 역관 양성과정은 지속적으로 이어졌다.

4.2.2. 조선시대 중국어 교재

중국어의 교재는 세 가지가 대표적이며, ≪직해소학(直解小學)≫, ≪노걸대(老乞大)≫, ≪박통사(朴通事)≫를 들 수 있다.

첫 번째, ≪직해소학≫은 고려 말에 한국으로 귀화한 이민자 설장수가 지은 것으로 조선중기까지 사용하였다.

두 번째, ≪노걸대≫는 실용회화서로서 상인의 여행과 교역에 관한 내용으로 중국을 여행하면서 만나게 되는 상황에 따라 중국인과 대화하는 형식으로 여행자들에게는 필수적인 표현들이 구성되어져 있다.

세 번째, ≪박통사≫는 고급실용회화서로 세시풍속 등 일상적인 상황을 다양하게 구성한 실존 회화체계의 내용이다.

위의 중국어 세 가지 교재 중에 ≪노걸대≫와 ≪박통사≫는 지속적으로 새롭게 간행물이 편찬되었다. 아울러 두 교재는 고려 말에 간행된 것으로 추정되고 있는데, 훈민정음이 반포된 이후 조선 중종 때 '기역', '니은' 등 언문 자음과 모음 이름을 붙인 역관(譯官) 최세진(崔世珍)이 언문으로 발음을 표기하고 해석부터 새로이 편찬하여 중국어를 쉽게 배울 수 있도록 길을 열어준 것이다. ≪노걸대≫는 사람 이름이라는 설과 이름을 알 수 없는 노형(老兄) 호칭의 설이 있다. ≪노걸대≫는 역관들에 의해 숙종 6년에 청어(淸語)로 번역되었고, 영조 17년에는 몽어(蒙語), 왜어(倭語)로 번역되면서 언문으로 해당 언어의 발음과 해석을 붙인 교재로 편찬되었다. 그렇지만 당시 조선시대 신하들은 대부분 언문을 도외시하였고, 외국어는 중인(中人)인 역관이 배우는 것으로 여겼다.

자료: 한국민족문화대백과

<그림 30> 소학집주(小學集註), 노걸대(老乞大), 박통사언해(朴通事諺解)(왼쪽부터)

4.2.3. 조선시대 몽골어 교재

몽골어의 교재는 ≪몽학삼서(蒙學三書)≫, ≪몽아노걸대(蒙語老乞大)≫, ≪첩해몽아(捷解蒙語)≫, ≪몽어유해(蒙語類解)≫로 구분된다.

첫 번째, ≪몽어노걸대≫는 한문본인 ≪노걸대≫를 근간으로 하여 몽골어로 번역한 것을 언해한 내용이다.

두 번째, ≪첩해용어≫는 회화학습서 내용으로 구성되어 있다.

세 번째, ≪몽어유해≫는 중국어, 한국어, 몽골어 분류어휘집으로 사전적 내용으로 구성되어 있다.

4.2.4. 조선시대 일본어 교재

일본어는 당시 왜학(倭學)이라고 불렸으며, 대표적 교재로는 ≪첩해신어(捷解蒙語)≫를 들 수 있다. 조선초기 경국대전에서 왜학 과시용(科試用)으로 14종의 서적을 규정하였다. 그러나 1676년 숙종 2년에 이를 폐지하고, 새로운 ≪첩해신어≫를 간행하면서 1678년부터 과시용으로 단독으로 사용되었다. ≪첩해신어≫는 왜학역관들에게 읽기, 쓰기, 말하기 등 세 가지 방향으로 일본어를 습득하게 하여 접대와 교역 등에 필요한 사항을 학습시키기 위한 교재이다.

4.2.5. 조선시대 만주어(청나라어) 교재

만주어의 학습에는 ≪삼역총해(三譯總解)≫, ≪소아론(小兒論)≫과 ≪팔세아(八歲兒)≫, ≪몽어노걸대(蒙語老乞大)≫ 등이 사용되었는데, 모두 언문으로 발음과 해석이 되어 있다.

첫 번째, ≪소아론≫은 세 살이 된 아이와 어른의 대화형식이다.

두 번째, ≪팔세아≫는 여덟 살 소년과 한나라 황제의 대화형식으로 된 교재이다.

세 번째, ≪몽어노걸대≫는 ≪노걸대≫의 내용 구성을 몽어로 번역한 것이다.

위의 내용에서 알 수 있듯이 조선시대의 외국어 학습은 새로운 문물에 대한 호기심에서 출발한 것이 아니며, 오늘날처럼 개인의 성취 동기에 따른 것도 아니라는 것이다. 이는 즉 국가의 정치적 필요성에 따라 특정계층에 의해 학습되었던 것으로 사료된다. 영조 16년 9월 승정원일기의 내용에는 청나라로 가는 사신은 뛰어난 명관으로 선발하는데, 대부분은 중국어를 알지 못하여 국가의 중대한 상황 시에 적절한 대처나 역관과의 신뢰관계 형성을 기대하기 어려운 실정이었다. 게다가 사역원에서 한어를 가르치는 한학교수 네 자리 중에 둘은 문신 중에서 임명하는데 한어 실력은 보지 않고 이조(吏曹) 낭청만 거치고 나면 으레 제수하는 자리가 되다시피 하여 역관의 교육에도 문제를 안고 있었던 것이라고 기록되어 있다.

영조의 이러한 외국어학습에 대한 정책의 취지가 통하는 왕이 있었는데, 바로 세종대왕이다. 세종대왕은 주변국과의 외교를 중시하였고 1442년 재위 24년 2월 14일에 사역원 안에서는 관원이나 역관, 생도를 막론하고 모두 중국어로만 말하여 회화 능력을 높이도록 하였다. 그 이듬해 반포된 언문이 외국어 학습에 기여한 것도 우연이 아닌 것이다.

4.2.6. 육영공원

육영공원의 설립은 조미수호통상조약 체결로 인해 영어를 구사하는 지식인이 필요해진 상황과 관련이 깊다. 1883년에 김윤식이 청나라의 동문관(同文館)을 본떠 동문학이라는 외국어 교육기관을 설치해 통역관을 양성한 것이 영어교육의 효시이다. 그러나 동문학은 처음에는 중국인 교관을 초빙했고, 이후 인계받은 영국인은 자질이 떨어지는 사람이라 학생들의 불만이 많았다.

이에 민영익이 보빙사로 미국에 다녀온 뒤 1882년에 영어를 본격적으로 가르칠 수 있는 근대식 교육기관 설립을 계획했다. 1884년에 고종으로부터 육영공원 설치허가는 받았으나, 갑신정변으로 인해 2년 뒤인 1886년에 일류대학교 출신의 미국인 교사 3인을 초청하여 동문학을 대체하는 육영공원이 설립될 수 있었다. 이 과정에서 주한미국공사관 무관이었던 포크의 노력이 크게 작용하였다.

또한 이 무렵 배재학당, 이화학당, 경신학교가 설립된 것도 공립학교(또는 국립 학교)가 세워지는 한 배경이 된다.

육영공원은 좌원(左院)과 우원(右院)으로 나누어, 좌원에는 젊은 현직관리를 학생으로 받고 우원에는 관직에 아직 나가지 않은 명문가 자제들을 입학시켰다. 학생 선발은 세심하게 사색당파를 안배하여 이루어졌으며, 영어를 위주로 세계사와 지리, 수학 등 신학문을 가르쳤다. 학교 운영비용은 인천과 부산, 원산의 항구에서 받는 해관세로 충당되었다. 반면에 김은신의 책 ≪이것이 한국 최초≫에 따르면, 정원은 30명이었고, 좌원은 연소자 10명 정원에 한문과 역사, 경서, 영어를 가르쳤고, 우원에는 15세에서 20세 젊은이 20명을 선발하여 수학, 의학, 농학, 지리, 각국 언어 등을 가르쳤다. 또한 수업 연한은 3년이었다. 교사들은 미국에서 기초반과 고급반용을 구분하여 가져온 교육용 자료를 사용하여 가르쳤다.

교사 중 한 명인 길모어의 증언에 따르면, 학생들은 처음에는 매우 열심이었고, 교사들도 신이 나서 가르쳤다고 한다. 수업을 영어로 진행했음에도 학생들이 보여준 이러한 지식욕구와 학문적 태도가 교사들에게 큰 힘이 되었다고 한다.

또 한 명의 교사였던 호머 헐버트(Homer Hulbert)는 개교한 지 1

주일 만에 육영공원의 설립과 출발에 대한 글을 뉴욕 트리뷴에 기고하여 1886년 10월 1일 한국의 교사들이라는 글이 실렸다.

고종은 육영공원에의 관심이 지대하여 개교 후 얼마 안되어 직접 시험의 시행자가 되어 영어과목의 시험을 주관하였다.

초기에는 의무적으로 기숙사 생활을 하였으나, 곧 너도나도 개인 행동을 하였다. 육영학원에서는 무료로 침식을 제공하였고, 책도 물론 무료였다. 더구나 매달 담뱃값 명목으로 6원(600전)씩 지급하였다(당시 설렁탕 한 그릇 2전 5리 정도). 학생들은 모두 갓을 쓰고 도포를 입었으며, 심지어 가마로 등교하는 학생도 있었고, 책과 담뱃대는 하인이 들고 다녔다.

당시 학생들은 위와 같은 조건에도 불구하고 규칙이 너무 까다롭다는 이유로 불평이 많았으며, 당시 학생들은 신학문에 대한 이해가 전혀 없었다. 절반이 현직관리인 육영공원 학생들은 신학문에 대한 관심과 열망이 적었고, 그들은 글공부가 출세와 직결한다는 사고방식에서 벗어나지 못했다. 급기야 학생들이 요청하면 수업시간도 단축되었고, 가사와 공무를 핑계로 결석하기 일쑤였다. 헐버트는 수업시간 단축에 반대하여 고종에게 상소를 올렸다고 한다.

정부의 재정이 악화되고 국력이 약해져 정부 관리들은 제대로 정책을 펴지 못했고, 학생들의 태만도 통제할 수 없었다. 결국 미국인 교사들은 실망하여 계약기간을 마치고 돌아갔고, 조정에서 육영공원을 영국인 허치슨(W. F. Hutchison)에게 넘기면서 1894년 폐교되었다. 이후 관립 영어학교를 거쳐 한성외국어학교로 통합되었다.

<그림 31> 육영공원(1886년 9월 개교, 1891년 11월 박동으로 이전, 1894년 1월 폐지)

4.3. 조선을 사랑한 외국인

호머 헐버트는 1863년 1월 26일 미국 버몬트(Vermont) 주 뉴헤이
번에서 태어났다. 그의 아버지는 미들베리(Middleberry) 대학의 총장
이었던 칼빈 헐버트(Calvin Hulbert) 목사였으며, 어머니는 다트머스 대
학의 창립자 엘리저 윌록의 외증손녀인 매리 우드워드(Mary Woodward)
다. 1884년, 다트머스 대학(Dartmouth College)을 졸업하고, 그 해에
유니언 신학교에 들어가서 2년간 수학하였다.

<그림 32> 호머 헐버트

육영공원에서의 교직생활 1886년(조선 고종 23년)에 길모어, 벙커 등과 함께 조선에서 육영공원에 교사를 파견해 달라는 요청으로 조선에 들어와 최초의 근대식 교육기관인 육영공원(育英公院)에서 교사직으로 영어를 가르쳤다. 그는 자비로 한글 개인교사를 고용하여 한글을 배워 3년 만에 한글로 책을 저술할 정도의 실력을 갖게 되었다. 그는 육영공원에서 근무하면서 제중원 학당에서도 학생을 가르쳤는데, 1888년 3월경부터 하루 2시간씩 제중원 학당에서 교육을 담당하였다. 1888년 9월 미국에 일시 귀국하여 메이 한나와 결혼하여 함께 조선으로 돌아왔다.

육영공원의 교사였던 호머 헐버트는 1891년에 최초의 순한글 교과서인 ≪사민필지≫를 저술해 육영공원 교재로 사용하였다.

자료: 민족문화대백과사전

<그림 33> 사민필지

육영공원에서 교직으로 근무했을 때 헐버트는 외국서적의 번역작업과 외국에 대한 한국홍보 활동을 벌여 많은 서적과 기사를 번역,

저술했다. 1896년에는 구전으로만 전해오던 아리랑을 처음으로 채보하였다. 그러던 중, 조선정부에서 재정상의 이유로 육영공원을 축소운영하게 되자, 헐버트는 1891년에 교사직을 사임하고, 미국으로 돌아가게 된다. 한편 헐버트는 1891년 여름 당나귀를 타고 아펜젤러, 모펫과 함께 평양을 방문하여 평양 근교의 석탄광산의 실태를 파악하였다. 아펜젤러와 모펫은 선교정보를 얻기 위하여 동행하였다.

이후 선교사로 1893년에 재입국 한 헐버트는 미국 감리교회의 선교사 자격으로 다시 조선에 입국하여 선교활동을 하였다. 그는 감리교 출판부인 삼문출판사의 책임을 맡았으며, 배재학당에서 학생들을 가르쳤다. 그는 한성부에 오기 전 미국의 한 출판사에서 출판에 대한 교육을 받고 왔으며, 신시내티(Cincinnati)에서 신식 인쇄기를 들여왔다. 삼문출판사는 그가 부임한 지 1년이 안 되어 전도지와 종교서적 1백만여 면을 인쇄하여 경영을 자급자족할 수준에 이르렀다. 1895년 2년간 휴간했던 영문 월간지 '한국소식'을 다시 발행하였고, 최초의 영문소설 한국어 번역판인 ≪텬로력뎡(천로역정)≫을 출판하였으며, 그해 8월에 한글 로마자 표기법을 고안하였다.

그리고 10월 8일 명성황후 시해사건이 일어났는데, 당시 그는 언더우드 그리고 에비슨과 함께 고종의 침전에서 불침번을 섰다고 한다. 1897년 5월 조선정부와 고용계약을 맺고 학생 수 50명이 되는 한성사범학교의 책임자가 되었으며, 관립 영어학교에서도 학생들을 가르쳤다. 1900년부터 1905년 고종의 특사로 미국에 방문하기 전까지 현 경기고등학교의 전신인 관립 중학교의 교사로 재직하였으며, 일본의 부당성을 지적하는 다양한 사회활동을 전개하며, 1901년부터 영문월간지 ≪Korea Review≫를 발행하였다. 헐버트 부인도 이화학당에서 음악을 가르쳤으며, 외국인 자녀들을 자신의 집에서 가르쳤다. 그녀는 또한 제중원에서 환자들을 돌보는 일을 하기도 하였는데, 그는 현 동대문교회인 볼드윈 교회를 맡아 담임목회를 하였다. 이때 외국서적의 번역작업과 외국에 대한 한국홍보 활동을 벌여 많은 서적과 기사를 번역, 저술했다. 한국의 역사에도 많은 관심을 기울여 1908년에는 관립 중학교의 제자 오성근과 함께 ≪대한역사≫라는 한글 역사교과서를 출판하였다. 이 책은 상, 하권으로 기획되었으나 하권은 출간하지 못하고, 상권만을 발행하였다. 이마저도 1909년 일제의 검열에 의하여 금서조치되어 일본경찰에 의하여 출판사에 있던 책이 모두 몰수되어 불태워졌다.

1890년대 중엽에 조선은 일본제국으로부터 위협을 겪게 되는데, 헐버트는 일제의 이러한 침탈행위를 목격하면서 조선의 국내 및 국제정치, 외교문제에 관심을 가지게 되었고, 조선의 자주권회복 운동에 헌신하기 시작했다. 1895년 을미사변 이후 헐버트는 고종을 호위하고, 최측근 보필역할 및 자문역할을 하여 미국 등 서방국가들과의 외교 및 대화창구 역할을 하여, 헐버트는 고종의 신뢰를 가장 많이 받은 외국인이었다.

또한 헐버트는 1903년부터 타임스의 객원특파원을 지냈으며, 1904년에는 AP 통신의 객원특파원을 지냈다.

1905년, 일본제국이 대한제국의 외교권을 빼앗는 을사늑약 사건이 있은 후에 헐버트는 을사늑약의 불법성과 무효성을 국제사회에 알리려 했으며, 대한제국의 자주독립을 주장하고자 하였다. 또한 을사늑약의 무효성을 알리기 위해 고종황제로부터 친서를 받아 1905년 미국 대통령에게 밀서를 전달하고자 하였으나 실현되지는 못했으며, 미국을 비롯한 열강국가들에 을사늑약의 부당함을 알리는 역할을 하기도 하였다.

헐버트 박사는 헤이그 특사인 이준, 이상설, 이위종을 네덜란드 헤이그로 파견하는 데 크게 일조했다. 1907년 고종의 밀서를 받아, 비밀리에 네덜란드 헤이그 만국평화회의장에 비밀특사 3명들을 파견하는 데 크게 일조하기도 하였다. 헤이그 특사 파견을 위해 통감부의 감시를 피해 사전작업에 크게 공헌하였다. 이로 인해 헐버트는 제4의 특사로 불리기도 한다. 그러나 이를 눈치챈 일본제국의 방해로 헤이그 특사들은 회의장에 입장조차 못했으며, 결국 실패로 끝나자 이것이 일본제국에 알려지게 되었고, 이를 빌미로 일본제국은 눈엣가시 같은 존재였던 헐버트를 대한제국에서 추방한다. 그렇지만 헐버트는 미국에서 서재필, 이승만 등의 미주 독립운동가들에게 적극 지원하여 활동에 힘을 더하였다. 또한 한국의 분리독립을 위해 미국 각지를 돌면서 일본제국의 침략행위를 비난하였고, 한국의 분리독립성을 호소하였다.

1907년 7월 헤이그 평화클럽에서 일본의 부당성을 질타한 후 미국으로 돌아갔다. 이후 1908년 미국 매사추세츠 주 스프링필드에 정착하여, 스프링필드 훼이스 회중교회에서 목사로 안수 받았다. 또한 호머 헐버트는 미국 전역과 전 세계에 각종 회의와 강좌에서 일본제국의 침략을 규탄하였고, 한국의 분리독립에 관한 글을 썼으며, 1918년에는 파리 강화회의를 위한 '독립청원서'를 여운홍과 함께 작성하였다. 그리고 호머 헐버트는 1919년 3·1운동 후에는 이를 지지하는 글을 서재필이 주관하는 잡지에 발표하였고, 미국상원 외교위원회에 일본의 잔학상을 고발하였다. 1942년에는 워싱턴 D.C에서 열린 한국자유대회에 참석하였다.

1944년 호머 헐버트는 '한국문제연구회'에서 간행하는 ≪한국의 소리≫라는 책자에서 루스벨트 대통령이 을사조약 직후 고종황제의 청을 받아들이지 않아 동양의 역사가 바뀌었고, 미국이 친일정책을 썼기 때문에 태평양전쟁이 일어났다고 주장하였다.

제2차 세계대전이 끝난 후 패전국인 일본의 식민지였던 한반도는 독립되었고, 호머 헐버트는 1948년 대한민국이 수립된 이듬해인 1949년 42년 만에 방한하였다. 방한 이후 1주일 후에 헐버트는 병사하여 8월 11일에 최초의 외국인 사회장으로 영결식을 거행하였고, 오늘날 양화진(楊花津) 외국인 묘지에 묻혔다. 헐버트는 샌프란시스코에서 대한민국으로 떠나며 언론에 웨스트민스터 사원보다 한국의 땅에 묻히기를 원하다는 유언을 남겼다.

사후의 호머 헐버트는 1950년 3월 1일에 대한민국 정부에서 외국인 최초로 건국공로훈장 태극장(독립장)을 추서했다. 전 대한매일신보 주필로 지냈던 영국인 어니스트 베델(Ernest Thomas Bethell)과 함께 조선말기 '조선을 구하기 위해 활동한 대표적인 서양인'으로 들수 있다. 호머 헐버트는 교육자이자 언론인이기도 하였으며, 저서로는 한글로 된 교과서 외에도 영문으로 된 ≪한국의 역사≫와 ≪대한제국멸망사(The Passing of Korea)≫등을 편찬하여 미국 대중들이 한국을 이해하고 도울 수 있도록 노력하였다. 그는 한국어와 한글에 대해서 깊은 관심을 가졌는데, 인도의 드라비다어와 한국어를 비교한 논문을 내기도 하였다. "대한제국멸망사"는 그리피스의 "은자의 나라 조선(Hermit Kingdom)"과 이사벨라 버드 비숍의 "한국과 그 이웃나라들 (Corea and her neighbors)"과 함께 조선말기 3대 외국인 기록으로 꼽힌다. 그리고 2014년 10월 9일에 한글 보전과 보급에 헌신한 공로로 대한민국정부에서 금관문화훈장을 추서하였다.

4.4. 대한제국의 국제결혼

대한제국은 일제의 국권침탈 중 강제로 해체되는 슬픔을 겪었고, 대한제국의 최후가 제대로 알려지지 않은 채 박물관 속으로 사라지는 비운의 역사가 되었다.

고종은 9남 4녀라는 많은 자녀를 두었지만 마지막까지 살아남은 것은 순종과 의친왕, 영친왕 그리고 덕혜옹주 이렇게 4명뿐이다. 여기에서 정비 명성황후에게서 태어난 순종이 고종의 뒤를 이어 대한제국의 마지막 황제가 되었다. 고종과 엄비 사이에서 태어난 마지막 황태자, 영친왕은 황태자에 책봉되자마자 11세의 어린 나이에 일본 유학길에 오르게 된다. 조선 황족도 일본 황족과 같은 교육을 받아야 한다는 명분이었지만, 실질적으로는 반일적인 고종을 압박하기 위한 '인질'이었다. 일본 왕실 내에 있는 육군유년학교에 입학한 영친왕은 육군사관학교를 거쳐 육군대학을 졸업하고, 일본 육군중위로 군 생활을 하게 된다.

자료: KBS <역사 스페셜>

<그림 34> 마지막 왕조인 대한제국의 가계도

시간이 흘러 1910년 병합이 되자 순종은 폐위되고, 영친왕은 왕세자로 강등되고, 이 기회를 이용해 일본은 영친왕과 일본의 황족 마사코의 결혼을 추진한다. 아이를 낳지 못할 체질 판정을 받은 마사코를 일본은 일부러 영친왕과 결혼시켜 조선왕실의 대를 끊어 놓으려 했기에 아버지인 고종은 강경하게 반대했으나 진행 도중 승하하는 바람에 이 결혼은 결국 거행되었다.

'이방자'라는 한국식 이름으로 개명한 마사코는 불임판정에도 불구하고 영친왕의 첫 아들 진(晉)을 순산하지만 얼마 지나지 않아 건강하던 아들 진이 갑자기 사망하게 된다. 이 역시 고종과 마찬가지로 '독살설'이 떠돌기도 하였다. 이후에 영친왕은 10년 만에 두 번째 아들 구(玖)를 얻어 행복한 생활을 했으나, 곧 중·일 전쟁이 발발해 일본군으로 만주에 파견되었다. 영친왕을 전쟁터에 파견함으로써 조선청년들의 참전의욕을 높이려는 일본의 계략이었다. 전쟁이 끝난 후에도 영친왕의 삶은 평탄하지 않았다. 대한제국 당시 황실의 재산을 모두 국유화하자 영친왕 부부는 경제적으로 매우 어려워졌고, 또한 이승만 정부의 냉대로 귀국에 차질을 겪다가 1963년 환국하게 된다. 그러나 귀국 후 7년 동안 병상생활을 하다가 인생을 마치게 되었다(문화체육관광부).

자료: 민족문화대백과사전

<그림 35> 영친(英親)왕과 일본 황족 이방자(方子)

제2장

조선후기에서
일제강점기까지의
다문화 역사: 한국인은 왜
디아스포라가 되었나?

5. 조선족의 다문화 역사

5.1 조선족의 역사

우리에게 있어 '조선족'이란 의미는 보편적이고, 역사적인 의미보다는 한국사회에 굳혀져 있는 통상적인 개념으로 조선족을 받아들이는 경향이 팽배하다. 이러한 중국 조선족은 1920년대 후반부터 중국내 소수민족으로 인정받아 법률적으로 중화인민공화국의 공민지위와 함께 소수민족으로서의 지위를 인정받았다. 중국 조선족이 소수민족의 지위와 중국공민의 지위를 인정받을 수 있었던 배경에는 항일전쟁과 한국전쟁 시기 한족과 함께 공동으로 투쟁함으로써 '공헌과 협력의 동반자관계'를 구축할 수 있었기 때문이었다(남근우, 2013).

그래서 '조선족'이란 국적과 민족출신을 동시에 적용시킨 개념으로서 중국의 56개 민족 중의 일원인 중국국적을 취득한 조선민족에 대한 호칭이라 할 수 있다.

최초 조선인은 압록강과 두만강을 경계로 아침에 건너와서 농사짓고, 저녁에 남몰래 돌아가거나, 봄에 와서 씨 뿌리고, 가을에 와서 걸어가는 방식으로 자연스러운 월경이 이루어졌다. 하지만 청조의 '봉금령(封禁令)'으로 불법 월경자에 대하여 청나라와 조선의 단속이 시작되었고, 간혹 사형에 처하는 경우도 생겨났다. 조선인의 중국 동북부지역으로의 본격적인 이주는 19세기 중반부터였다. 이 지역은 청조를 세운 만주족의 발상지였는데, 봉금령의 시행은 타 민족의 자유로운 왕래를 제한하는 계기가 되었다. 압록강과 두만강 이북 1,000리를 성스러운 지역이라 하여 외부인들의 입주와 개간을 금지시켰던 것이다(임채완, 2013). 비슷한 시기 조선왕조에서도 변경의 확보와 주민들의 안전을 고려하여 이민금지령을 내렸다. 이러한 상황에서도 처음에는 함경북도 인근의 조선인들이 몰래 벼농사를 짓기 시작하면서 부단히 강을 건너 단속을 피해가면서 경계를 넘나들기 시작하였다. 특히 1860년, 1861년, 1866년, 1869년, 1870년 함경도지역을 덮친 지속적인 대흉년으로 중국으로 건너간 조선난민이 2만여 명에 이르게 되었고, 그중 절반이상이 연변지역으로 이주하였다. 압록강지역과 연해주지역에 위치한 난민은 우수리강[17])을 따라 흑룡강성으로 이주하였고, 이어 1899년 기존의 조선이주민에게 중국공민의 자격이 부여되었다(Jiang, 2010).

한편 조선인이 중국으로 이동하기 시작한 것은 19세기 중엽 이후부터이다. 한반도 북부의 농민들이 당시 어려운 경제상황으로 인해 새로운 경작지를 찾아 중국 동북의 변경지역으로 대규모 이주하였던 것이다. 이후 일본 식민지배 시기에는 일본의 이주정책(1930)에 의해 강제적으로 중국에 이주하거나, 일본 제국주의의 탄압을 피해 독립운동을 목적으로 중국으로 이주하는 이들도 있었다. 해방이 되자 일부

---

17) 중국과 러시아의 경계를 이루고 있는 흑룡강의 지류이다.

는 조선으로 귀국하였으나 일부는 중국에 남았는데, 이들은 1952년 중국정부의 민족 식별작업을 통해 55개(현재 56개) 소수민족 가운데 하나로 지위를 부여 받았다. 당시 동북 3성에 주로 살고 있던 재중동포들은 일본 식민지시기에 중국인들과 함께 항일운동을 전개하고, 국공내전을 통한 신중국 건설과정에 크게 기여한 공로를 인정받아 연변 자치주를 설립할 수 있었다(이광규, 2002). 이로 인해 재중동포들은 연변지역에서 민족공동체로서 수 세대에 걸쳐 민족 언어와 문화를 유지하고 강한 민족정체성을 유지해왔다(윤인진, 2004).

5.2 조선족의 이주과정

대부분의 선행연구에서는 중국 동북지역으로의 조선인 이주과정을 19세기 말부터 20세기 중반의 기간 중 아래의 세 시기로 나누고 있다.

첫 번째 시기는 1860년부터 1910년까지이며, 이 시기에는 한반도 북부의 수해와 가뭄에 따른 경제적 이유로 중국으로 대규모의 자발적인 이주가 이루어졌다. 이 시기 중국 청나라와 러시아는 '아이훈조약(愛琿條約)'[18]과 '베이징조약(北京條約)'[19] 등을 체결하였고, 이에 따라 중·조 변경의 대부분의 군인이 중·러 변경으로 이송되었다. 또한 당시 수시로 밀려드는 러시아의 침략에 대처하기 위하여 조선과 중국 산동성 등지에서 유입되는 농민들을 끌어들여 황무지를 개

---

18) 1858년 헤이룽장성의 북쪽 아무르강 연안의 아이훈에서 러시아 제국과 청나라가 맺은 불평등 조약이다.

19) 베이징 조약(北京條約)은 아편전쟁의 결과로, 1860년 10월 18일에 청나라가 영국, 프랑스, 러시아와 체결한 조약이다. 이 조약은 6개의 항목으로 되어 있으며, 이 조약에 따라 청나라는 영국에 주룽(현재의 홍콩 중심부)을 내주었고, 러시아에는 연해주를 넘겨주었다.

간하고 군량을 해결해야 할 필요성으로부터 봉금령을 해제하기 시작했다. 중국 동북지역에 대한 봉금정책을 이처럼 점차 완화하면서, '이민실변(移民實邊)' 정책을 취하고, 황무지를 개간하는 전문개간구역을 지정하면서 조선인을 받아들이게 되었다. 1904년 중국 동북부의 조선인은 75,300명이며, 이중 70%는 조선의 평안도와 함경도에서 이주하여 왔다(黃有福, 1993). 1905년에는 그 수가 약 30만 명에 이르렀으며, 1904년의 약 4배로 증가하였다. 이주자는 대부분 논농사를 하는 농민이었으며, 압록강의 중류지역인 통화 등 지역에는 37,000여 명, 상류지역인 백산, 집안 등 지역에는 39,000여 명, 하류지역인 단동 등 지역에는 52,100여 명이 정착하고 있었고, 연변지역에 184,867명이 정착하고 있는 것으로 파악되고 있다(李承律, 2008). 이처럼 이 시기의 조선인은 후에 유입한 이주자에 비하여 그 수가 적으며 대부분 압록강과 두만강지역에 분포하였다.

두 번째 시기는 1910년 한일합방부터 1931년 9.18사변까지이다. 일제의 침략이 심화됨에 따라 이 시기에 중국 동북부지역으로 이주한 조선인은 점차 증가하게 되었다. 농민이주자와 더불어 반일운동인사들의 이주가 증가하였으며, 연길, 단동 등 도시를 중심으로 조선족의 집거지역이 형성되었다. 그중 가장 규모가 큰 집거지를 이루었던 곳은 용정이며, 1930년에 약 20만 명이 그곳에 거주하고 있었다(李承律, 2008). 당시의 통계에 의하면 압록강으로 이주한 조선인이 93,883명이고, 두만강으로는 192,540명의 조선인이 이주하였다. 1910년부터 1920년까지 이 두 지역으로 이주한 조선인의 수는 459,400명에 이르렀으며, 9.18사변 이전까지 607,119명에 달하였다. 특히 1915~1920년 사이의 급격한 인구의 성장은 한일합방에 따른 정치적인 이유로 인한 인구유입과 경제적인 이유로 인한 인구유입 두 가지로 나누어 볼 수 있다. 전자는 독립운동 집단의 이주가, 후자는 침략 후 경제적 수탈로 인해 호구지책이 어려워진 농민들의 이주가 주류를 이루고 있다(한상복·권태환, 1993). 연변지역은 분지로 농사짓기 용이한 지역이어서 중국국적으로 귀화한 조선인은 모두 토지소유권을 획득하였다. 하지만 조선이주민이 증가함에 따라 연변지역의 토지로는 수용하기 어려워 점차 길림성 중부지역으로 재이주하게 된다. 또한 1911년 11월 1일, 단동-심양 남만철도의 개통에 따라 압록강지역에서 요녕성 중부지역으로 이동하기 시작하였다. 흑룡강성으로 이주한 조선족은 대부분 목단강 부근에 집거하였으며, 1931년 흑룡강성 동남부지역의 7개 현(縣)에 조선족이 약 10,265명으로 집계되었다(徐明勛, 1985). 이 시기의 이주자는 조선반도에서 직접 중국 동북부지역으로 유입된 경우 외에도, 일부는 러시아 원동 연해주 지역으로 이주한 뒤 다시 흑룡강성으로 유입하였다.

세 번째 시기는 1931년 9.18사변 이후부터 1945년 광복까지이다. 이 시기는 이주민의 규모가 가장 컸으며, 일제의 이민정책에 의한 강제이민이 큰 비중을 차지한다. 일제는 동북지역을 식량기지 및 군사 후방으로 확대하기 위하여 조선인의 집단적인 이주를 조직적으로 유도해 나갔다. 당시 조선인이민회사 설립 계획안에 따르면, 총독부는 매년 조선농가 1만호의 인구 5만 명씩을 15년간 만주에 이주시킬 계획을 세워 놓고 있었다(한상복·권태환, 1993). 1931년 중국 동북지역의 조선인은 630,892명이었고, 1940년에는 1,450,384명으로, 10년간 약 2배로 증가하였다. 이 시기 중에 일제에 의해 건설된 철도노선은 조선인의 이동을 더욱 촉진하였다. 1934년 도문-목단강 열차의 개통으로 연변지역의 조선인이 흑룡강 지역으로 이동이 본격화되었다. 또한 1936년 목단강-가목사(佳木斯) 열차의 개통 후, 연변지역 조선인은 흑룡강성 북쪽으로 이동하게 되었으며, 이 시기부터 흑룡강 지역의 조선인 수가 급증하기 시작했다. 반면 이 시기 연변지역 조선인 인구의 비율은 점차 감소되었다. 일제강점기의 15년 동안 흑룡강성의 조선인 수는 10만여 명 증가한 것으로 추정되며, 이 지역 조선인의 수는 전체 조선인의 약 1/10을 차지하게 된다(张洪岩·王蕾·刘德赢, 2011). 이 시기 조선인의 이주 특성은, 이미 조선인들이 많이 정착하고 있던 지역에서 이동을 용이하게 한 철도연선에 인접한 곳으로 이동하여 정착하고 있었다.

5.3. 조선족의 이주경로

조선인의 시기별 이주 루트를 보면, 이주 초기에는 주로 두만강과 압록강 건너편 지역에 정착하기 시작하였다.

이주의 경로를 크게 4가지로 구분해 볼 수 있는데, 첫째는 압록강 연안지역을 건너가는 경로, 둘째는 두만강 연안지역을 건너가는 경로, 셋째는 한반도의 서해안으로부터 요녕성 서남지역 항구를 통하여 이주한 경로, 그리고 넷째는 한반도의 동해안으로부터 러시아 연해주를 거쳐 연변과 흑룡강성의 동부변경지역으로 이주한 경로 등이다.

조선인은 주로 논농사를 짓기에 유리한 강이 있는 평원에 거주하였는데, 요녕성에서는 압록강, 훈강, 요하강 유역에 분포하였고, 길림성에서는 두만강, 압록강 중류, 목단강 상류 유역에, 흑룡강성에서는 수분하, 목단강 중류, 송화강, 닐강(嫩江)유역에 주로 분포하였다.

또한 교통이 편리한 철도를 따라 분포하기도 하는데, 1929년 동북부에 거주하는 조선인 597,677명 중, 남만철도 지역에만 39,531명이 분포하였다. 조선인의 자유이주는 점차 개인 또는 가구 단독이주보다는 같은 고장의 여러 가구나 개인이 함께 이주하여, 이주 후 마을을 형성하여 함께 생활하는 형태의 이주를 하게 되는 경향을 띄었다. 또한 처음부터 이미 형성된 연결망을 통해 같은 고향 사람들이 사는 곳으로 이주하는 일종의 연쇄 이주의 경향이 강하였다. 중국 동북지역의 정착지와 한반도의 출신지가 어떻게 연결되고 있는가를 살펴보면, 두만강 연안의 연변 지역과 그에 인접한 목단강 지역에는 함경도 출신이 많았고, 압록강 연안과 요녕성에는 평안도 출신이 많았으며, 흑룡강성과 내몽골지역에는 경상도 출신이 많았다. 두만강과 압록강을 먼저 건너온 조선북부 이주민들이 국경에 가까운 지역을 차지하고, 뒤늦게 건너온 한반도 남부로부터의 이주자들은 흑룡강성지역과 내몽골지역으로 이주한 것이다(임채완, 2013). 1945년 광복이전 중국 동북지역에만 약 230만 명의 조선인들이 거주하고 있었으나, 해방과 더불어 약 80만 명이 한반도로 귀환하였고, 나머지는 중국에 남게 되었다. 이 시기 조선인들의 귀환과 정착은 중국 내의 복잡한 정치・군사적 환경 아래 이루어졌다(김춘선, 2002). 해방 이후 일본이 물러간 후 토지소유권이 아직 정해지지 않은 혼란한 상태에서 중공정부의 토지정책은 조선인 소유의 토지를 그대로 인정하는 방향으로 진행되었다. 한국전쟁 시기 연변지역으로 이주해온 이들은 모두 조선족 자치구에 편입되었고, 중국 동북부지역에 흩어져있던 백여만 명의 조선인 이주민들은 한반도로 돌아가지 않고 중국에 정착하여 결국 중국국민으로 자리 잡게 되었다(이상숙, 2012).

또한 중국 조선족은 오랜 세월 중국에서 생활하면서 한편으로 한민족의 문화와 정서를 지켜오면서도 다른 한편으로 중국의 문화와 음식에 습관이 되었다고 할 수 있다.

5.4. 시인 윤동주와 조선족

5.4.1. 윤동주와 조선족

출처 : 연합뉴스

<그림 36> 윤동주(尹東柱),
1917.12.30～1945.2.16

만주 북간도 화룡현 명동촌은 시인 윤동주(이하 윤동주)가 태어난 곳이다. 윤동주는 1917년 12월 30일 조선족 3세로 태어났으며, 1945년 2월 16일에 사망하였다. 명동촌은 용정에서 서남쪽으로 15km 거리에 위치해 있으며, 1899년 함경북도 종성 출신의 문병규 등 네 가문의 140여 명의 가족이 집단 이주하여 세운 한인마을로 북간도 한인 이주사에 이정표를 마련한 지역이다. 명동촌의 지명은 이전에는 비둘기 바위라는 뜻의 '부걸라재'였으나 한반도를 밝히는 곳의 의미인 동방을 일컬어 명동촌의 지명을 가지게 되었다.

윤동주의 증조부는 윤재옥(尹在玉)이며, 1886년 부인과 4남 1녀의 자녀와 함께 북간도로 이주하였다. 명동촌은 일찍이 신학문과 기독교를 받아들인 지역이다. 북간도 최초의 신교육기관인 '서전서숙(瑞甸書塾)'이 이상설 열사의 헤이그 특파로 문을 닫게 되었으나, 뒤를 이어 명동촌에서 '명동서숙(明東書塾)'이 개교되었다. 명동서숙에서 출발한 명동학교는 신학문과 민족의식을 가르치는 학교로 자리 잡게 되었다. 이에 따라 1910년에 명동학교에 중학교 과정이 생겨났으며, 그 다음해 여학교가 설립되면서 명동촌은 북간도 민족교육의 거점으로 부각되었다.

한편 윤동주의 아버지 윤영석은 15세의 나이로 명동학교에 입학하여 신학문을 배웠고 불과 18세에 나이에 북경 유학길에 올랐으며, 후에 명동학교 교원이 되었다.

디아스포라(diaspora)는 '씨를 뿌리다'라는 그리스어에서 유래되었듯이 윤동주는 디아스포라의 전철을 밟았다. 이는 윤동주의 생애가 1931년 중국의 만주 명동소학교에서부터 1935년 평양에 있는 숭실중학교에 편입하였으나, 윤동주가 20세 때인 1936년 3월 숭실중학교가 폐교[20]하여 다시 용정으로 돌아온 것에서 유추할 수 있다. 또한 윤동주는 폐교로 인해 어쩔 수 없이 용정으로 돌아왔지만 5년제인 광명학원 중학부 4학년에 편입하였으며, 1938년 봄에는 서울(당시 지명은 경성)에 소재하고 있는 연희전문 문과에 합격하

---

20) 평양 숭실중학교는 1936년 3월 폐교되었으며, 이러한 폐교 사유는 일제의 신사참배 강요를 거부하였기 때문이었다.

였다. 일제강점기 치하였지만 연희전문은 기독교계 학교였기 때문에 윤동주는 자유로운 분위기 속에서 학문에 몰두할 수 있었다. 그리고 1941년 일본의 진주만 기습으로 인한 태평양전쟁이 발발하여 전시학제단축으로 졸업이 3개월 앞당겨져서 연희전문을 졸업하게 되었다. 연희전문학교를 졸업한 윤동주는 많은 시를 썼으나, 일제강점기 말의 어수선한 상황에서 출간을 포기하였다. 또한 전쟁물자 동원령이 내려지고 많은 조선인들이 전장으로 강제징용 되었다. 이에 윤동주의 집안 어른들은 윤동주를 창씨 개명하여 성씨를 히라누마(平沼)로 바꾸었으며, 윤동주는 창씨개명의 굴욕감을 ≪참회록≫이란 작품으로 대신하였다. ≪참회록≫은 윤동주가 이 땅에서 쓴 마지막 작품이었으며, 윤동주의 창씨개명은 1990년대에 들어와서야 밝혀진 것이다. 1942년에 윤동주는 일본 도쿄에 있는 릿교(立敎)대학 영문과에 입학한 후에 일본의 사립 기독교계 학교인 교토의 도시샤대학(同志社大學)의 영문학과로 전학하였다. 그러나 1943년 3월 1일 일제가 징병제를 공포하고 학병제를 실시하면서 치안유지법의 탄압은 갈수록 심해졌다. 윤동주는 여름방학 때였던 1943년 7월 14일 고향으로 돌아갈 준비를 하던 중 일제의 치안유지법에 의해 하숙집에서 체포되어 후쿠오카 형무소에서 죽음을 맞이하게 되었다. 그리고 죽어서는 만주로 돌아오게 되며, 윤동주는 만 27년 2개월의 짧은 생을 마감하였고 그 중 20년 8개월(명동촌 14년)을 중국에서 보냈으므로 윤동주를 전형적인 조선인 디아스포라(Korean Diaspora)라고 할 수 있다. 아울러 자연을 벗 삼아 시인으로서의 감수성을 키워나갔다. 윤동주는 명동교회 장로였던 조부와 당시 한인사회에 정신적인 지주 역할을 하였던 외삼촌 '김약연'의 영향으로 기독교 신앙과 민족주의를 체득하였다.

또한 윤동주는 조선족 작가로서 중요하게 평가되고 있으며, 조선족 문학사의 시각에서 보면 윤동주는 '조선족의 아들'이다. 윤동주를 소수민족의 하나인 조선족 애국시인이라는 것에 대해 현재 한국의 학계에서 논의의 쟁점도 되고 있다. 이와 같은 쟁점에도 불구하고 최근 학계에서는 윤동주를 '일제말기 독립의식을 고취한 애국적 시인'으로 평가하고 있다.

한편, 김응교(2012)의 연구에서는 윤동주는 출생지인 만주에서는 뿌리가 뽑힌(uprooted) 디아스포라로서 조선반도를 그리워하고, 경성에 와서는 모성회귀본능으로 어머니가 계신 만주를 그리워하고, 일본에 가서는 '남의 나라'가 아닌, 만주와 조선반도를 포괄하는 총체적이고, 추상적인 조국을 그리워하는 심상을 분석하였다.

또한 윤동주가 살았던 1932년에는 만주국이 일본인, 조선인, 한족(漢族), 만주족, 몽골족 등이 협화(協和)하여 건국되었으며, 이에 만주에 거주하고 있던 재만 조선인은 국적법으로 만주국민이 되었다. 이와 동시에 당시 만주에 거주하고 있던 재만 조선인은 한일합방에 의해 일본국적의 제국신민, 즉 조선계 일본인으로 귀속되었다. 만주지역의 이러한 지역적 특성은 다양한 민족의 디아스포라들이 합쳐진 혼종적인 주민집단의 형성에서 알 수 있다.

윤동주가 남긴 100여 편의 시는 진실한 자기성찰을 바탕으로 순수하고, 참다운 인간의 본성을 되새긴다는 점에서 깊은 감동을 주며 높은 평가를 받고 있다(한국사 인물 열전, 49화).

<그림 37> 연세대학교 윤동주 시비(좌)와 도샤시대학 윤동주 시비(우)

5.4.2. 민족정체성의 개념

민족집단은 원초적인 집단으로서 개인들이 자기를 정의하는 가장 기본적인 준거집단이다. 민족정체성은 광범위하게 정의한다면 공유된 민족적 특성들로 인해 어느 한 개인이 어느 특정 민족집단에 느끼는 소속감이라고 볼 수 있다(Shibutani and Kwan, 1965; 윤인진, 1996). 이것은 한 개인의 자아개념(self-concept)의 일부분인데 이것을 통해 개인은 자신의 민족적 정체를 스스로 정의하거나, 타인들에 의해서 정의되어질 수 있다(Uba, 1994; 윤인진, 1996).

한편 민족정체성은 크게 두 가지 의미로 사용된다. 하나는 민족집단에의 귀속의식·연대감·공동체의식을 지칭하는 의미로 사용되는 경우이며 이때 민족정체성은 '집단에의 연대감 내지 소속감', '공동체의 의식', '공동체와 자기 동일화' 등을 지칭한다. 또 다른 하나는 '민족의 특징'과 같은 타 집단과 구별되는 집단의 독특성·차별성을 의미하는 경우이다. 민족정체성의 논의에 있어 개인의 집단에의 소속감과 자신이 소속되어 있는 민족집단에 대한 정의를 구별하는 것은 중요하다. 이 양자는 상호 밀접히 연관된다. 개인이 민족적 상징에 의해 정의되기 위해서는 민족적 상징의 근원이 되는 민족집단을 정의하는 것이 우선되어야 하기 때문이다(박정군, 2011).

상호작용은 민족정체성 형성의 중요한 기제이다. 인간은 타인이나 타 집단과의 직접적이고 혹은 간접적인 상호작용 과정을 통해 다른 집단이나 타인과 자신을 비교하게 되고 자신이 속한 집단이나 자신의 독특성·차별성·이질성을 의식하기 때문이다. 동시에 집단 구성원들이 자신이 속한 집단의 독특한 상징들과 자신들을 동일시하고, 동시에 이러한 동일시가 타인이나 다른 집단의 구성원들로부터 인정받을 때 완전히 정체성이 형성된다. 민족집단의 구성원들은 행위자를 분류하고, 전형화하여 한 집단에 귀속시키게 된다. 따라서 각 민족집단의 상징들은 구성원들이 인간을 분류하고, 전형화하는 내포와 배제의 기준·규칙으로 작용한다. 구성원들이 이러한 민족적 상징과 자신을 동일시하여 규정되는 민족정체성은 분리의식(경계의식)이라고 할 수 있다.

세계 문화는 보편적이고, 시간적으로 무제약적이므로 전통이나, 신화, 그리고 대대로 계승되는 문화, 정치적 상징을 중심으로 수립된 종족에 의미를 두고 있는 것이다.

5.4.3. 민족정체성의 특성

민족정체성은 개인이나 집단의 특성을 나타내주는 부분이며, 어느 민족에 속해 있다는 소속의식이다. 이에 민족정체성은 객관적인 특성과 주관적인 민족의식 측면으로 구성된다. 객관적인 특성이란 개성의 측면을 의미하며, 주관적 민족의식이란 자신이 어떤 민족에 속해 있다고 느끼는가 하는 측면이다. 또한 객관적인 특성은 종족, 혈통, 문화, 언어, 생활방식, 종교, 지역 등과 같이 객관적인 지표들로 구성되며, 주관적인 민족의식은 개개인의 소속의식으로 나타난다. 이때 객관적 측면을 보전하고 있는가의 여부는 흔히 그 개인이나 집단이 민족정체성을 유지·보전하고 있는가, 아니면 타 민족의 문화에 동화되었는가를 판가름하는 중요한 잣대가 된다. 또한 소속의식으로서의 민족정체성은 민족적 공동운명의식이나 동포애, 애국심과 같은 본격적인 민족주의적 감정·사상의 정서적 토대가 된다.

하지만 민족정체성이 상실되면 이는 민족의 소멸로 이어진다. 즉 구성원들에게 공유된 민족의식이 약화되거나 소멸되면 그 민족은 소멸된다는 것이다. 또한 이러한 민족의식의 약화·소멸은 민족의 외적 특성을 계승·유지하는 것과 밀접한 관련을 가지고 있다.

정영훈(2000)은 민족정체성과 고유문화의 유지·소멸에 관여하는 요인들을 다음의 다섯 가지 측면에서 논의하고 있다.

첫째, 개인과 집단이 민족정체성을 유지하기 위한 계승의지와 노력의 존재여부이다. 민족정체성을 유지하기 위해서는 민족의 전통이나 문화, 언어를 그 민족의 구성원에게 체계적으로 전수하기 위한 노력이 필수적이다. 이러한 노력이 바로 민족교육이며 민족교육은 민족 구성원들이 정체성을 유지하는데 중요한 요소이다. 또한 민족사회의 차원에서 그 민족정체성을 유지하고 강화시켜 줄 수 있는 제도적 뒷받침이 존재해야만 그 민족정체성이 유지될 수 있다. 둘째, 민족정체성을 유지하는 것이 민족 구성원들에게 유익함을 주는지의 여부이다. 민족 구성원들에게 민족정체성을 유지하는데 대한 단순히 당위적인 측면에서만 강조될 경우에는 민족 구성원들은 민족정체성을 유지하는데 어려움을 겪는다. 이는 민족정체성을 유지하는 것이 민족 구성원들에게 이익을 수반하는 것과 비교하면 문제의 중요성을 이해할 수 있을 것이다. 여기서 민족 구성원들에게 주어지는 이익은 물질을 동반하는 현실적인 이익이 될 수도 있으며, 비물질적인 보상이 될 수도 있다. 즉 민족 구성원들에게 민족정체성의 유지·계승을 유도할 수 있는 다양한 유인책을 개발하는 것이 중요하다고 볼 수 있다. 셋째, 민족의 구성원들이 자신들의 민족과 민족문화에 대해 자긍심을 가지고 있는가의 여부이다. 자신의 문화에 대해 자긍심을 가지고 있는 민족과 열등감을 가지고 있는 민족의 경우 어느 쪽이 민족과 민족문화에 대해 애착심을 가질 것인지는 자명하다. 자신의 민족과 문화에 대해 민족 구성원이 열등감을 가지고 있을 경우 자기 민족의 문화를 지키고 민족의 일원이 되고자 하는 생각보다는 민족사회에서 일탈하려는 마음이 생기기 쉽다. 이러한 점에서 민족 구성원들에게 민족과 민족문화의 우수성에 대해 적극적으로 해석해 주고 민족적 자긍심을 고취할 수 있는 다양한 이벤트를 만들어주는 것이 중요하다. 넷째, 민족 구성원끼리 상호 의사소통할 수 있는 조건과 민족문화에 접촉할 수 있는 기회와 수단이 충분한지의 여부이다. 민족 구성원들이 서로 분산되어 생활하고 있는 경우와 서로 밀접히 교류하면서 충분한 유대를 나눌 수 있는 경우를 비교하면 민족정체성을 유지하는데 유리한 조건은 후자이다. 다섯째, 민족과 그 정체성 유지 노력을 둘러싸고 있는 환경조건이 유리한지의 여부이다. 다민족국가에서 주류 민족이 소수민족에게 동화를 강요하는 조건이나 제국주의가 약소국을 침략해서 식민지의 민족정체성 회복노력을 감시하고 탄압하며 자국의 문화를 강요하는 환경에서는 민족정체성 유지가 쉽지 않다.

또한 개인주의나 세계주의, 기타 탈민족적 교설을 보급하는 세력이 민족 내에서 발언권이 큰 경우도 마찬가지이다.

또한 민족정체성은 일반적으로 다음과 같은 조건이 주어졌을 때 형성되고 강화되어 진다(신용하, 1985). 첫째, 한 민족이 다른 민족의 도전을 받고 민족 사이에 갈등과 대립의 관계가 조성된 조건이다. 이때 갈등과 대립의 의미는 넓은 범위로 해석되며 다른 민족에 의한 의사소통의 차단·요구·압력·모욕·간섭·이해관계의 대립·침투·침입·전쟁 등과 같은 것을 모두 포함한다. 다른 민족의 도전을 받고 갈등관계가 조성되면 자기 민족은 민족정체성을 강화하여 다른 민족의 도전을 극복하려고 노력하게 된다. 둘째, 한 민족 성원의 커뮤니케이션의 폭과 사회활동참여와 정치참여가 확대·강화되는 조건이다. 민족 구성원은 자기가 속한 민족사회에서 민족 구성원들 간 의사소통의 폭과 강도가 강화되고 중요한 의사결정에 적극적으로 참여할 수 있게 되면 민족의 운명과 자신의 운명을 동일시하게 되어 민족정체성이 강화되게 된다. 민족 구성원은 개인의 자유와 해방, 개인의 권리가 신장될 때 민족정체성이 강화된다(이용희·노재봉, 1977). 셋째, 민족적 자부심이 고취될 때 민족정체성이 크게 고양된다. 한 민족의 역사적·문화적 성취와 업적에 대해 그 민족 구성원이 자부심과 긍지를 갖게 되면 그들은 민족정체성을 강화하여 더욱 능동적으로 자기 민족을 발전시키려고 노력하게 된다.

5.4.4. 조선족의 민족정체성

조선족들이 뚜렷한 국가적 소속을 가지게 되는 과정에 대한 설명은 조선족 민족교육에 대한 해석이 없이는 불가능하다. 중화인민공화국이 창건된 직후에 '조선족 초등학교, 중학교에는 모두 조선역사와 조선지리를 설치'하였으나, 그 후 중국의 세계역사교과서에 취급된 한국사의 내용과 범위는 매우 제한되었다(박금해, 1993). 그리하여 조선족의 민족관념에서는 단군신화, 주몽전설 등 한민족의 표상들을 찾아볼 수 없게 되었고, 따라서 '조선족을 하나로 묶는 가장 대표적인 것'이 바로 '조선족'이라는 '소수민족' 의식이 되었으며, 그들은 '남·북한, 중국 어느 편에도 속하지 않는 조선족 내지는 중국의 조선족으로서의 생활양식'을 가지고 살아갔다(임채완·김경학, 2002).

조선족들은 '중국의 일원'으로 편입되는 과정에서 돈보다는 정, 이기주의가 아니라 이타주의, 차별이 아니라 평등, 게으름보다 근면함으로 표상되는 사회주의 체제 이데올로기, 가치, 관습, 규범들을 내면화하였을 뿐만 아니라, 해방전쟁, 항일전쟁에서의 선구자, 사회주의 건설에서는 주력군, 동북지역에 뿌리박은 삶의 개척자로서의 자긍심'을 형성해 왔다(정판룡, 1993). 따라서 '소수민족' 정체성에는 중국이라는 국가적 소속, 사회주의 가치, 조선족으로서의 자긍심 등 여러 요소를 내포하게 된다.

6. 고려인의 다문화 역사

6.1. 고려인의 개념과 이주

6.1.1. 고려인의 개념

러시아의 유명한 탐험가 N. M. 프르제발스키에 의하면 연해주의 조선인들은 1860년대에 이미 자신들을 '고려사람'으로 불렀다고 하였다. 그는 1869년 러시아인으로는 처음으로 조선의 국경도시 경흥과 연해주 지역 최초의 조선인 정착지인 '지신허(地新墟)' 등을 방문한 뒤 꼼꼼한 기록물을 남겼는데, 기록물에는 조선인들이 자신들을 부를 때 '가우리(Kauli)'라고 한다고 기술했다. 여기서 '가우리'는 고구려 또는 고려를 지칭하는 말이다. 당시 한-러 국경에 거주하는 조선인들은 스스로를 '고구려사람', 또는 '고려사람'으로 칭했음을 알 수 있다. 이는 연해주로 이주한 조선 사람들이 연해주가 고구려의 땅이었음을 과시하기 위해 스스로를 '고려사람'이라고 불렀을 가능성이 크다는 것이다. 옛날 우리 조상들을 생각하며 러시아인들에게 '고려사람'이라고 자칭했다면 그들의 민족의식과 역사의식이 대단히 높은 수준이었음을 보여주는 사례다.

한편 고려인, 고려사람 이라는 명칭은 1920년대 소련에서 나온 한글출판물에 사용되었고, 원로 고려인 문인 정상진의 증언에 의하면 1928년 일제의 탄압을 피해 소련으로 망명한 작가 조명희가 연해주의 한글신문 '선봉'에 발표한 '짓밟힌 고려'라는 항일 산문시가 '고려'라는 용어 사용에 불길을 지핀 효시라고 했다. 일제강점 아래 조선민중의 연민과 그리움을 그린 이 시는 당시 큰 반향과 함께 고려인 청년들이 어느 모임에 낭송하면서 불타는 애국심을 드러내는 데 사용되었고, 그 후 '고려'라는 말이 널리 쓰이기 시작했다는 것이다.

또한 1937년 강제이주 후 러시아어를 모국어처럼 사용한 고려인 사회에서 '고려사람'은 자연스럽게 쓰였다. 고려인을 지칭하는 러시아어 '카레이츠'를 고려어(한국어)로 번역하면 '고려사람'이다. 그러나 소련이 북한지역에 '조선민주주의 인민공화국'을 창건한 이후에는 '조선'이 '고려'라는 용어를 대신하다시피 했다. 이러한 현상은 한국전쟁 이후 더욱 고착화되었다.

한반도 북쪽의 '조선'하고만 접촉하던 고려인들은 88서울올림픽을 계기로 남쪽의 한국인과 만나게 되었지만 자신들을 호칭하는 용어로 '한국', '한국사람'을 받아들이기가 껄끄러웠다. 고려인들은 이 문제를 해결하기 위해 조선은 조선대로, 한국은 한국대로 인정하면서, 자신들을 '조선사람'이나 '한국사람'과 구별해야 할 필요성을 느꼈다고 했다. 이에 고려 사회 한글신문 레닌기치의 제호를 1991년 1월 1일 '고려일보'로 바꾸었다. 그러면서 지금껏 '조선인', '고려인', '고려사람'으로 혼용하던 자신들의 호칭을 '고려사람'으로 통일했다. 이는 고려인은 한민족의 혈통을 지니고 있지만 남한의 한국인도, 북한의 조선인도 아니라는 함의를 짙게 깔고 있다. 이는 한반도와 복잡하게 얽힌 고려인들의 고민스런 선택을 보여주기도 한다.

6.1.2. 고려인의 이주와 생활

고려인의 이주는 19세기부터 시작되었으며, 구소련연방이 해체된 1991년 이후 오늘날까지 150여 년간 이어져오고 있는데, 고려인의 이주 성격을 시기적 특성에 따라 구분하면 '1차 이주'(자발적 이주), '2차 이주'(강제이주), '3차 이주'(강요된 이주)로 나누어 볼 수 있다 (심헌용 외, 2004).

1) 1차 이주: 자발적 이주(Voluntary Migration)

고려인의 첫 번째 이주는 생존을 위한 자발적 이주(Voluntary Migration)라고 할 수 있다. 즉 구한말 고려인의 이주는 본래 경제적인 이유로 인하여 자발적으로 이루어진 이주였다. 자발적 이주란 새로운 땅에서 외국인처럼 살기 위해 그들의 본향을 떠나는 것으로 Madison(2006)에 따르면 경제적 이주(economic migration)라든가, 단순한 여행(simple wanderlust), 추방(exile) 혹은 강요된 이주(forced migration)의 양상들과는 다르다고 하였다.

송찬섭·홍순권(2003)이 제시한 바에 의하면 구한말 고려인들이 러시아의 극동 지역 연해주로 이주하게 된 계기는 19세기의 혼란한 조선사회를 배경으로 하고 있다. 당시 조선사회는 외부적으로 서구 열강들의 문호개방과 안으로는 봉건체제의 모순을 타파하려는 각종 민중봉기가 끊이지 않고 있었다. 특히 농민항쟁이 끊임없이 발생하였는데, 그 중 대표적인 농민항쟁으로 홍경래의 난과 1862년 농민항쟁 그리고 1894년 동학농민운동이라고 할 수 있다.

하지만 이러한 조정의 실정으로 발발한 농민운동은 관군의 진압으로 실패를 가져왔으며, 그 결과 농민들은 자신들의 거주지를 이탈하여 새로운 삶의 터전을 찾아 이주하는 계기를 제공하게 되었다(송찬섭·홍순권, 2003).

결국 연해주로 이주한 고려인들은 주로 함경도지방의 변방주민들이 주축이 되어 처음에는 봄에 가서 씨앗을 심고, 가을에 추수하여 집으로 돌아오는 방식의 '계절농사'를 지었다. 그러나 이후 자신의 토지를 갖고 농사를 지으며 조세부담에서 한결 부담이 적었던 고려인들은 차츰 연해주에 정착하기 시작하였고, 마침내 제정러시아의 공식적인 정착허용으로 말미암아 1864년 비로소 고려인의 역사적인 이주 원년을 기록하게 되었다.

2) 2차 이주: 강제이주(Forced Migration)

고려인들의 두 번째 이주는 강제이주라고 할 수 있다. 강제이주란 이주를 원치 않는 사람들을 그들의 고향이나 지역으로부터 분리하기 위하여 폭력적인 강압수단을 동반하며 마치 인종청소와 같은 정책을 일관되게 펼치는 것으로 강제이주를 경험한 사람들을 '강제이주민' 또는 '유랑민'이라고 부른다.

고려인에 대한 강제이주는 옛 소련연방의 서기장 스탈린의 지휘하에 이루어졌다. 급속도로 팽창하는 고려인들에 대해 우려한 나머지 소련연방은 1926년 12월 전 연방소비에트 집행위원회 간부회의에서 결정한 고려인의 이주계획을 1936년 독·일 간의 공동방위조약이 체결되면서 본격적으로 실행에 옮기게 되었다. 당시 독일과 일본을 상대로 전쟁을 벌여야 했던 소비에트연방은 극동지역에서 일본의 세력이 점차 강해지면서 위협을 느껴 고려인들이 일본인의 간첩행위를 할 우려가 있다고 판단하였다. 이런 이유로 1937년 8월 21일 소련 인민위원회의 및 전소연방(볼셰비키) 공산당 중앙위원회는 극동변방에 일본간첩행위가 침투하지 못하도록 저지하기 위한 총12개의 항목으로 된 고려인을 추방하기 위한 강제이주 대책문서를 스탈린의 이름으로 하달하였다. 이에 고려인들은 1937년 9월 9일부터 10월 25일까지 약 45여 일간에 걸쳐 총124대 수송열차에 36,442가구 171,781명이 중앙아시아의 우즈베키스탄(16,272가구 76,525명)과 카자흐스탄(20,170가구 95,256명)으로 강제이주 되었다. 지식인의 처형(1만 2천명으로 추정)으로부터 시작된 강제이주는 사전예고도 없이 그리고 행선지도 알려주지 않은 채 가축을 실어 나르던 개조된 화물열차에 실려 대부분 아무런 준비도 없이 연해주를 떠나야

했다(고광신, 2011).

한 달여 만에 중앙아시아에 도착한 고려인들은 여행 중 1만여 명이 사망할 정도로 강제이주는 처참하였다. 그해 겨울을 맨땅의 토굴에서 지내야 했고, 그들에게는 거주이전의 자유라든가, 민족교육이 금지되었고, 공무원으로의 진출과 학교입학이 제한되었으며, 정치·사회적으로 제약을 받았다. 이러한 삶이 1953년 스탈린 사망하기 전까지 계속되었다.

이처럼 고려인들은 불리한 여건에도 불구하고 연해주에서 하던 것과 같이 벼농사를 위한 관계시설은 물론 목화재배에도 성공하여 우즈베키스탄을 쌀 재배와 세계적인 목화 생산지로 만들었다. 카자흐스탄으로 이주된 고려인들은 집단농장과 가내공업협동조합에 수용되었으나 우즈베키스탄 이주자들보다 살아가는데 어려움을 겪게 되었다. 중앙아시아에 강제이주된 고려인들은 특유한 개척정신과 영농기술로 수많은 모범 콜호즈(집단농장)를 만들었다. 구소련연방이 자랑하던 콜호즈는 모두 고려인들이 만든 것들이었다. 고려인들은 전 소련연방 127개 소수민족 가운데 가장 우수한 민족으로 인정받기까지 하였다(전영섭, 1998; 국사편찬위원회, 2005).

3) 3차 이주: 강요된 이주(Involuntary Migration)

고려인의 세 번째 이주는 강요된 이주이다. 강요된 이주란 원치 않는(involuntary)이주로써 1991년 구소련연방의 해체와 더불어 발생된 중앙아시아 국가들의 체제전환으로 인하여 비롯되었다. 우즈베키스탄을 비롯한 중앙아시아 국가로 강제이주된 고려인들은 연해주에 이어 중앙아시아에서 온갖 어려움을 극복하며 안정을 찾게 되었으나, 구소련연방이 해체되면서 러시아 국적을 가지고 있고, 러시아 어만 사용하던 고려인들로서는 자국민 우선정책을 펴며 자국어를 공용어로 사용하도록 하는 중앙아시아국가들의 정치, 경제, 사회적 상황에 따라 또다시 이주를 결심해야만 하였다.

현재 고려인들은 러시아 극동지역 연해주를 비롯하여 볼고그라드, 모스크바, 상트베체르부르크, 로스토프 등으로 재이주하고 있다. 특히 러시아의 젖줄인 볼가강과 돈강 사이의 비옥한 옥토지대인 러시아의 남부 볼고그라드와 로스토프 지역은 약 10만 명의 고려인들이 거주하고 있는 것으로 추정되고 있다. 최근에는 한반도와 가까운 연해주로 재이주하고 있으며, 거기서 멈추지 않고 한국과 관련된 직종에 취업하고자 국내로 재이주하고 있는 실정이다(심헌용, 2000).

6.2. 고려인의 역사

러·일전쟁의 결과로 1905년 남사할린이 일본에 귀속된 후 일제는 이 지역을 가라후토 라고 명명하고 군수물자 수급기지로 선정, 이에 필요한 노동력을 조달하기 위하여 조선의 젊은이들 징집과 강제징용을 자행하였다. 1939년부터 시작한 조선인 동원은 1945년 해방 전까지 강행되었다. 풍부한 석탄과 천연가스 자원개발과 보급수단인 철도, 비행장 건설에 총동원령을 내리고 북진일본 전위대로 이용하였다. 여기에 배치되었던 조선인 일부 광부들은 전쟁이 쇠퇴의 막바지에 이르던 1944년 군수기지가 몰려 있는 일본의 규슈와 이바라키현으로 이중 강제징용되어 중노동에 시달렸다. 1945년 태평양전쟁이 일본의 패배로 끝나자 사할린에 거주하고 있던 4만 명의 일본인들은 귀국시키고 4만 명의 징집, 징용된 조선인들은 사할린에 버리고 일본으로 이중 강제징용된 조선인들은 돌려보내지 않았다. 이들이 바로 사할린 고려인들이다.

사할린은 1854년 러시아 영토가 되었지만, 1905년 일본이 러일전쟁에 승리하자 사할린 중간에 해당하는 북위 50° 이남을 점령하게 되었다. 이곳은 석유와 석탄의 매장량이 많기 때문에 일본은 전쟁을 수행하기 위해 조선의 근로자들을 강제징용으로 끌고 갔다.

1945년 8월 제2차 세계대전이 연합군의 승리로 끝나자 일본은 점령했던 남사할린 가라후토 지역을 소련에게 점령당하였다. 연합군사령부는 이 지역 주둔 일제 8사단과 거주 일본인을 1946년 10월까지 일본으로 이양하기로 하였으나 조선인은 일본인이 아닌 식민이라는 이유로 제외하였다. 이 결정이 바로 포츠담 선언이다. 이러한 결과로 강제징용된 사할린 거주 조선인들은 해방공간에서 소외되어 조국으로 돌아오지 못하고 무국적자가 되어 소련체제 하에서 사회주의 교육을 받으며 자유를 제한 받고 공민권을 박탈당하며, 러시아 고려인으로 가혹한 시대를 이어가게 되었다.

한편 일본 제국주의 식민정부는 징집, 징용 등으로 이주시켰으며, 징용령에 의하여 강제노동에 끌고 간 한인의 수는 1941년 5만, 1943년 12만 명에 이르고, 1944년에는 정신대, 학도동원까지 실시하였다. 이렇게 징용으로 끌려간 사람들 중에 희생된 자의 수가 적지 않았으며, 미소 귀환협정을 통해 일본인과 중국인은 자국으로 돌아갔으나, 조선인들은 그 대상에서 제외되었다. 1956년 '일·소 공동선언'으로 조선인과 결혼한 일본인과 그 자녀들은 일본으로 귀환하였지만, 잔류한 조선인들은 사할린 섬에서 1세대~3세대를 이어오며 고려인이 되어 러시아 공민으로 살아가고 있다.

사실 1920년대 기아를 탈출하기 위하여 압록강을 넘어 하바로프스키, 블라디보스톡 등 연해주로 넘어갔던 조선 사람들의 일부가 사할린 땅으로 이동한 것이 우리민족 사할린 역사의 시작이었다.

또한 일제는 위험한 중노동이 필요한 사할린 개발에 조선인 노동자들을 투입한다는 결정으로 1938년 조선총독부를 통하여 모집징용을 실시하였다. 초기 모집징용에는 식민지 핍박에 시달리며 가난과 싸우던 조선 사람들의 자의적인 징용들이 주류를 이루었다. 그러나 현지 도착 후 열악한 작업환경과 약소한 임금으로 징용 기피현상이 일어나자 일본은 다시 조선인 모집징용에 강제성을 띠기 시작하였다.

정확한 통계가 아직 밝혀지지 않고 유일하게 관련 자료를 보관하고 있는 것으로 예상되는 일본은 아직까지 사실 발굴요청을 회피하며, 조선총독부 고문서 공개를 하지 않고 있어 누구하나 자신 있게 수치를 제시하지 못하는 안타까움이 있다. 그래서 징용세대의 생존자들 증언과 일본의 자료를 종합해보면 1938년부터 1945년까지 징용된 조선인 수가 약 5만여 명으로 추정된다(이창주, 2014).

6.3. 고려인의 문화

개별 민족의 문화에 대한 문제는 정치적이고, 실용적인 측면에서 핵심 중의 하나이다. 각각의 문화는 문화 자체에 대해, 그리고 문화가 여타 문화들과 접촉하면서 나타나는 문화들에 대해 이러한 문화를 담지하고 있는 사람들의 표상을 지니고 있다. 서로 다른 문화들 사이의 역사적 발전과정에서 정보의 지속적인 교류들이 있었다. 문화는 언제나 사회발전에서 중요한 역할을 해 왔고 또 하고 있다.

민족의 특성은 문화에서 표출된다. 그것은 세대 간 유대를 가능케 하고, 사람들이 고도의 정신적 도덕적 자질을 형성할 수 있도록 촉진한다. 하지만 고려인 문화는 엄청난 시련을 겪었고, 커다란 피해를 입었던 것은 잘 알려진 사실이다. 고려인들은 타자의 이념과 다른 민족의 이데올로기화된 문화적 가치를 강요받았으며, 민족문화를 발전시키고자하는 뛰어난 고려인 대표자들의 모든 갈망은 당국으로부터 마치 민족주의의 표출로 간주되었다. 이 모든 것은 민족의 문화적 가치에 대한 재평가로 나타났다. 고려인들을 자신의 문화적 뿌리로부터 철저히 단절시키고자 애를 썼으며, 민족의 관습과 전통을 그들의 기억에서 지우고, 공동체와 정치적 생활에서 자신의 모국어를 평가절하 하는 일들로 나타났다. 그러나 민족 간 차이를 없애고 단일한 '소비에트 인민'을 형성하고자 하는 공식적인 정책과 모든 공산주의적 실험에도 불구하고, 고려인들은 자신의 정체성을 보존할 수 있었다(명 드미트리, 2013).

이러한 역사적 배경을 통해 고려인 사회에는 혈연관계를 결속시켜주는 민족적인 문화요소가 아직도 많이 남아 있다. 고려인들은 무엇보다 가족관계를 중시하며, 부모공경을 미풍으로 여기고 있으며, 부모가 돌아가신 후 갖는 3년 제사나 한식날 성묘에는 직장과 학교를 빠지면서까지 모두 묘소를 찾는 경우가 대부분이다. 또한 고려인들의 혈연공동체는 가까운 친척이면 남녀노소 모두가 참여하는 것이 원칙이다. 생일, 결혼식, 장례식, 환갑, 명절 등에는 이 혈연공동체를 중심으로 친인척들이 모여 희로애락을 공유한다. 고려인들은 지금도 어른들 앞에선 담배를 피우지 않고, 고개를 돌려 술을 마시는 예절을 보이고 있다.

6.3.1. 혈연적 문화요소

고려인 사회의 전통문화는 점차 퇴색해가고 있지만, 민족적인 몇몇 의례는 예나 지금이나 꾸준히 지속되거나 남아있다. 예컨대 돌잡이라든가, 결혼잔치에서 반드시 닭을 올리고, 증편과 찰떡을 준비하는 일, 장례식에서 혼 부르기, 염습, 명정, 그리고 무덤 등이 그것이다. 이러한 행위들이 러시아인이나 우즈베크인, 카자흐인과의 관계 속에서도 일관되게 지속되고 있다는 것은 전통의례가 다름 아닌 고려인들의 민족정체성 확보에 중요한 수단이 되고 있음을 알 수 있다.

사실 의례 가운데 상당수는 많이 변화되었다. 이는 다른 민족들의 풍습에 영향을 받았기 때문인데, 가령 고려인들은 회갑을 큰 잔치로 생각하나 최근 들어 50세 생일잔치도 크게 치르는 것은 카자흐인의 영향을 받은 것이다. 또한 장례식에서 입관할 때 관 뚜껑을 덮지 않고 장지에서 덮는다거나, 관이 방에서 나갈 때 음악을 연주하는 것은 러시아의 영향을 받은 것이다. 또한 결혼잔치나 회갑잔치 등이 파티 중심으로 바뀌어 가는 것도 이들 민족의 영향이다.

그리고 생활과 의례의 주도권을 여자가 가지고 있다는 것도 고려인 사회의 특징이다. 부부가 이혼하면 여자가 자녀를 양육하며, 남자는 아이가 최소한 18세 성인이 되기까지 양육비 혹은 학비를 부담해야 하고, 부부가 함께 살던 집도 여자에게 귀속되며, 남자는 다른 집을 구해 나가야 한다. 그리고 돌잔치나 결혼잔치 혹은 장례식 등의 의례에서도 주로 여자가 부조금을 받는다. 이처럼 생활과 의례에서 여성의 역할이 큰 것은 여성의 사회활동을 적극 권장한 사회주의 국가정책과 무관하지 않다.

6.3.2. 고려인의 세시풍속 및 성씨문화

고려인들이 명맥을 이어오고 있는 세시풍속은 한식, 단오, 추석, 설 등이 있다. 그중 고려인들이 가장 크게 쇠는 명절은 한식(양력 4월 15일)이다. 한식이 되면 멀리 나가 있는 자손들은 제사를 위해 고향에 찾아오고, 마을에 있는 사람들은 성묘를 위해 아침 일찍 공동묘지를 찾는다. 온 가족이 고기와 생선, 인절미, 과일 등 풍성하게 준비한 제수를 상석에 차려놓고 3번 절을 한 뒤 묘소를 손질하고, 집으로 돌아온다. 이때 친척은 물론이고 이웃 고려인들과도 자연스럽게 서로 안부를 물으며 어울린다. 추석(음력 8월 15일)에도 마찬가지다. 고려인들에게 이 두 날은 정체성과 동질성을 확인시켜주는 계기가 된다. 또한 최근에는 조금 시들해졌지만 단오(5월 1일)에 문화회관이나 운동장에 모여 각종 공연과 노래자랑으로 흥겨운 하루를 보낸다. 사실 음력설은 노년층 이외에는 거의 의미를 잃었다가 1990년부터 다시 쇠기 시작했다. 특히 알마티에 거주하는 고려인들 사이에서는 가장 큰 민속명절로 자리 잡았다. 설날에는 대규모 공연이 열리며 공연장 주변에는 전통음식 판매장이 생기고, 윷놀이나 화투판이 벌어지기도 한다.

한편 고려인들의 성씨는 이름 가운데 가장 보수적인 면을 보이고 있다. 하지만 우리에게 생소한 성씨가 많다. 고가이, 노가이, 라가이, 마가이, 배가이, 서가이, 오가이, 유가이, 지가이, 차가이, 허가이 등이 그것이다. 고가이는 고 씨, 오가이는 오 씨, 허가이는 허 씨를 각각 나타내는 성씨다. '-가이'로 끝나는 성은 본래 우리 표현에서 '고가요', '오가요' 하는 것을 함경북도 식으로 말하고, 러시아 관리가 이를 모두 성씨인 줄 알고 호적에 기록해 놓아 생겨난 것으로 알려져 있다.

6.3.3. 고려인의 음식문화

고려인들에게 그런대로 전통이 지속되고 있는 문화가 바로 음식이다. 고려인의 주식은 쌀밥이며, 여기에 시래기된장국, 김치, 콩나물 무침, 두부 같은 반찬이 식탁에 오른다. 현지 주류민족인 러시아인이나 중앙아시아 토착민족들의 빵, 육류 중심의 음식문화 속에서 고려인들이 밥과 장국 중심의 채식문화를 유지하고 있다는 것은 특징적이다. 이들이 전통적인 밥 문화를 견지할 수 있었던 것은 중앙아시아의 벼농사 보급에 크게 기여한 결과이기도 했다. 그러나 시간이 점차 경과할수록 고려인들의 입맛은 한국인과는 다소 다른 양상을 보였다. 고려인들이 만드는 음식은 기름지고, 싱거워서 한국인들의 음식 정서와는 다소 맞지 않은 경향도 있다. 그리고 그들에게 김치는 여전히 중요한 반찬이다. 하지만 본래의 맛은 사라지고, 멀겋고 싱거운 샐러드 같은 변형김치로 존재하고 있다.

이제 고려인들의 식생활도 밥과 장 중심에서 빵과 고기와 공존하는 체계로 변해 가고 있다. 예를 들어 카자흐스탄 고려인들은 시래깃국이나 국수, 빵을 먹어도 고기를 듬뿍 넣어 함께 먹는 것이다. 또한 고려인들은 러시아 빵인 리표슈카를 비롯해 중앙아시아 음식인 볶음밥, 양고기 꼬치구이도 즐겨 먹는 것이다.

6.3.4. 개인주의와 친족주의

고려인은 공식적인 업무가 끝나면 자신만의 시간을 갖고, 저녁에는 별다른 일이 없으면 가족과 저녁을 먹고 함께 시간을 보낸다. 이들에게 중요한 것은 무엇보다 개인의 자아성취와 가족의 행복이다. 그러나 이것은 개인과 가족 단위에만 머물지 않는다. 명절이나 생일 등 가족의 특별한 행사가 있으면 외가와 친가의 식구들이 모두 모여 음식을 만들고, 게임도 하며 단란한 시간을 갖는다. 친척들끼리 연락도 자주 하고, 방문도 자주 하면서 긴밀한 관계를 유지하고 있다.

또한 돌잔치나 결혼식, 환갑, 장례식 등 다양한 의례 행사가 있을 때는 친족을 넘어서 출신지별 민족공동체가 함께 움직이고, 설과 추석에는 문화센터에 함께 모여 민족행사를 지낸다. 강제이주와 강제징용으로 인해 고국과 분리된 삶을 살았던 이들은 친족과 민족공동체의 결속력을 기반으로 민족정체성을 유지하고, 타국에서의 삶을 극복해왔던 것이다(정진아, 2009).

6.4. 고려인의 민족정체성과 가치관

연해주 이주가 시작된 1860년대 이래 고려인들은 오랫동안 한반도와 다른 역사의 길을 걸었고, 그 시간이 길었던 만큼 그들의 의식과 문화도 크게 변모했다. 고려인들은 언어뿐만 아니라 가치관, 이념, 의례, 전통 등에 있어 한반도의 한인과는 많은 차이를 보인다. 그래서 고려인을 새로운 민족으로 분류해야 한다는 주장까지 나올 정도다.

사실 고려인은 20세기에 탄생한 '신종 유라시아인'이라고 말할 수 있다. 그들은 주로 러시아어를 구사하며, CIS지역 내에 살고 있다. 그들의 특성 속에는 자신의 뿌리에 해당하는 고려인 또는 한민족으로서의 전통적인 것을 비롯해 러시아적인 것, 소비에트적인 것, 중앙아시아적인 것 등이 혼재해 있다. 고려인 문화는 한국의 전통문화와 소통이 가능하면서도 차별적인 문화가 되었음을 우리는 인정해야 할 것이다.

그리고 그들이 변모한 또 다른 부분은 바로 그들의 장소적 정체성이 이중적이라는 것이다. 현 거주국과 '뿌리'로서의 고국에 대한 애착이 서로 얽혀 있다. 고려인들은 중앙아시아에서 황무지를 개간해 정착했기 때문에 현 거주지에 대한 애착이 강하며, '뿌리'로서의 고향 의식은 한반도에서 연해주로, 연해주에서 중앙아시아로의 이주경험 때문에 이중적이다. 직접 강제이주를 경험하지 않은 젊은 세대에게 고향의식 역시 희박하다. 고려인들은 이처럼 복합적인 정체성을 갖고 있다.

또한 고려인들은 '배짱이 없는 사람들'이란 소리를 종종 듣는다. 실제로 고려인은 다른 민족에게 양보를 잘하는 민족으로 알려져 있다. 고려인들은 오랫동안 다민족사회에서 살아야했기 때문에 '양보'를 생존전략으로 삼을 수밖에 없었다. 그런 과정을 겪으면서 그들의 특성, 즉 문화와 생활의 많은 부분이 새롭게 변형되었다. 즉 원형(原形)과 다른 정체성을 얻게 된 것이다. 고려인들이 스스로를 남한인도 북한인도 아닌 '고려사람'으로 표현하는 것은 그들 자신의 고통과 시련을 통해 새롭게 형성한 정체성의 표현으로 보아야 한다. 이와 같이 고려인의 정체성은 그들만의 독특한 정체성, 즉 제3의 정체성이라 부를 수 있다.

또한 고려인들에게 1937년 강제이주는 민족적 정체성과 민족의식 상실에 결정적 계기로 작용하였다. 사회적, 경제적, 문화적 기반을 모두 버려둔 채 연해주를 떠났을 때 그들은 이미 민족문화 및 민족의식 면에서 심각한 타격을 받았다. 그들은 무자비한 강제이주과정을 통해 소련의 막강한 국가권력의 실체를 목도하게 되었고, 그 앞에서 고려인들의 민족의식 및 시민의식은 무력해질 수밖에 없었다.

이와 함께 중앙아시아 이주 이후 정치, 경제, 사회, 문화 등 각 분야에서 러시아화, 소비에트화가 진행되면서 고려인들의 정체성 상실은 본격화되었다. 고려인 학교에서 우리말 교습이 금지되고, 러시아어로 교육이 실행되면서 새로운 삶과 일상 속에서 러시아어 동화현상이 집중적으로 일어났다. 아이들 이름을 러시아식으로 바꾸기 시작한 것이 단적인 사례라 할 수 있다. 그래도 그나마 다행이었던 점은 고려인들이 지역적으로 고립된 농촌의 콜호스에 집단 거주함으로써 자연스레 민족공동체를 형성해 우리말과 민족문화를 유지하고 전승할 수 있었다는 것이다. 콜호스에서 고려인들은 설, 단오, 한식, 추석 등 명절을 쇠고 상례와 제례, 회갑잔치 등을 치르며, 전통관습을 지켜 나갔다. 하지만 이후 콜호스의 몰락과 급속하게 진행된 고려인의 도시화는 그들의 정체성 위기를 가속화시켰고, 그것은 러시아문화권으로 적극적인 편입과 민족문화 및 고유 언어의 상실과정을 동반한 것이었다.

문화의 정체성을 따질 때 그 핵심은 언어다. 민족집단의 문화적 가치와 주체성이 세대에 걸쳐 전승되는 길은 민족어 또는 전통언어를 통해서다. 젊은 세대들이 민족어를 어느 정도 잘 하느냐는 민족문화와 정체성이 세대 간에 지속될 수 있는지 여부를 측정하는 지표가 된다.

사실상 문어형식이 없는 고려말은 오늘날 방송, 연극무대에서도 사용되지 않고, 학교에서도 가르치지 않는다. 고려말은 나이 많은 고려인 사회에서 일상생활 언어로 아직 사용되고 있지만 머지않아 장래에 없어질 상황에 놓여 있다. 만약 소련의 몰락과 자본주의로의 체제변화가 없었고, 한국과의 관계개선이 없었다면 고려인의 존재는 시간의 흐름 속에 표류하며 더욱 왜소해졌을지 모른다(김호준, 2012).

한편 민족정체성은 자아의 발전에 따라, 그리고 환경의 변화에 적응하여 끊임없이 재구성되기 마련이다. 따라서 고려인들의 민족정체성에 영향을 미치는 요인으로 첫째, 강제이주와 국내 이주금지, 둘째, 민족 자치주의 부재, 셋째, 도시의 높은 정착률 등이라 할 수 있다.

또한 현재의 고려인의 문화적 동화는 스탈린의 민족정책 즉 강제이주에 기인한다고 볼 수 있다. 한국문화에 대한 교육이 강제이주 이후 중단되면서 고려인들은 점차 문화를 잃어버렸고, 러시아 문화에 익숙해졌으며, 강제이주에 따른 자치주의 부재와 높은 도시화도 적지 않는 영향을 미친 것으로 나타나고 있다. 그리고 고려인들은 자치구를 갖지 못하고 흩어져 살게 되었으므로 아주 빠르게 러시아화 되었고, 좋은 직장을 구하고 사회적 신분상승에 대한 강한 열망으로 인해 또한 동화되어 버렸다. 하지만 소련붕괴와 공화국들의 독립은 고려인들에게 민족의식을 일깨워 주었다. 처음 페레스트로이카 시기의 모든 고려인들은 갑자기 자신이 한민족임을 깨달았고 어떻게든 진짜 한인이 되기를 바랐다(권희영 외, 2001). 더군다나 외교관계 수립과 이에 따른 한국기업들의 진출, 학문적 교류의 확대, 선교사들의 교회 설립 등이 고려인들의 민족문화에 대한 의식을 일깨웠다고 할 수 있겠다.

한편 고려인은 한국을 '내 선조의 뿌리가 있는' 모국으로, 거주국을 '내가 태어나고 현재 살고 있는' 조국으로 인식하는 이중정체성을 가지고 있다(박민철·정진아, 2012). 이들에게 한국은 근원적인 고향으로서, 한반도에 대해 혈연적 연대감과 문화적 공통성을 바탕으로 한 귀속감을 느끼고 있다. 하지만 러시아와 중앙아시아에서 이들의 동양적인 외모는 차별의 표식이었다. 러시아와 중앙아시아에서 태어나고, 자란 이들은 어릴 때는 자신과 러시아인을 동일시하였지만, 성장하면서 자신의 외모가 러시아인이나 중앙아시아인, 아랍인들과 전혀 다르다는 사실을 깨닫게 된다. 러시아인과 다른 외모로 인한 차별과 배제, 그로 인해 생긴 자의식은 자신의 정체성을 끊임없이 고민하게 만드는 요소이다.

고려인들은 옆으로 길쭉하게 생긴 눈으로 인해 놀림을 받기도 하고, 돌팔매질을 당하기도 하였다. 이들은 성장하면서 겪은 반복적인 민족차별의 경험 또한 자신을 러시아인, 중앙아시아인과는 다른 존재로 인식하게 된다. 그러나 확고한 국민정체성과 달리 이들의 민족정체성이 구체적인 하나의 나라가 아닌, 전승된 기억 속의 근원적인 지향점인 '한반도'로 수렴되고 있다는 점에서 이들의 민족정체성은 다분히 심리적이고, 상징적인 성격을 가지고 있다. 따라서 이들의 민족정체성은 한국과의 교류, 한국 체류경험 등을 통해 재구성될 가능성이 클 것이다. 고려인들은 이제 CIS 지역뿐만 아니라 대한민국 내에서도 광주의 고려인마을 등에서 정착하고 있으며, 고려인 4세대 후손들의 또한 점차 체류 비자 문제가 점차 완화되고 있는 현 상황에서 고려인들은 두 국가를 아우르는 초국가적 역할의 가능성도 가지고 있다는 것이다.

7. 재외동포의 다문화 역사

7.1. 재외동포의 개념과 용어

일반적으로 재외동포는 해외동포, 재외교포, 재외국민, 교민 등으로 혼용하여 사용되고 있다. 재외동포의 개념은 국적여부와 상관없이 해외에 거주하는 우리 민족 모두를 포함하는 의미로 쓰이고 있다. 법에서 규정하는 재외동포는 재외국민과 외국국적동포를 말하며, 법에서는 그 구체적인 범위를 한정하고 있다.

대한민국 헌법 제2조 2항은 '국가는 법률이 정하는 바에 의하여 재외국민을 보호할 의무를 진다.'고 규정하고 있다. 헌법의 재외국민이란 우리 국적을 가지고 있으면서 외국에서 영주하거나 장기간 외국에서 체류하며 생활하는 사람을 말한다. '재외국민등록법'도 등록대상을 '대한민국국민'이라고 명시하고 있다.

'재외국민'이란 ①대한민국의 국민으로서 외국의 영주권을 취득한 자, ②대한민국의 국민으로서 영주권에 준하는 장기체류자격을 취득한 자, ③해외이주법 제2조의 규정에 의한 이주자로서 거주국으로부터 영주권을 취득하지 아니한 자를 말한다.

'외국국적동포'란 대한민국의 국적을 보유하였던 자 또는 그 직계비속으로서 외국국적을 취득한 자 중에서 ①대한민국 정부수립 이후 국외로 이주한 자로서 대한민국의 국적을 상실한 자와 그 직계비속, ②대한민국 정부수립 이전 국외로 이주한 자로서 외국국적 취득 이전에 명시적으로 대한민국의 국적을 확인받았던 자와 그 직계비속을 말한다. 이의 명시적 확인은 거주국 소재 대한민국 재외공관 또는 대한민국정부의 위임을 받은 기관·단체에 재외국민 등록법상의 등록을 필한 경우를 뜻한다.

외국국적동포는 재외국민과 달리 외국인이기 때문에 출입국관리법상의 재외동포 체류자격(F-4)을 부여받고, 국내거소신고를 하여야 재외동포법상의 모든 혜택을 향유할 수 있다. 대한민국 국적과 외국국적을 가진 이중국적자는 국적선택 절차에 따라 대한민국 국적이 탈 시 재외동포 체류자격(F-4) 취득이 가능하다. 다만, 국적상실 신고 미필자는 이중국적자 업무처리 지침에 준하여 처리한다.

이를 분류하여 정의해 보면, 재외국민이란 우리 국적을 갖고 외국에 영주하거나 장기간 체류하면서 생활하는 국민을 말한다. 재외국민은 특별영주권을 취득한 채 우리 국적을 포기하지 않고 있는 재일한국인, 영주권만 받은 채 우리국적을 보유하고 있는 재미한국인, 장기간 외국에 합법, 불법적으로 체류하고 있는 우리 국민 등이 포함된다. 외국국적동포란 외국에 거주하면서 거주국 국적을 취득한 한민족을 말하는데 이에는 조선족, 고려인, 미국시민권을 취득한 한민족, 귀화한 재일한민족, 기타 외국국적 취득 한민족 등이 포함된다. 무국적 동포란 대한민국 국적도 거주국 국적도 취득하지 않은 채 외국에 체류 내지 영주하고 있는 한민족을 말한다. 조총련 동포도 현재로서는 무국적 동포로 분류된다.

이러한 재외동포 개념 규정과 관련하여 한 가지 고려해야 할 것은 북한동포의 문제이다. 대법원 판례에 의하면 북한주민도 당연히 우리 국민으로 보고 있다. 그러나 우리 법의 실효적 지배가 미치지 못하는 점과 남북기본합의서상 특수관계 인정 등을 감안할 때 북한동포는 재외국민이나 외국국적동포로 분류하기에는 어려운 점이 있다.

그러나 탈북자들이 우리 국민으로 대우받는 것처럼 북한동포도 우리국민이라고 할 수 있다.

이처럼 재외동포는 사실상 해외 한민족의 통칭으로 사용되고 있다. '재외동포재단법'이나 '재외동포의 출입국과 법적지위에 관한 법'(재외동포법)의 재외동포 개념 또한 그러하다. 재외동포들의 출입국과 법적지위 보장을 위해 제정되어 1999년 12월부터 시행된 재외동포법은 재외동포들에게 국내 체류기간과 체류기간 연장, 자유로운 출입국과 취업활동, 토지의 취득·보유·이용·처분, 금융기관 이용, 의료보험 적용 등에 광범위한 혜택을 부여하고 있다.

재외동포법의 입법취지는 지구촌시대를 맞아 재외동포에게 출입국과 체류 및 모국에서의 활동제약을 완화시켜 줌으로써, 재외동포들의 생활권을 광역화·국제화함과 동시에 국내에 있는 국민들의 의식형태와 활동영역의 국제화·세계화를 촉진하기 위한 것이다. 이와 같은 입법취지에 따라 재외동포에게 이중국적을 허용할 경우 나타날 수 있는 병역 및 납세의무 회피, 국민적 일체감 저해 등의 문제점을 제거하면서 출입국과 체류 및 국내에서의 법적지위를 최대한 향상시키기 위해 그 동안 제기되었던 재외동포들의 애로사항을 선별적으로 수용하여 입법화한 것이다.

7.2. 재외동포의 역사

한민족이 해외로 대거 이주하게 된 것은 19세기 중반부터이다. 다른 국가에 비하여 역사는 길지 않지만 규모는 큰 편이다. 2009년 기준 176개국 약 682만 명에 달하는 재외동포의 수는 세계적으로 10위내외인 것으로 보인다.

한민족의 해외이주 역사는 삼국시대까지 거슬러 올라갈 수 있다. 그러나 당시 이주자들은 대부분이 민족정체성을 유지하지 못한 채 중국 등 이주국에 흡수되었기 때문에 본격적인 해외이주는 구한말에 이르러서야 시작되었다. 이렇게 시작되는 한민족의 이주사는 1860년으로부터 시작되었다. 국내적으로 조선말기 삼정(三政)의 문란, 북부지방의 흉년 등 경제적으로 어려운 데다 중국에서는 청조 말엽의 국가기강 문란으로 국경지역 경계가 소홀해지고 러시아도 연해주 지역 황무지 개간을 위해 조선인들의 이주를 적극 장려하면서 간도·연해주 지역으로의 대대적인 이동이 시작되었다(국제문제조사연구소, 1996).

한민족은 단일민족으로 한반도에서 생활을 시작하면서 오랫동안 단일국가를 형성하였고, 흐트러짐 없이 한반도에서 외래문화를 흡수하면서 문화를 발전시켜 왔다. 이러한 역사와는 대조적으로 최근에 이르러 한민족은 많은 인구가 해외에 거주하고 있으며, 그 분포지역은 매우 넓다. 한민족의 해외이민사는 한민족이 경험한 수난과 극복 그리고 도약을 그대로 반영한 한민족의 모습 그 자체라 하겠다. 한민족은 19세기 후반에 들면서 국내적으로 유교적 봉건제도가 부패해지면서 사회와 국가적인 쇄신이 필요한 시기에 약육강식을 원칙으로 하는 제국주의가 엄습해 나라는 주권을 상실하고 사회는 미궁에서 아노미 상태를 조성한다. 이러한 와중에 한민족은 사방으로 흩어지게 되었다(이광규, 1997).

한일합병에 의한 국권상실 이후 일제에게 토지를 수탈당한 영세농민·독립운동가 등이 대거 만주·연해주 일대로 이주하였고, 1920년대 이후에는 일본의 경기호황 추세에 따라 경제적 목적의 일본이주가 확대되는 등 해외진출이 본격화된 시기였다. 한민족의 해외이주는 역사적으로 멀리 삼국시대부터 시작되었다고 하지만 직접적인 계기가 된 것은 일본의 식민통치였다. 일제의 경제적인 수탈과 정치적 압제는 수많은 유랑망명을 낳았으며, 강제징용과 징병제 등은 일본을 위시한 중국, 구소련, 동남아시아, 북미주 등 지역교포 형성에 원인이 되었다(오석선, 1997).

한인들의 러시아와 만주로의 이주는 긴 역사를 갖고 있으며, 러시아와 만주는 1920년대까지 대규모 한인 이주의 유일한 통로였다. 대부분의 한인 이주자들은 한국의 북부와 동북부 지역, 즉 국경지역 출신의 주민들이었다. 초기 이주자들은 대부분 국경지대에서 농작물 거래, 사냥·채취 등에 종사했으며, 한국을 주기적으로 드나들었다. 일본의 '보호통치' 시기, 특히 한일합병 후 10년간, 수천 명의 한인들은 한국을 떠나 항일무장투쟁에 참여하였다. 수십 개의 의병부대가 러시아, 이후 소련의 극동지역과 만주지역에서 활동하였으며, 일본 경찰과 군대를 기습하기도 했다. 의병활동의 경우와 같이 특별한 목적을 가지고 행해진 이주의 경우 대부분의 의병부대원들이 종전 이후에도 소련의 연해주와 만주에 남아 있음을 고려해 본다면 이들도 역시 이주자 범주에 포함시켜야 할 것이다(김게르만, 2005).

만주사변(1931년), 중·일 전쟁(1937년) 등 일제의 침략전쟁이 본격화 되면서 정신대·징용 등 전쟁 수행의 도구로서 일본 본토, 사할린, 만주지역으로 수백만 명이 강제이주 당했으며, 이들 중 상당수가 해방 이후에도 귀국하지 못한 채 현지에 잔류하게 되었다. 1930년대 중반까지 구소련의 극동지방에는 약 20만의 한국인들이 거주하였다. 하지만 당시 한국과 일본은 동일시되었기 때문에, 차르 정부는 물론 이후 소련 정부도 이들을 신임하지 않았다. 1937년 가을 스탈린 정권은 극동지방을 비롯한 러시아 각지에 살고 있던 한인 이주자들을 카자흐스탄과 중앙아시아 지역으로 강제이주 시켰다(김게르만, 2005).

해외이주자는 1935~1940년 사이에 급격히 증가하여 한국인 전체의 4%에 해당하는 90만 명가량이 해외로 이주했다. 이것은 이전 시기인 1930~1935년 사이 해외이주자의 세 배나 되는 규모였다. 이 당시 주요 이주지역은 중국의 일본 점령지인 만주였다. 1940~1945년 사이에 전체 인구의 2.5%에 해당하는 약 63만 명의 한국인이 해외로 이주하였다. 이 수치는 1935~1940년간 해외이주자 수의 70%에 미치는 규모이다. 해방 후 일본·중국의 해외동포가 대거 귀국하는 한편 이 시기에 국외로 나간 사람도 6·25동란에 따른 국제결혼자·해외입양아·유학생 등에 불과할 정도로 해외이주가 극히 제한되었다(국제문제조사연구소, 1996).

해외이주법 제정(1962년) 등 한국정부의 이민 장려정책과 미국의 이민문호 확대를 내용으로 하는 이민법 개정(1965년)을 계기로 미주지역을 중심으로 해외이민이 폭발적으로 증가한 시기였다. 1965년 미국이민법이 크게 개정되면서 미국으로의 한인 이민은 새로운 전환기를 맞이하게 되었다. 개정된 이민법에 의해 유학생, 객원간호사와 의사의 신분으로 미국에 건너 온 한인들이 영주권을 취득하게 되었고, 이들이 1965년부터 1970년 사이의 한인 이민을 주도하였다. 이들은 후에 국제결혼을 한 한인 여성들과 함께 한국에 남은 가족을 초청하면서 1970년대에 들어서 급격하게 증가하기 시작한 한인 이민의 토대를 마련하였다. 미국으로의 한인 이민은 1970년 초부터 연 30,000명가량의 한인들이 미국으로 이민을 갔다(국사편찬위원회, 2005). 88서울올림픽 개최를 계기로 한국의 정치·경제적 위상이 높아지면서 해외이주자도 1970~80년대의 절반 정도로 감소하고 있으며, 이주지역도 미국, 캐나다, 호주, 뉴질랜드 등 선진국 선호경향이 두드러지게 나타나고 있다. 이러한 시기를 거친 한국은 재외동포가 무려 남북한 총인구의 9%를 차지하고 있지만 재외동포에 대한 정부의 배려는 매우 미약하였다. 1990년을 전후하여 구 공산권 국가와 수교를 하기까지 재외동포에 대한 국가적 관심은 일본, 미국, 남미 제국, 유럽, 호주 등 친서방권에 국한되었다. 수교 이후 중국동포, 구소련동포들이 재외동포의 영역에 편입되면서 재외동포에 대한 국가적 관심은 한층 높아졌다. 또한 해외이주에 대한 한국정부의 기본적인 인식도 1960년대 이후 지속되던 인구과밀 문제에 대한 대안인 인구정책적 차원보다는 해외이민 거주국과 모국과의 국제협력의 일환으로 바뀌었으며, 이에 따라 한민족의 해외 이주도 호혜적 국제협력의 방향으로 인식이 전환되었다(조항록, 2004).

7.2.1. 하와이로의 이민역사

초대 미국공사 호러스 뉴턴 앨런(Horace Newton Allen)[21]이 고종에게 하와이 이민을 제의했는데 이는 앨런이 5대 농장으로부터 부탁을 받았기 때문에, 한국 문제에 미국의 관심을 끄는 용도로 제안한 것으로 보인다. 하와이는 낙원이라 선전하고 인천항에 동양개발공사가 설립되어 이민을 모집하였고, 선교사 호러스 그랜트 언더우

---

21) 한국어 이름은 안련(安連)이다.

드(Horace Grant Underwood)와 아펜젤러(H. G. Appenzeller)도 참여하였으며, 미국 가는 배 삯은 3년 상환조건으로 선불이었다.

1902년 민영환이 원장이 되어 집단이민을 모집하였고, 120명의 지원자 중 고베에서 10명이 신체검사에 불합격하기도 하였다. 이후 1903년 겔릭호로 102명이 출발하여 오하우(Ohau)섬 모쿠라 농장에 도착하였고, 이후 1905년까지 약 7천여 명이 이민하게 되었다. 신청자들은 농민, 군인, 선비, 학생, 애국지사 등 다양한 계층에서 신청하였다. 하지만 얼마 가지 않아 중단이 되었는데, 을사보호조약(1905년)으로 외교권을 일본에 빼앗겼고, 일본이 한국의 노동력을 필요로 했기 때문이었다. 한편 하와이로 간 이민자들의 이민생활은 엄청난 노동환경과 노동시간에 시달려야 했다.

이와 같이 하와이 이민의 역사적 의의는 공식적인 첫 이민이었고, 서민층이 서양문화와 만남을 가졌으며, 독립운동의 요람이 되었다는 것이다. 또한 사진신부[22]들의 공헌으로 한인사회 가정의 안정을 꾀하였으며 농장, 세탁, 재봉 등에서 노동을 함으로써 경제형편의 향상을 가져왔고, 2세들을 생산함으로써 한인사회를 영속하였으며, 독립운동과 교민사회에 큰 공헌을 하였다.

7.2.2. 재외동포의 특징

재외동포는 세계 곳곳에 거주하고 있는데 그 특징에 대해 살펴보

---

22) 사진신부(사진결혼)는 신랑신부가 중매쟁이를 통하여 사진을 교환하는 것을 말한다. 만약에 신랑신부가 합의하고 신부에게 여비를 지불하면 신부는 하와이로 와서 사진에서만 본 그 얼굴의 주인과 이민국 건물에서 결혼하는 것이었다. 물론 하와이에 있는 한인 남자들이 고국으로 돌아가 신부를 맞아올 수도 있었고, 실제로 몇몇 사람들은 그렇게 하기도 했으나 돈이 많이 들고 시간도 많이 들었다. 조선이나 일본에서는 전통적으로 중매결혼을 했으므로 이 사진신부 제도는 단지 장거리를 두고 하는 전통결혼식이라고 할 수 있다.

면 다음과 같다. 우선 아시아 지역은 일본을 제외한 중국, 및 기타 여러 지역의 재외동포 수가 꾸준히 증가하고 있다. 특히 중국은 1991년부터 이들을 재외동포로 포함한 것과 중국 경제의 개방화 정책 등으로 인해 증가하였고, 그 외 다른 지역은 우리나라 기업들의 인건비 절감을 위해 기업활동의 이익을 최대화 하고자 하는 상황에서 기인한 것으로 볼 수 있다.

<표 1> 중국 재외동포 현황

연도별 지역별	2009	2011	2013	2015
총계	2,336,771	2,704,994	2,573,928	2,585,993
주선양	1,825,230	1,827,232	1,652,730	1,651,900
주중국	198,681	290,600	293,829	282,281
주칭다오	140,125	288,800	288,617	292,542
주광저우	53,588	119,135	161,829	187,592
주상하이	91,335	134,505	141,286	133,596
주홍콩	12,133	13,607	12,273	12,815
주청도	10,782	11,777	12,381	9,180
주시안	4,927	5,216	4,300	8,262
주우한		14,122	6,683	7,825

자료: 외교부 「2015재외동포현황」

다음으로 우리 동포가 가장 많이 거주하고 있는 미국과 캐나다의 북아메리카로 그 중 미국은 1965년 새 이민법이 통과되면서 이주한 사람들이 대부분이고, 이후 아메리칸 드림을 꿈꾸던 엘리트 이민과 가족이민에 의해 규모가 커졌다. 최근에는 자녀교육 등의 이유로 많은 사람들이 미국과 캐나다로 이주하고 있다.

<표 2> 미국, 캐나다 재외동포 현황

지역별 \ 연도별		2009	2011	2013	2015
총계		2,325,605	2,307,082	2,297,425	2,463,043
미국	주로스앤젤레스	518,300	547,576	559,838	590,024
	주뉴욕	380,100	345,900	339,145	353,479
	주시카고	239,600	227,369	229,187	282,675
	주샌프란시스코	178,560	179,933	182,817	205,583
	주애틀랜타	189,000	176,749	180,200	205,349
	주미국	177,803	171,574	174,291	184,683
	주시애틀	172,167	171,757	168,671	172,887
	주휴스턴	159,400	164,800	165,525	144,158
	주호놀룰루	44,589	45,542	46,603	46,909
	주보스턴	28,252	30,456	31,104	40,989
	주하갓냐	7,116	7,299	7,297	6,299
	주앵커리지	6,396	6,635	6,754	5,954
	소계	2,102,283	2,075,590	2,091,432	2,238,989
캐나다	주토론토	11,379	113,877	113,058	115,206
	주밴쿠버	99,439	105,319	80,773	94,224
	주몬트리올	9,469	9,672	9,567	11,687
	주캐나다	3,035	2,624	2,595	2,937
	소계	223,322	231,492	205,993	224,054

자료: 외교부 「2015재외동포현황」

그리고 유럽에도 많은 수의 재외동포들이 거주하고 있는데, 그중 가장 많이 거주하고 있는 나라는 독일이다. 이는 과거 파독 광부와 간호사 때문이다. 이들은 모두 3년 계약으로 이주한 노동자들이었는데, 간호사들은 계약이 끝나도 인기가 좋아 병원에서 모두 남기를 원하여 독일에 남게 되었다. 그리고 이들과 결혼한 파독 광부들이 독일에 남게 되어 오늘의 독일 교민사회를 이루게 되었으며, 현재까지 유럽에서 가장 많은 재외동포가 거주하는 지역이 되었다.

한편 독일 외에도 독립국가연합의 중앙아시아 지역에 우리 동포들이 많이 거주하고 있는데, 이들은 예전 구소련의 스탈린에 의해 연해주에서 중앙아시아로 강제이주를 당한 한인들의 후손이라 볼 수 있다.

<표 3> 유럽 재외동포 현황

지역별 \ 연도별		2009	2011	2013	2015
영국		45,295	46,829	44,749	40,263
독일	주프랑크푸르트	9,835	10,360	11,839	16,379
	주본	10,494	10,076	10,346	10,936
	주독일	6,265	6,407	6,576	7,119
	주함부르크	4,654	4,675	5,013	4,613
	소계	31,248	31,518	33,774	39,047
키르기즈공화국		18,810	18,230	18,403	18,709
프랑스		14,738	12,684	14,000	15,000
우크라이나		13,001	13,053	13,083	13,103
이탈리아	주이탈리아	1,984	2,191	2,038	1,970
	주밀라노	2,219	1,950	2,016	2,178
	소계	4,023	4,141	4,054	4,148
스페인	주스페인	2,381	2,883	2,704	2,935
	주라스팔마스	1,266	1,197	1,083	773
	소계	3,647	4,080	3,787	3,708
터키	주터키	265	361	485	1,491
	주이스탄불	1,131	2,476	2,608	2,348
	소계	1,396	2,837	3,093	3,839

자료: 외교부 「2015재외동포현황」

이상으로 세계 곳곳에 거주하고 있는 재외동포들의 특징에 대해 살펴보았는데, 이들은 이주 초기 언어와 문화의 차이로 많은 어려움과 좌절을 겪기도 했지만, 이제는 안정적으로 정착하여 정착한 지역에 올바른 생활과 모습을 보여주고 있다.

7.3. 재외동포의 문화

한국인은 남달리 핏줄과 고향에 높은 가치를 두고 또는 내가 태어나고 자란 땅에 의미를 두고 살아왔다. 그런가 하면 우리 사회가 큰 문제로 인식하고 있는 학연, 지연, 혈연주의의 폐해도 그런 뿌리 깊은 이유에 근거한 것들이라고 말하기도 한다. 고향에서 내침을 받거나 가문으로부터 파문을 당하는 것은 목숨을 잃는 것만큼이나 중대한 상처고, 명예에 손상이 가는 것이었다. 그만큼 한국인들은 뿌리 깊은 유교적 전통사상에 오랫동안 젖어 살아온 민족이었다. 그래서 1910년 일제의 강제합병이전까진 한국을 떠나는 사람의 경우는 거의 없었다. 그러나 1910년 이후 먹을 것과 살 곳을 찾아 많은 한국인들이 강제로 만주, 사할린, 일본 등지로 떠나게 되었고, 1945년 일본이 패망한 이후에도 이들은 대부분 고향에 돌아오지 못하고 그 땅에 남아 살게 되었다.

최인범(2003)은 한국 이민의 성격이 달라지기 시작한 것은 1960년대부터라고 얘기한다. 그 이유는 이 시기가 한국 경제발전의 시작점이자 우리 정부가 인구정책의 조절책으로 이민을 장려하기 시작했다는 점에서 그러하다는 것이다. 그 이후로 자발적이건 강제적이건 한국을 떠난 한국인들은 전 세계에 흩어져 살면서도 한국인으로서 집단적 정체성과 문화를 유지하기 위해 노력하고 있다는 것이다.

이러한 예로 1999년 KBS가 한림대 민족통합연구소에 의뢰해 내국인과 중국, 일본, 러시아, 미국에 거주하는 동포를 대상으로 실시한 설문조사에서 재외동포들의 문화적 특징이 잘 나타나고 있다.

조사에 의하면 먼저 타 민족과 다르게 한민족은 이주 지역에 있어서도 그 분산 패턴이 다양한 것으로 나타났는데, 첫째로 세계 각국에 산재되어 있는 분산의 광범위성과, 둘째로는 유태인과 화교는 상당히 유사하나 일본인, 이태리인, 독일인 등과는 큰 차이를 보여주고 있다는 점이다. 즉 한민족은 중국, 미국, 일본, 러시아 등 주요 강대국에 골고루 분산되어 있으면서 동시에 이들 지역에 집중되는 '분산적 집중'의 패턴을 보여주고 있다는 점이다. 이러한 특징은 냉전시대인 80년대 후반까지는 별 의미를 갖지 못했었지만, 90년대 접어들어 구 공산권이 붕괴하면서 급변하기 시작해 이들 지역의 개방으로 소통, 교류 할 수 있는 길이 열리게 되면서 큰 변화를 맞게 된다. 즉 한민족은 중국, 러시아, 일본, 미국 등 한국과 한반도에 여전히 영향력을 미치고 있는 나라들에 집단으로 거주하고 있어 상호보완성을 갖고 있다는 것이다(성경륭, 2001).

이런 결과들은 전 세계에 흩어진 한민족들이 비록 사는 곳은 다르고 그들이 처한 문화적 환경은 다를지라도 국경과 주권을 넘어서 영토국가의 제약을 극복하고, 한민족이 네트워크화 할 수 있는 가능성을 보여준다 할 수 있다. 성경륭·이재열(1998)은 이러한 가능성을 '한민족네트워크공동체'라 명명하고 '한민족의 혈통과 문화적 공통성(언어, 전통, 역사, 관습 등)을 기초로 한반도와 주변국가에 거주하는 한민족 구성원들이 폭넓은 관계 네트워크와 정보 네트워크를 형성하고 다양한 상호작용을 통해 공동의 유대와 귀속감을 발전시키며, 이에 기반하여 문화적·경제적 교류를 통해 생존, 안녕, 발전, 복지를 함께 도모하는 문화경제공동체'라고 규정하고 있다. 하지만 재외동포들은 현지에서 매우 취약한 법적지위를 가지고 있으며, 이로 인하여 상당한 법적, 사회적 차별을 받고 있는 것으로 나타나고 있다.

이러한 자료에서 볼 때 무엇보다 우리 정부나 국민은 해외에 거주하는 교민들이 현지인으로서 법적인 지위를 획득하고, 유지하는 현지인으로서 자부심을 갖고 살아 갈 수 있도록 도와주어야 할 것이며, 그 세부적인 방안으로는 다소 차이가 있지만 문화교류, 경제교류, 한국어 교육 등이라 하겠다.

7.4. 재외동포의 민족정체성과 가치관

전 세계적으로 분산되어 있는 한인은 국가별(미국, 일본, 중국, CIS)로 다양한 정체성을 갖고 있다. 이들은 거주국에 동화되어 가면서 각기 다른 독특한 정체성을 유지 발전시켜왔다. 심지어 중앙아시아와 같이 동일한 지역 내에서 거주하는 우즈베키스탄, 카자흐스탄의 고려인들도 국가별로 많은 차이를 보이고 있다. 게다가 같은 국가 내에서도 이주 1세대와 이후 세대 간에 정체성 보존과 현지 동화의 정도에 있어 차이가 있다.

이주시기에 따라서도 정체성 보존의 차이가 나타나는데 이는 이주할 당시의 모국 문화를 정체성으로 인식하고 있기 때문이다. 특히 이민의 역사가 오래된 CIS와 일본 등에서는 기존의 한인들과 새로운 이주자 간에 정체성의 차이를 보이고 있다. 이민 3·4세로 진입한 중앙아시아의 경우, 기존의 고려인 사회와 독립 이후의 이주자 사이에 별개의 정체성을 보이고 있다. 일본에서도 기존의 이민자들과 뉴커머들(New Comer)은 별개의 정체성을 갖고 있다.

국가별로도 민족정체성 및 한인사회의 동질성에 차이를 보이고 있다.

러시아 한인은 1937년 강제이주 이후 러시아 정부의 동화정책에 의해 모국어를 상실하고 철저하게 러시아화를 거쳤기 때문에 한인으로서의 정체성이 가장 약한 반면, 미국은 가장 강하게 유지되고 있다. 그러나 미국도 이민 1세가 여전히 높은 비율을 차지하기 때문에 한민족으로서의 정체성이 높으나 이민 2세, 3세로 가면서 급격히 정체성이 약화되는 현상이 나타나고 있다. 과거 러시아 한인이라 할 수 있는 고려인들이 지역적으로 고립적인 농촌의 집단농장에서 다수가 거주지를 형성했을 때 한글과 민족문화를 유지하고 전승할 수 있었다. 그러나 도시로 이주해 도시 환경에서 소수로서 다수집단인 러시아인이나 중앙아시아인들의 생활과 제도에 적응해야 하는 상황에서 언어 동화 및 사회적 동화가 빠르게 진행된 것이다. 이런 상황에서 고려인의 언어상황과 민족정체성 유지는 더욱 어려워진 것으로 보인다(윤인진, 2004).

하지만 최근 문화적 측면에서 민족정체성이 부활되고 있다. 사할린의 경우, '사할린 우리말 방송'인 한국어 방송, 즉 한국 드라마 시청률이 높은 것으로 나타나 민족정체성이나 문화정체성에 긍정적인 영향을 주는 것으로 나타났다. 또한 연해주로 귀환한 고려인을 위해 1991년에는 아르세니예프스키 한국문화센터가 처음으로 설립되었고, 1996년까지 연해주에는 다섯 개의 한국문화센터와 연합이 활동했고, 2001년 열한 개로 늘어났다고 한다(김상호, 2009).

중국은 중국정부의 소수민족 정책 덕분에 조선족 사회는 모국어 교육을 공식적으로 받을 수 있어, 모국어를 보존할 수 있었다. 결혼도 대부분 조선족 간에 이루어져 조선의 문화와 풍습을 보존할 수 있었다. 때문에 한인으로서의 정체성은 비교적 높은 편이나, 동시에 자신들이 중국인이라는 생각 역시 매우 강하다. 사실 중국의 조선족은 북한이나 남한 사람들과도 강한 민족적 동질감을 느끼고 있으며, 민족적 동질의식은 문화적 유사성의 인식에 근거한 것이라기보다는 오히려 '모국의식'에 기초한 것으로 볼 수 있다. 중국이 남한과 적대관계에 있고 북한과 긴밀한 동맹관계를 유지하던 1980년 중반까지만 해도 조선족은 모국을 북한으로 국한시켜 생각할 수밖에 없었다. 하지만 1980년대 개방정책이 채택된 이후 중국 조선족들도 남한도 모국으로 생각하기 시작하였다. 특히 1980년대 중반 이후 남한과 중국 사이의 경제교류가 시작되고, 친척방문이 가능해지면서 남한에 대한 모국의식은 크게 증가하였다(한상복·권태환, 1993).

일본의 한인사회는 일본사회의 차별대우로 인해 열등감을 느끼고 있으며, 일본인 이름을 사용하는 등 자신의 한인 신분을 숨기려 하고 있었다. 더욱이 이민 1세대들과 달리 이민 3, 4세대들은 한국어도 전혀 하지 못하며 일본으로 귀화하여 완전히 한인으로서의 민족 정체감으로부터 벗어나려는 경향이 늘고 있다.

사실 재일동포들은 식민지 시대에는 '억압'의 대상이었으며, 해방 직후에는 전후처리문제에서 국적까지 박탈당하는 '무관심'의 대상이었고, 1970년대는 사회적 배제를 경험하는 민족적 '차별'의 대상이었다. 현재는 다문화주의를 실현하기 위한 '공생'의 대상으로 인식되고 있다(라경수, 2010).

한편 2012년 기준 유치원부터 대학교까지 일본 각지에 약 100개의 조선학교가 있다고 한다. 그러나 일본정부는 지금도 조선학교를 학교교육법 제1조가 정하는 정식 학교로 인정하지 않고 있어, 일본 각지에 있는 조선학교의 학생 수는 1970년대 초에 160개교에 4만 6천명에 달했지만 그 이후 감소하고 있다고 한다(남근우, 2011). 또한 예전 북한은 1994년 핵 위기 이후 전면적인 경제봉쇄에 직면하면서 돌파구를 일본과의 국교교섭을 통한 경제적 지원을 기대하였지만, 2002년에 납치문제가 일본정국을 강타하게 된다. 이 사건으로 인해 학교에 연일 불만을 품은 일본인들의 폭언이 실린 전화가 빗발쳤고, 120개 조선학교를 다니는 동포 3세, 4세 아이들이 큰 피해를 보는 일이 있었다. 이 당시 1965년 한일조약 때처럼 일본사회에서 살아가기 위해 귀화하거나 한국국적을 취득하거나 공개적으로 공화국에 불신을 드러내는 등 분열이 가속화되는 현상을 겪기도 하였다. 최근에는 일본의 고교수업료 무상화 계획에 국제학교 형태의 타국학교는 포함되었으나 조선학교는 기타학교로 분류되어 혜택을 받지 못하게 되었고, 만약 이런 상황이 지속되면, 조선학교의 학생 숫자는 줄어들어 자연히 민족정체성이 사려져 버릴 위기에 직면할지도 모를 일이다.

이처럼 재일동포들은 같은 민족인 남한사람으로부터도 이중차별을 받아 오면서도 능동적으로 대처해 온 독특한 민족정체성을 형성해 왔고, 거주국의 차별과 배제의 정책과 문화에 저항하고 적응하는 과정에서 민족정체성을 변용시켰다(김익현·나지영, 2012).

그러나 이렇게 각기 다른 정체성을 가지고 있는 재외동포 한인사회도 탈냉전 이후 한민족공동체에 대한 관심이 증대되기 시작했다. 또한 정보기술 혁명으로 세계 각지의 한인들이 동질감을 느끼고 상호정보를 교환하며 공동의 이익을 추구하기 용이해졌다. 더욱이 1988년 서울올림픽과 2002년 월드컵을 통해 한민족의 위상이 높아짐에 따라, 한민족으로서의 자긍심이 높아졌고, 이는 한민족공동체 형성에 대한 열기를 증진시켰다.

8. 일본으로의 다문화 역사

8.1. 일본으로의 자발적 이주

8.1.1. 지식인의 자발적 이주(19세기 중엽~관동대지진)

메이지유신을 거친 일본은 아시아 중에서 서양문물을 가장 빨리 수용한 선진국으로 조선에 알려졌다. 갑오경쟁에서 실패한 개화당이 일본으로 망명해 일본의 선진 문물을 배우려 하였듯이 뜻 있는 조선의 젊은이들은 조선보다 앞선, 그리고 조선에 동정적이라고 생각되는 일본으로 유학을 갔던 것이다. 1910년 한일합병 당시 일본에는 총 790명의 조선인이 있었는데, 그 중 유학생이 500여 명이고 나머지는 공관원, 시찰인 또는 정치적 망명인 그리고 소수의 노동자였다.

조선 유학생들은 민족의 계몽과 독립에 관한 활동을 포함하여 비교적 자유스러운 분위기 속에서 공부할 수 있었다. 또한 대부분 동경에 집결해 있었던 조선 유학생들은 여러 단체를 통해 학생운동을 전개하였다. 1910년 대한제국이 일본에 합병 당하자 학생들은 보다 많은 단체를 조직하여 활동하였으며, 대표적인 조직으로 꼽을 수 있는 것이 동경 조선유학생 학우회이며, 1912년에 발족한 동경 조선유학생 학우회는 동경 유학생 전원이 자동입회하는 단체이다. 회원들의 친목을 도모하기 위해 신년회와 운동회를 개최하였으며, 졸업생 축하회나 신입생 환영회 등을 주관하였다. 또한 시기별로 웅변대회 및 각종 대회를 개최하여 조선인으로서의 민족의식을 고양하고 국권회복을 위한 애국심도 고취하였다.

1918년 1월 미국의 월슨 대통령이 '민족자결 14원칙'을 발표하자,

이에 고무된 동경 유학생들은 1919년 1월 6일 동경 간다구(神田區)에 있는 조선 기독교청년회관에서 조선의 독립을 요구하는 결의문을 채택하였다. 그리고 조선의 독립을 만방에 호소하는 유학생대회를 개최하였다. 춘원 이광수에 의해 작성된 독립선언서 초안 1부는 한반도에 전해졌으며, 한국어 외에 일본어와 영어로 번역되었다.

이와 같이 번역된 독립선언서는 각국 대사관 및 공사관을 비롯하여 일본의 장관, 귀족원, 중의원, 조선총독부 등에 우편으로 발송되고 각 신문사에도 배포되었다. 1919년 2월 8일 당시 유학생 약 600여 명이 참가한 가운데 동경 조선기독교 청년회관에서 역사적인 2·8 독립선언서가 낭독되었다. 2·8독립선언서는 한반도에서 3·1운동이 일어나기 20일 전에 낭독돼 서울의 3·1운동에 영향을 주었으므로 역사적 의미가 크다고 말할 수 있다. 이 역사적 사건으로 인하여 절반이상의 조선인 유학생들이 국난의 순국을 결의하고 일본에서의 학업을 중단하고 한반도로 귀국하였다.

한편, 3·1운동 이후 조선총독부가 조선인에 대하여 무단정치에서 문화정치로 정책의 전환이 있는 것과 마찬가지로 일본정부는 일본에 유학하는 조선인 유학생들에 대해서도 반일활동을 저지하면서 한편으로 일본에 대하여 존경과 사모의 정을 갖도록 온갖 회유책을 쓰기도 하였다.

8.1.2. 노동자들의 자발적 이주(19세기 중엽~관동대지진)

1899년 일본은 조선과 중국으로부터의 노동자 유입을 막기 위해 '외국인 노동자 입국 제한법'을 발표 조치함에 따라 조선의 노동자들은 일본으로 진출할 수 없었다.

일본은 조선에 대한 식민지 경제체제를 강화하기 위한 가장 기본적인 과제가 '토지조사사업'이라는 것을 간파하고, 1912년부터 한반도의 토지를 약탈하기 위하여 토지조사사업을 본격적으로 추진하였다. 당시 조선총독부는 토지조사의 목적을 지세 부담의 공평, 소유권의 보호, 생산력의 증진 등이라고 선전하였다. 그렇지만 실제 정해진 기간 내에 신고하지 않은 토지를 모두 국유화(1918년 총독부 소유 국유지)하는 신고주의 방법을 채택함으로써 결과적으로 한반도를 경제적으로 예속화시켜 나갔다.

또한 일본은 과거 소작인에게 인정되어 왔었던 도지권(賭地權)을 말살했을 뿐 아니라 주인 없는 땅을 개간할 때도 지주에게 유리하도록 하였다. 이러한 일본의 조치는 결과적으로 농민들을 소작인화 혹은 영세화하도록 하였다. 토지조사사업이 끝난 1918년의 통계를 보면, 논 64.6%와 밭 42.6%가 소작지가 되었고, 자작 겸 소작과 소작농을 합친 것이 전체 농민의 77.2%에 이르렀다. 이와 같이 영세화 과정에서 토지를 갖지 못한 농민들은 빈곤과 궁핍으로 벗어나지 못하여 결국 임금노동자가 되어 해외로 진출하게 되었다.

당시 일본은 산업이 급속도로 팽창하면서 부족한 노동자를 한반도에서 보충하기 위하여 회유책을 사용하였다. 예를 들어 일본 노동자가 한반도에 양복과 시계를 자랑하며 일본에 가서 일을 하면 이와 같이 돈을 벌 수 있다는 것을 보여 주는 등 일본으로의 취업을 권장하는 이른바 '출장모집'을 하였다. 1911년 오사카(大阪)에 있는 방직공장에서 추진한 최초의 조선인 출장모집은 그 후에도 계속되어 1917년까지 11회에 걸쳐 조선인 208명이 취업했다.

1914년 제1차 세계대전의 발발과 일본의 대전 참가로 일본은 호

경기를 맞게 되었으며, 이로 인하여 노동력이 절대적으로 부족하게 되었다. 따라서 일본의 여러 회사들은 노동력 부족을 한반도에서 보충하기 위해 모집사무소를 설치하고 노동자를 경쟁적으로 모집하였다. 그 결과 일본으로 이주하는 조선인들은 1916년에 2,000명이 되더니 해마다 기하급수적으로 증가하여, 1917년에는 14,000여 명, 1918년 17,000여 명, 1919년 20,000여 명으로 늘어나게 되었다.

조선총독부는 1919년 4월 조선인이 한반도 이외의 지역으로 여행할 때 관할 경찰서에서 여행증명서를 발급받아 한반도를 떠나는 출발지의 경찰서에 이것을 제출하게 하였다. 이와 같이 당시 조선총독부는 '조선인의 여행취체(旅行取締)에 관한 건'을 발표함으로써, 조선인들이 대책 없이 일본으로의 이주를 사전에 억제하였다.

이러한 제지에도 불구하고 일본으로 이주한 조선인은 1920년 27,000여 명, 1921년 38,000여 명, 1922년 70,000여 명, 1923년 97,000여 명 등 매년 늘어났다. 이것은 국내적으로 1920년부터 실시된 '산미증식계획'으로 조선농민을 더욱 궁핍하게 하였으며, 국외적으로 염가의 조선 노동자를 일본기업들이 필요로 하였기 때문에 나타난 결과이다.

일본으로 이주한 조선인 노동자들은 농민이 아닌 단순노동자, 육체노동자로 노동일을 하게 되었다. 조선인 노동자들은 장기 체류하거나 영주할 목적으로 간 것이 아니라, 단지 1~2년, 길어야 3~4년간 일본에서 돈을 벌고 귀국할 예정이었다. 그러나 노동일을 하는 도중에도 명절이나 집안 대사에 잠시 귀국하는 사람들도 많았다. 이에 따라 귀환하는 사람들도 많아 1917년 4,000여 명, 1918년 9,000여 명, 1919년 13,000여 명, 1920년 21,000여 명에 이르렀다. 이러한 점에서 살펴보면 당시 중국이나 러시아로 이주한 한(韓)인들과 근본적으로 처지가 달랐다는 점이다.

일본에서 조선인들이 종사한 직종은 초기에 주로 방직·제사·염색·유리 공장 등에서 단순노동자로 일을 하였다. 그러나 이러한 직종의 인원이 증가하자 토목공사 노동자, 도로공사 노무자, 운송잡부, 탄소인부, 벌목공 그리고 탄광 광부로 직종이 확대되었다. 이후에는 오물 치우기, 수중작업 등 더럽고 힘들어 일본인이 기피하는 영역까지 담당하게 되었다.

이들 직종에서도 조선인들이 많이 종사한 영역의 하나가 토목공사였다. 1924년의 통계에서는 조선인 전체 노동자 88,000여 명 가운데 약 85%에 해당되는 77,000여 명이 단순 육체노동자에 속했다. 또한 단순 육체노동자의 약 80%에 해당되는 61,000여 명이 토목공사장에서 일하는 인부였다. 광의의 개념으로 '노가다'라고 알려진 토목공사 인부들은 조장의 지시에 따라 일정량의 작업을 진행하기 때문에 일본어를 몰라도 지장이 없었다. 조선인들은 공업의 중심지인 오사카를 중심으로 하는 긴키 지방(近畿地方)과 한반도에서 가까운 규슈지방(九州地方)을 중심으로 거주하였으나 일본으로 이주하는 조선인들이 늘어나면서 거주지역도 전국으로 확대되어 갔다.

8.2. 일본 이주 정책의 혼란기

8.2.1. 이주 저지기(관동대지진 ~ 중·일 전쟁)

1923년 9월 1일 오전 11시 58분 44초 동경에서 남쪽으로 약 80㎞ 떨어진 곳을 진원지로 하는 규모 7.9의 대지진이 발생하여 약 7~8분간 계속되었다. 당시 일본 가옥은 대부분 목조건물이었기 때문에 지진으로 쓰러진 집에 화재가 발생하고, 삽시간에 동경 시내에 퍼져 나갔다. 또한 지진의 여진과 불이 동경을 중심으로 요코하마시, 가나가와현 등 관동지방에 3일간 지속되어 큰 피해를 입혔다. 이 지진은 일본에서 발생한 지진 중 가장 규모가 큰 지진으로 '관동대지진'이라 한다.

동경에 있는 진재시방재조사회(震災市防災調査會)가 밝힌 인적 피해사항은 사망자 99,331명, 부상자 103,733명, 행방불명 43,376명에 달하였다. 그리고 물적 피해사항은 가옥소실 447,128호를 비롯하여 물적 손실이 200억 엔에 달했다. 이와 같이 일본은 관동대지진으로 47억7천만 엔(1922년도 일반 예산액 14억7천만 엔의 3배 규모)에 육박하는 엄청난 피해를 본 것이다.

지진으로 인하여 엄청난 사회적 혼란이 발생했을 때, 동경을 위시하여 피해지역에 다음과 같은 유언비어가 난무하기 시작하였다. 예를 들어 '부정한 조선인과 사회주의자들이 방화를 하였다.', '2만 명의 조선인이 쳐들어온다.', '조선인이 방화를 하였으며, 우물에 독약을 뿌리고 일본인을 살해하고 일본 여인을 강간한다.', '경찰서, 국립극장, 아사히신문사, 미쓰비시 백화점 등을 조선인이 폭파시켰다' 등을 들 수 있다. 게다가 일본경찰이 발표하는 경고문이나 신문기사에 유언비어를 뒷받침하는 문구들이 있었으며, 특히 지진이 일어나던 날 동경 시내의 질서를 유지하기 위해 근위 사단과 제1사단이 파견된 것 이외에 조선인의 침공을 막기 위해 군인을 출동시켰다. 그러나 당시의 한반도는 조선총독부 산하에 있었기 때문에 일본까지 쳐들어갈 군인 및 무기도 없었을 뿐만 아니라 대한해협을 넘을 군함도 없었다.

이에 따라 대부분의 일본인들은 유언비어를 믿게 되었으며, 결과적으로 조선인에 대해 극도의 공포심과 증오심을 갖게 되었다. 따라서 일본인들은 자위대를 결성하여 지역의 복구와 구제를 위해 일하는 한편 부정한 조선인과 사회주의자들로부터 마을을 지키기 위해 수상한 자를 발견하면 경찰이 동행하기도 하였다. 특히 조선인을 잡으면 사항에 따라서 살해해도 무방하다는 일본 관리의 지시로 인해 일부 일본인들은 조선인에 대하여 폭행하거나 살해하기도 하였다.

관동대지진 시에 일본인이 조선인을 공포의 대상으로 지목한 원인 중의 하나는 바로 일본의 경제적 불황에 원인을 들 수 있었다. 1920년에는 일본 경제가 불황에 접어들면서 실업자가 증가하게 되는데, 이것을 무마하는 방법으로 조선인을 이용한 것이다. 즉 한반도에서 건너온 조선인 노동자로 인하여 일본인 실업자가 증가하였다고 믿고 있었던 일본 노동자들은 조선인 노동자에 대하여 적대적 감정을 갖고 있었다. 또한 해고당해 실업자가 된 조선인들이 떼를 지어 거리를 방황하는 것을 보고 일본인들은 조선인에 대한 공포심을 갖게 되었으며, 이들이 폭도로 변하지 않을까 하는 우려에서 일부에서는 방위대를 조직하기도 했던 것이다. 당시의 관동대지진 사태는 현재의 한국사회의 외국인 근로자 고용 및 외국인 불법체류 문제와 내국인의 실업이 장기화 되고 있는 시점에서 시사점을 줄 수 있는 부분이다.

관동대지진 사태는 9월 16일이 지나서야 수습되었으며, 이때 일본인에게 살해된 조선인이 동경에서 3,000명, 관동지방에서 6,000명으로 집계되고 있으나, 당시 관동지방에 조선인이 약 30,000명이 있었던 것으로 보아 약 20,000명은 살해되었으리라 추정된다. 관동대지진 이후에 많은 조선인이 귀환하게 되고, 관동대지진이 발생한 해인 1923년에는 1922년의 약 2배 정도인(1922년 46,000여 명 귀환) 89,000여 명이 귀환하였다. 그러나 일본은 지진복구사업에 다시 조선인을 동원하게 되고 조선인의 이주를 장려하여 1924년에는 120,000명, 그리고 1925년에는 130,000여 명이 일본으로 입국하였다. 이후에는 오히려 한반도에서 일본으로 이주하려는 조선인이 지나치게 증가하였기 때문에 1925년 10월에 일본으로의 이주를 저지하는 '도항 저지제(渡航 沮止劑)'라는 법안을 발표하는 계기가 되었다.

한편 일본의 쌀 수탈을 위한 산미증산계획이 추진되는 동안, 조선인 농민의 몰락과 빈궁현상은 가중화되었다. 1920년에 소작 농가는 전체 농가의 39.8%였으나, 1932년에는 53.8%로 급증하였다. 그리고 소작 농민의 증가는 곧 지주의 수탈을 더욱 강화시켜 주는 결과로 연결되어, 1930년대 초반에는 70%의 농가가 해마다 보릿고개를 당하여 초근목피로 연명하였다. 결국 식민지 농업정책의 결과로 인해 몰락한 농민들은 농촌을 떠나 만주로 이주하거나 도시로 몰려들어 도시 빈민층이 되었다.

국내의 심각한 경제상황으로 인하여 일본의 '도항 저지제'에도 불구하고 많은 조선인들이 일본으로 건너가게 되었으며, 대부분의 조선인들은 밀항의 방법을 택했다. 당시 경상남도 경찰부의 조사에 따르면, 1925년 10월에서 1927년 말까지 83,477명이 일본으로 밀항하다 적발되었다고 한다. 그리고 당시 일본은 조선인 친목회를 통하여 조선인들의 울분과 일본에 대한 적개심을 잠재우는 정책을 펼쳤으며, 일본에 동화하도록 하고 나아가 일본에 정착할 것을 장려하기도 하였다.

자료: 일본사

<그림 38> 관동대지진 직후의 도쿄의 아사쿠사(淺草)

자료: 한국근현대사사전

<그림 39> 학살한 한국인을 내려다보는 자경단

8.3. 일본으로의 강제이주(중·일 전쟁~일본 항복)

1932년 3월 중국 동북부에 만주국을 건립한 일본은 1937년 중국을 침략하였다. 그리고 1941년에는 미국 하와이 진주만을 공격해 태평양전쟁을 일으켰다. 1937년 중·일 전쟁의 발발로부터 1945년 8월 제2차 세계대전이 끝나는 8년 기간에 일본은 감당하기 어려운 전쟁을 수행하면서 막대한 인원을 동원하고 물자를 소비하였다. 비록 그 기간이 길지 않았지만 일본에 의해 강제동원 된 조선인 수는 그 이전의 몇 배나 되었으며, 이 때 감수한 고생은 이전의 몇 배나 되었다. 이 시기에 동원된 유형에 따라 3기로 구분할 수 있다. 첫째는 1939년 9월부터 1942년 1월까지 이른바 '모집 동원기'이고, 둘째는 1942년 2월부터 1944년 8월까지 '관주조직 동원기'이며, 셋째는 1944년 9월부터 1945년 8월까지의 '국민 징용령 동원기'이다.

8.3.1. 모집 동원기

1929년 세계의 경제공황이 일본에도 심각한 영향을 미치게 되자, 일본은 만주사변(1931), 중·일 전쟁(1937) 등 중국침략을 통하여 경제불황을 극복하고자 하였다.

일본은 확대되어 가는 중·일 전쟁을 효과적으로 수행하기 위해, 1938년 4월 물자와 노동력을 총동원하는 '국가총동원령'을 발표했으며, 이어 1939년 7월 '국민징병령'을 발표하였다. 일본은 국민징병령을 그대로 한반도에 적용하면 심한 저항이 있을 것이라는 우려에서 한반도에서는 이른바 '모집'이란 형식을 취하였다.

일본의 국민징병령에 따라 조선총독부에서는 '조선인 노동자 모집 및 도항취급 요강'을 발표하였다. 이러한 요강에 따라 노동력을 필요로 하는 일본의 석탄광산·토건업 등에 종사하는 회사나 업주들은 일본정부로부터 모집할당을 받고 다시 조선총독부의 허가를 신청하였으며, 조선총독부에서는 노동자 모집장소를 알선하는 등 노동자 모집을 적극 도와주었다. 이들은 조선총독부에서 지정한 장소에서 할당받은 인원을 모집해 신체검사를 실시하고, 이들의 명부를 작성한 후, 모집된 노동자들을 인솔하여 일본으로 갔다.

당시 한반도에서의 모집 대상지역은 경기도, 충청남·북도, 전라남·북도, 경상남·북도 등 7개도가 해당되었다. 1939년 12월 말까지 모집에 의하여 동원된 조선인이 85,000명에 이르렀으며, 모집에 동원된 사람들도 해를 거듭할수록 증가해 1940년 97,000여 명에서 1941년에는 100,000명을 초과하였다. 조선총독부에서는 조선인 모집 및 동원에 박차를 가하기 위하여 '조선직업소개령'을 발표하고 서울, 대구, 부산, 평양, 신의주, 그리고 함흥에 직업소개소를 설치하였다. 이에 따라 내무부와 경찰서에서도 모집을 적극적으로 후원하였다.

1940년을 전후한 시기에 연행된 조선인 노동자는 주로 석탄광산, 금속광산, 토건업 등의 각종 공장으로 배정되었다. 이들은 일본인이 군인으로 징발된 빈자리를 보충하는 것이지만 일본인보다 저임금과 열악한 근무조건에서 힘든 일을 담당해야 하였다. 석탄광산의 경우 조선인들의 90%가 갱내 작업을 하였으며, 작업여건이 위험하고 장비가 미비하여 사상자가 많았다. 1939년 10월에서 1942년 10월 사이에 전체 조선인 근로자의 약 1%가 사망하였고, 약 4.3%가 중상으로 송환되었다.

8.3.2. 조직적 동원기

1941년 12월 태평양전쟁이 시작되자 일본정부는 조선인 동원을 더 철저하게 하기 위하여 1942년 2월 '조선인 노동자 활용에 관한 방안'이라는 법령을 발포하고, 이에 따라 조선총독부에서는 '선인내지이입간선 요강'을 발표하였다. 이것은 일본이 필요로 하는 사람을 누구나 동원할 수 있다는 것을 의미하며, 그것을 관이 주동하였다고 해서 '관주선'이라 불렀다.

일본의 석탄 통제회, 광산 통제회, 철강 통제회, 그리고 토목공업 협회 등 4개의 단체가 일본의 내무성, 상공성, 철도성 등의 후원을 받고 한반도에서는 조선총독부의 감시 하에 행정력을 동원하고, 각 도·군·면에 인원을 할당하여 조선인들을 모집하였다. 심지어 할당된 인원을 충당하지 못하였을 경우 길에 가는 사람까지 마구잡이로 끌어갔으며, 이것을 '선인(鮮人)사냥'이라 한다. 이와 같이 강제로 연행된 조선인이 1939년부터 1945년까지 1,519,142명에 달하였다.

강제 연행자는 약 6개월 동안 신사참배를 비롯하여 황국신민이 되는 특수훈련을 받고 수신교육, 국어교육, 군사훈련, 직업훈련 등 총 9종의 훈련과정을 거친 후 근무지에 배정되었다. 일본에서 배정된 주요 작업장과 인원을 살펴보면, 석탄 광산 342,620명, 금속 광산 67,350명, 그리고 토목 공사 108,644명 등이었다. 특히 석탄 광산에 배정된 조선인 광부는 일본의 전체 석탄노동인구의 31%에 해당될 정도의 엄청난 인원이었으며, 대부분 큐슈 및 홋카이도의 광산에 배치되었다.

강제연행된 사람들 중에서 가장 비참한 사례는 일본군위안부를 들 수 있다. 일본군위안부는 일본군이 만주로 침입하면서부터 있었던 군인의 성노예로 이용 되었다.초기에는 일본 방직공장의 여직공으로 모집한다고 하였으나, 시간이 흐름에 따라 '여자 애국봉사대'의 이름으로 모집 연행하였다.

일본군위안부의 90% 이상이 17세~20세의 처녀로 일본 군인이 있는 만주, 중국, 미얀마, 필리핀, 인도네시아에까지 배치되었고, 심지어 사할린의 광산에까지 배치되었다. 일본군위안부의 비참한 상황은 몇 년 사이에 성병 혹은 폐결핵 환자가 되어 죽거나 혹은 일선 군인과 같이 전사하기도 하였다. 이와 같이 비참한 생애를 맞이한 조선의 젊은 여인들의 규모는 약 20만 명에 달할 것으로 추정하고 있다.

8.3.3. 국민 징용령 동원기

1943년 2월 일본군이 가다르가날 섬에서의 전투에서 패하자 전세는 일본에 불리하게 전개되었다. 다급해진 일본은 각의를 통하여 '근로한국협력령'을 내렸다. 이 계획에 의거하여 1944년 2월 일본각의는 '조선인노동자활용에 관한 방책'을 공포하면서 그 동안 미루어오던 조선인에 대한 징용령을 내렸다.

국민징용령이 공포된 것은 1944년이지만, 실질적으로 1941년부터 조선인들은 군수공장·조병창·군사시설 등 군과 관련된 곳에 징용을 당하고 있었다. 1942년 이후에는 일본 내에 있는 조선인 노동자를 군속으로 징발하였고, 1943년에는 학도징용이 있었다. 1944년 국민징용령의 공포 후에는 군속만 아니라 군인으로도 징발할 수 있게 되었으며, 특히 군속으로 징발 할 때 '백지응소(白紙應召)'와 같이 징용장 없이 언제든지 강제연행을 할 수 있게 하였다. 이와 같이 강제징용된 조선인은 당시에 265,867명에 이르렀다. 또한 국민징용령과 같이 공포된 징병령은 육군특별지원병령, 해군특별지원병령 등 지원병을 모집한다고 발표하였지만 실제로 조선인들을 군인으로 강제 징발한 것이었다. 이 법령에 의해 조선인들은 일본 육군 204,644명, 일본 해군 25,290명으로 전체 229,934명이 군인으로 징발되었으며, 종전 당시 조선인으로 일본군의 육군 중장 2명, 소장 1명, 대좌 2명, 좌관 25명, 위관과 견습생이 도합 200여 명에 달하였다. 일본 법무성 자료에 따르면 중·일 전쟁이 터지던 1937년 70여만 명에 불과 하던 조선인은 국가총동원법(38년), 징용령(42년) 등을 거치면서 1944년 193만 명으로 늘어났으며, 해방 직전 240만 명에 달한 것으로 추산되고 있다.

한·일 합병 이래 1945년 2차 세계대전이 끝날 때까지 조선이 치른 물적 손실은 말할 것도 없고 인적 손실만 하더라도 정확하게 파악하기는 어렵다. 그러나 여러 가지 정황과 현재까지 규명된 자료를 바

자료: Wikimedia

<그림 40> 조선총독부

탄으로 추정하면, 탄광의 노무자로 연행되어 사망한 사람이 약 64,000명, 군인과 군속으로 사망했거나 행방불명이 된 사람이 약 150,000명, 일본군 강제 위안부로 연행되어 사망한 사람이 약 200,000명으로 추산할 수 있다. 이외에도 1919년 3·1운동 당시 학살된 사망자 75,009명과 부상자 15,901명, 1923년 관동대지진 시 학살된 사망자 6,000명, 일제 식민 통치기간 동안 검거되어 사망한 사람들까지 합하면 일본이 조선에 끼친 인적 피해는 상당한 인원이라 하지 않을 수 없다.

8.4. 일본으로의 선택적 이주

8.4.1. 해방으로 인한 귀환

해방이 되던 1945년 8월 15일 일본에는 200여만 명의 한(韓)인이 있었다. 이들은 해방된 기쁨에 친척이나 연고자를 찾아 도시에 집결하고, 다시 집단으로 가족들과 함께 배를 타기 위해 항구에 모여드는 등 귀국을 서둘렀다.

당시 일본은 한반도에서 있던 일본인을 일본으로 먼저 귀환시킨 후 일본에 있던 한(韓)인을 한반도로 귀국시키는 임무를 수행하였으며, 1945년 9월 이후 미군이 임시열차와 해군함정을 동원하여 한(韓)인의 한반도 귀환작전에 적극적으로 참여함으로써, 수많은 한(韓)인들이 그리던 고국으로 돌아왔다.

그러나 1945년 12월부터 귀환자 1인당 현금 1,000엔(담배 20갑을 구입할 수 있는 금액)이내 지참할 수 있도록 제한하였기 때문에, 일본에 재산이 있거나 직장이 있거나 부양가족이 있는 사람은 한국으로의 귀국을 신중하게 결정하지 않을 수 없었으며, 따라서 한(韓)인들의 귀국자 수가 급격히 줄어들었다.

연합군사령부의 명령에 의거하여 1946년 3월 귀환을 희망하는 한(韓)인들은 등록하도록 하였는데, 당시 한(韓)인 등록자 646,943명 가운데 약 80%에 해당되는 514,035명(남한으로의 귀국희망자 504,334명, 북한으로의 귀국 희망자 9,701명)이 귀국을 희망하였다. 이런 조사가 있은 후 1946년 4월 1일부터 수송이 재개되어 동년 12월15일 귀환업무가 끝날 때까지 82,900명이 추가 귀국하였다.

해방 이후, 일본에서 한국으로 귀환된 1,414,258명 중에는 일본정부나 연합군사령부의 수송계획으로 편안히 온 사람도 있지만 구사일생으로 귀국한 사람도 많이 있었다.

8.4.2. 재일동포의 북송

1952년 한국의 이승만 대통령은 한국전쟁을 원활하게 수행할 목적으로 해상 60 마일 이내를 역내로 하는 이른바 '평화선'을 선포한다. 이러한 조치는 결과적으로 일본의 어부들에게 많은 피해를 주었으므로, 당시 일본의 요시다 수상(吉田 首相)이 일본에 거주하는 한(韓)인을 괴롭히는 등 한국과 일본과의 관계가 극도로 악화되어 있었다.

한국과 일본 사이의 불편한 관계를 북한이 적극적으로 이용하게 되었는데, 1954년 8월 30일 당시 북한의 외무상 남일은 '일본에 거주하는 모든 동포는 조선인민공화국의 재외공민(在外公民)이기에 북한이 일체의 책임을 지며, 일본정부는 조선민족의 권익을 존중해야 한다.' 라는 호소문을 일본 동포들에게 보냈다. 이 호소문을 이른바 남일선언(南日宣言)이라 하며, 이 선언에 따라 일본에서는 조총련이 결성되었다.

1955년 5월 동경에서 결성된 '재일본 조선인총연합회(朝總聯)'은 일본 공산당과 무관하며 북한의 재외공민이 결속된 것이기에 북한과 우호적인 관계를 갖는다는 방침을 천명하였다. 조총련은 산하조직을 정비해 49개의 지방본부, 419개의 구부(區部), 2,700개의 지부, 그리고 246개의 단(團)을 두었는데, 1974년의 통계에 의하면 당시 조총련 단원 250,000명, 전속 사무직원 5,600명이었다. 이와 같이 방대한 조직을 가진 조총련의 가장 큰 역점 사업은 재일동포를 북한으로 보내는 것이었다. 당시 북한은 전후 복구사업에 많은 노동력을 필요로 했으며, 특히 일본에서 기술을 가진 한(韓)인들의 노동력을 필요로 한 것이다. 이에 북한은 인도주의를 표방하면서 북한은 세금이 없는 지상천국이며 북한에 오면 의식주를 해결하고 직장을 주며 특히 공부하려는 사람에게는 대학에서 공부를 하고, 졸업 후 원하는 곳에 직장을 구하여 준다고 선전하였다. 조총련에서는 '재일조선인 귀국협회'를 조직, 일본 언론을 동원해 북한을 찬양하는 동시에 북한에 가면 원하는 것을 마음껏 펼 수 있다고 선전하였다.

한편, 북한 적십자사와 일본 적십자사가 제네바와 인도 캘커타에서 회합을 갖고 1959년 8월 이른바 '캘커타 선언'을 발표하였다. 이에 대하여 민단은 재일동포 북송에 대해 적극적으로 반대하였다. 1959년 2월 민단은 '북한송환반대투쟁위원회'를 조직하고 민단의 조직력을 총동원해 북송저지에 적극적으로 나섰다.

우선 북한에는 일상생활 용품이 부족하고 경제가 낙후되어 있다는 것과 공산주의 사회에는 자유가 없다는 것을 강조하였다. 그리고 행동의 자유마저 없이 직장도 강제로 배치된다는 것 등 북한은 결코 지상낙원이 아니라는 점을 적극 홍보하면서 자동차 항의투쟁과 단식투쟁 및 궐기대회와 열차저지 투쟁 등을 전개하였다. 최후로는 북한으로 떠나는 부두에 나가 북송되는 사람들을 붙잡기도 하였다. 이러한 북송 저지투쟁에도 불구하고 1959년 10월 14일 북한으로의 귀국을 희망하는 총 2,942명은 만경봉호를 타고 일본 니이가타항을 떠났다. 그 뒤를 이어 1960년 49,036명, 1961년 22,001명, 1962년 3,497명, 1963년 2,567명이 북한으로 귀국하였다.

그러나 1960년과 1961년을 정점으로 재일동포의 북송은 급격히 감소하였다. 이것은 북한에 도착한 사람들이 북한의 사정을 알려 왔고, 북한이 결코 지상낙원이 아니라는 사실을 일본에 있던 한(韓)인들이 알게 되었기 때문이었다. 당시 북송된 사람들이 30년이 지난 오늘까지 북한을 나오지 못하고 있다. 최근 한(韓)인 남편을 따라 북한에 갔었던 일본인 처가 일본을 방문하였는데, 이들의 천편일률적인 답변과 그들의 표정에서 북한의 생활이 어떤 것인 줄 읽을 수 있었다. 북한에 간 사람들의 생활도 생활이지만 이들은 계속 일본에 있는 부모 형제들에게 의류, 약품 등의 보급을 받고 있으며, 이들을 통하여 일본 조총련의 자본이 북한으로 유입되는 등 이들은 볼모가 되어 있는 것이다.

8.4.3. 재일동포의 분포와 차별

해방 이후 한반도의 정치적·사회적·경제적 혼란과 한국전쟁 등으로 고국으로 돌아갈 기회를 놓친 60여만 명의 동포들은 일본의 한국인에 대한 심한 편견과 차별 속에서 일본 사회에 뿌리를 내리기 시작하였다.

오늘날 일본에는 약 855,725명(2015년 기준)의 재일동포들이 거주하고 있다. 이들은 오사카 154,136명, 고베 54,752명, 나고야 47,756명,

요코하마 37,459명, 후쿠오카 24,510명, 히로시마 18,581명, 센다이 9,679명, 니가타 8,740명, 삿포로 4,848명 등 일본 전국 각지에 분포하고 있다.

<표 4> 일본 지역별 재일동포 현황

연도별 지역별	2009	2011	2013	2015
총계 (귀화자 포함)	912,655	913,097	893,129	855,725
귀화자	320,657	334,962	346,199	355,274
주오사카	184,467	175,827	167,728	154,136
주일본	165,025	167,544	152,238	139,990
주고베	65,828	62,250	59,343	54,752
주나고야	58,274	55,768	54,109	47,756
주요코하마	39,055	40,635	41,031	37,459
주후쿠오카	27,674	26,998	26,167	24,510
주히로시마	23,604	21,741	20,578	18,581
주센다이	11,839	11,575	10,694	9,679
주니가타	10,708	10,438	9,816	8,740
주삿포로	5,524	5,359	5,226	4,848
소계	591,998	578,135	546,930	500,451

자료: 외교부 「2015재외동포현황」

특히 재일동포가 가장 많이 거주하고 있는 오사카(大阪)부, 그 중에도 이쿠노(生野)구는 일본 최대의 재일교포 마을이 형성되어 있을 정도이다.

해방 직후 한반도의 극심한 혼란과 불안, 그리고 한국전쟁 등으로 고국으로 돌아갈 기회를 놓친 60여만 명의 재일한국인들은 법적 차별, 행정상 차별, 교육상 차별, 취업상의 차별 등 각양각색의 민족 차별을 받았다. 그 중에서 가장 심각한 문제가 지문날인 문제와 관련된 '외국인등록법'을 들 수 있다.

1947년 5월 일본정부가 선포한 '외국인등록법'은 오사카 지역의 한인 암시장 및 밀항자를 단속하고 통제한다는 명분 하에 연합군사령부의 양해를 얻어 만들어진 법령이다. 이 법령에 의해 일본은 외국인등록 시 지문을 찍도록 강요하는 등 재일한국인의 행동을 구속하였다. 오직 범죄자에게만 지문을 찍도록 강요하던 일본 사회의 관례에 비추어보면, 재일한국인은 사실 부당하게 죄인취급을 받게 된 것이다. 이에 일본에 거주하는 한인들은 『외국인등록법은 국제법에 위반되고 한국인을 전승국 국민으로 대우할 것 등』을 내용으로 하는 5개항의 항의문을 일본정부에 발송하는 등 외국인 등록제도에 대해 반대입장을 분명히 하였다.

그러나 한인의 격렬한 반대에도 불구하고 일본은 연합군사령부를 앞세워 한인들을 설득하고, 외국인 등록시기를 2·3차로 지연하면서 결국 모두 외국인 등록을 하게 하였다. 이것은 1965년 한일회담을 거쳐 1991년에 일부 수정, 지문을 찍는 것만을 철회하였을 뿐 끝내 한인을 구속하는 제도로 남게 되었다.

한편, 이문웅의 연구에서 재일코리안 사회의 형성사를 일본의 정책과 관련하여 구분하였다. 제1기는 1910년~1938년까지 농민층의 몰락으로 인한 일본으로의 이주, 제2기는 1938년~1945년 8월까지 강제연행에 의해 일본으로 간 시기이며, 제3기는 패전 후 일본에 남게 된 재일코리안이 재일 사회를 형성한 시기를 말하며, 제4기는 1989년 한국의 해외여행 자유화 조치로 일본으로 가서 현재까지 재일코리안 사회를 형성한 시기이다. 제1기~제3기까지는 올드커머(Old commer)이고, 제4기를 뉴커머(New Commer)라 한다(윤인진,

2006). 기존의 연구에서 '뉴커머'의 일반적 범주는 1965년 한일협정 체결이후 시작된 노동자 이민부터 1989년 해외여행 완전자유화 때 본격화된 일본이민자로 설정되었다(유연숙; 2011, 이호상; 2011, 정진성; 2011, 지충남; 2012). 또한 올드커머와 뉴커머의 범주를 명확히 정의한 유혁수(2014)의 논의에서 살펴보면 올드커머(자이니치; 在日, 구정주자)를 제2차 세계대전 이전에 일본으로 건너와 일본의 패전 후에도 일본에 남기로 작정한 한국 및 조선인들과 그들의 후손을 의미하는 '특별영주자' 자격을 갖춘 자들과 특별영주자는 아니지만 제2차 세계대전 이후 제주도 4·3사건 때 일본으로 밀항하거나 1965년 한일국교 정상화 이전에 건너와서 정착한 사람들을 정의한다. 그리고 '뉴커머'란 한일국교정상화 이후 특히 1980년대 후반 한국정부의 해외여행 및 유학 자유화 이후에 일본에 건너가서 정착하고 있는 한국인으로 정의하였다.

제3장

한국전쟁부터 현재까지의
다문화 역사

9. 한국전쟁 전후 시기의 다문화 역사

9.1. 미군과 기지촌

 한국전쟁 전후 시기의 특징은 군대를 중심으로 형성된 기지촌 여성들과 미군들 사이의 국제결혼이 증가한 시기였다. 당시 국제결혼 가정의 형성이 전쟁과 군대, 한 나라의 정치적 상황이 여성의 '성(性)'을 중심으로 이루어진 점이 현재의 국제결혼 양상과는 다소 다른 특징을 가지고 있다. 이는 일제강점기를 거쳐 6.25 전쟁과 해방으로 인해 일본군 군대가 점령하던 지역이 미군의 주둔지역으로 변화하게 되었고, 미군기지를 중심으로 기지촌이 형성되게 된 것이다. 또한 국제결혼은 기지촌 여성인 한국 여성들과 미군 사이의 관계가 미군기지가 들어오면서 식당, 각 부서 경리, PX와 같은 미군시설에서 일하던 한국인 여성들과 미군과의 결혼이었다(여지연, 2007).

 한편 당시 우리나라 여성들은 전쟁을 겪고 난 뒤의 지독한 가난과 사회적 빈곤으로 인해 가족의 생계를 위해 몸을 팔았고, 인신매매단이나 포주들은 기차역과 버스정거장에서 일자리나 방을 얻어준다거나 하숙을 얻어준다는 약속을 믿은 시골에서 올라온 어린 소녀들에게 다가가 강간을 하고, 성(性)산업에 유입시키거나 매춘업소에 팔았으며, 일자리 약속의 허위광고에 속아 매매춘에 빠지기도 하였다(이정주, 2002). 이렇게 해서 기지촌 주변으로 모여든 여성들은 가족의 생계를 위한 가불에 의한 이자, 부당하게 지게 되는 빚 등을 갚기 위해 매매춘에 매달림으로 해서 자연스럽게 기지촌이 형성되었다.

한편 기지촌 안에서 국제결혼과 관련된 다른 분류는 미군과 결혼한 기지촌 여성들이었다. 대부분의 여성들은 미군의 아내 또는 어머니라는 '정상적' 여성의 역할과 가장 유사하고 더 이상 클럽에서 일하지 않아도 되었기 때문에 이 자리를 열망했다. 이렇게 미군과 결혼을 하게 되면 미군은 여자 친구나 약혼녀의 클럽 빚을 갚아주고, 미군 아내는 군대 안의 매점과 PX를 이용할 수 있는 특권이 주어졌다. 이것은 한국 여성들에게만 해당하는 사항이 아니었고, 미군도 한국인과 거주하게 되면 영외 거주가 허용되어 가족수당을 받을 수 있었다. 또한 한국거주 미국인의 교육정도나 환경이 미국 안에서 결혼이 어려운 상황이라는 점과 이 결혼을 통해서 대우받고 살 수 있다는 이해관계가 얽혀 있었다(이정주, 2002).

결국 이 시기의 기지촌 여성들의 몸은 한국과 미국이라는 관계 안에서 미국인과 한국인 사이의 일상의 '접착제' 역할자의 역할을 담당하였다. 이들은 이러한 한국과 미국이라는 두 나라의 힘의 관계 안에서, 강자를 달래는 희생양이었으며, 이러한 사회적인 배경은 미군과 결혼을 증가시켰다. 또한 우리나라 여성들의 입장에서는 지독하게 가난하고, 힘든 상황으로부터 벗어날 수 있는 탈출구로 여겨졌다.

이 시기의 국제결혼에서는 한국의 여성들이 가난과 빈곤을 해결하기 위한 탈출구로 선택했다는 점과 미국이라는 사회에 대한 동경과 희망 즉 자아성취나 파라다이스를 꿈꾸는 열망 속에 이루어졌다는 점이 현재 한국으로 유입되는 동남아 지역 국제결혼 이주여성의 동기와 유사한 면을 보이고 있다고 할 수 있겠다.

9.1.1. 기지촌의 형성

기지촌의 형성과정에서 확대와 축소는 다음과 같은 변화 양상을 보여 왔다.

첫 번째로 기지촌은 일제식민지 시기 공창제의 성립과 사창의 확대를 통해 향후 주한미군 성매매의 문화적, 정치·경제적 구조의 토대를 마련하는 계기가 되었고(홍성철, 2007), 두 번째로 기지촌은 변환기와 확산기의 시기를 거치는데, 이 기간 동안 기지촌은 한국전쟁을 겪으면서 미군정기 이후 사라졌던 기지촌이 다시 부활하고, 전국적으로 형성되는 시기여서 촌락이었던 경기북부 지역은 주한미군의 주둔에 따라 새롭게 기지촌으로 개발되어 외지인이 대거 몰려들었다. 비록 한국전쟁 직후 25만 명의 주한미군이 감축되었으나, 새로운 기지촌 지역경제의 활성화와 미군과 한국군의 베트남전쟁 개입으로 기지촌은 최대 호황을 맞는 시기가 되었다(서울신문사, 1975). 그리고 세 번째 시기를 보면, 베트남 전쟁에서 패한 미국은 4만여 명의 주한미군의 철수를 계획하게 되는데, 이에 충격을 받은 한국정부는 기지촌 정화대책을 마련하면서 주한미군을 위한 공식적인 성적서비스를 제공하는 제도적 틀을 마련하고, 기지촌을 본격적인 공창지역으로 만들어간다(Moon, 1997). 이후 협상결과 주한미군 2만여 명이 감축되면서 경기북부 지역을 중심으로 주한미군의 재배치가 일어났다. 이처럼 주한미군의 규모와 재배치의 역사는 기지촌 형성과 밀접한 관련을 맺고 있다. 특히 도시가 아닌 촌락에서 형성된 기지촌의 경우 주한미군 재배치는 그 지역의 인구와 경제적 특성을 송두리째 바꿔놓게 되는데, 경기도 운천과 연천의 경우 한국전쟁 이전에는 사람들이 살지 않았던 산지와 논밭이었다가 미군부대가 주둔하면서 전쟁 이후 급격하게 기지촌화한 곳으로 볼 수 있다.

하지만 기지촌이 주한미군 재배치로 인해 파주와 함께 연천, 운천은 하루아침에 지역 경제적 기반이 무너져 유령도시가 되었다. 주한미군의 재배치 이후 지금까지 동두천과 의정부를 중심으로 남한사회의 대표적인 기지촌이 성장한 반면, 동두천과 비슷한 규모였던 운천과 연천 기지촌은 잊힌 기지촌이 되었다(박경태, 2008).

이렇게 각 지역별 기지촌은 1971년 주한미군 재배치에 따라 형성, 고착된 것이다. 이 중 파주 용주골과 경기 운천, 연천, 포천, 광주 송정리, 부산 텍사스 기지촌은 주한미군 철수 및 감축으로 사라지거나 그 특징이 변화하였으며, 춘천, 대구, 이태원 지역은 미군 감축으로 클럽 2~3개 정도만이 남아 명맥만 유지하고 있다.

자료 : 구와바라 시세이의 사진전집 '격동 한국 50년'(눈빛출판사)

<그림 41> 기지촌 여성들과 주한 미군

9.1.2. 기지촌의 특징

1950년대 초반 당시 주한미군들은 5일간의 휴가기간 중 일본으로 날아가 성매매 업소를 전전하곤 하였다(McNinch, 1954). 외화벌이가 아쉬운 한국정부로서는 국내에 이를 대체할 만한 장소를 설치하는 일이 시급한 과제로 여겨져, 정부는 미군부대 주변의 댄스홀과 바 등을 내국인 출입금지구역으로 지정하고, 미 헌병대에 구역 통제권을 부여함으로서, 미군이 한국국민의 간섭을 받지 않는 안전한 곳에서 성적 위안을 받도록 배려하기 시작했다. 또한 포주들은 '창녀'들을 등록시키고, 미군 지휘부와 직접 교섭하기 위해 '위안부자치대' 등을 조직하였다(이임하, 2004).

1957년 이후 일련의 정부정책으로 인해 양공주들의 구획화와 격리, 효율적 감시체계가 가능해지고 성병진료소가 미군기지 주변으로 집중되게 되면서 상대적으로 자국 병사들의 '안전'이 확보되었다고 판단한 미군 당국은, 같은 해 미군의 외출과 외박을 허용했다(김재수, 1980). 미군의 외박허용은 같은 해 일본에 성매매방지법이 제정된 사실과도 무관하지 않다. 비록 당시 일본 법안이 성매매 여성들을 처벌하지는 않았지만, '불특정한 사람과 금품이나 보상을 매개로 가지는 성관계'를 법적으로 금지하고, 노상 알선 및 유인행위 등을 처벌한다고 명시하고 있어(Kiyosue, 2000), 주한 미군들의 방일 동기를 약화시켰음에 분명하다. 한국정부는 미군의 일본행 성매매 수요를 보다 효과적으로 국내로 돌리기 위한 방안으로, 위안부들을 상대로 계몽강연회를 열었다. 각 지역의 경찰간부들이 직접 개입하여 조직하고 관리, 실행하는 형태였는데, 주 내용은 성병예방 교육 및 미군을 대하는 올바른 태도 고양과 관련된 것이었다. 이상과 같이 미군의 여가와 휴식을 위한 안전한 공간구성의 토대가 형성되자 기지촌은 급격하게 번창하게 된다.

해방 전에는 일본군을 대상으로 그 주둔지였던 용산, 진해 등지에서 기지촌이 발달했었는데, 부산의 하야리아 텍사스, 경기도의 운천, 파주의 용주골, 평택의 쑥고개, 문산, 의정부와 동두천 등은 한국전 이후 미군 주둔으로 성장한 대표적 기지촌이다. 예를 들어, 의정부는 전전 당시 그 지역의 주요 산업이었던 비단제작에 종사하는 인구 1만 명의 작은 마을이었다(Moon, 1997). 동두천 또한 인구 1만여 명의 조그만 농촌마을이었으나, 1952년 2월, 미 제7보병사단의 주둔을 시초로, 같은 해 4월 제25사단, 5월에 제7사단을 거쳐 제2사단의 주둔으로 인해 전형적인 기지촌으로 자리매김하게 되었다. 이로 인해 1955년에는 인구가 두 배 이상 늘어, 21,377명에 이르렀으며, 훗날 '리틀 시카고'라고까지 불리게 되었다(김재수, 1980). 이들 소규모 촌락들은 전후 농업 등 생산관련 산업이 몰락하고, 미군기지가 들어오면서 소비 중심적 산업으로 경제구조가 재편되었으며, 특히 성매매를 기반으로 한 서비스업과 상업의 기형적인 발달을 공통된 특징으로 한다. 그러나 기지촌의 가장 큰 특징은 미군기지 안에서 일하는 수많은 정규직 근로자들과 소위 하우스 보이와 세탁, 청소를 전담하는 일용직 여성노동자 등 임시직 근로자들은 물론이고, 미군 상대 전용 홀, 미군상대 세탁소, 이발소, 미장원, 쓰레기 장사, 양복점, 약국 등 기지촌 주변의 대다수 한국인들이 전적으로 미군에 생계를 의존한다는 점이다. 실질적으로 미군부대 매점을 통한 외래품의 유출, 이와 연관된 암시장의 형성이라는 'PX 경제'는 양공주의 섹슈얼리티를 통해 얻는 수익과 더불어 지역경제, 더 나아가 국가경제의 상당 부분을 차지하게 된다(이나영, 2007).

9.2. 이민자의 공동체와 이태원

이태원이라는 지역 명칭은 조선시대에 이곳에 있었던 이태원(梨泰院)이란 역원(驛院)에서 동명이 유래되었다고 하며, 또 다른 유래는 조선시대 임진왜란 당시 왜군에게 치욕을 당한 인근 지역의 사찰의 여승, 부녀자들과 그 자녀들을 정착하게 하고자 보육원을 지었는데, 이러한 혼혈인들의 거주지라는 의미에서 이태원이라 불렸다고 한다.

사실 이태원이 형성된 시기는 1906년부터 일제가 용산에 군사기지를 조성(현 미8군 자리)하자 동시에 그 일대를 군용지로 지정하고, 일본군의 사격장으로 이용하면서 기존 마을을 형성하고 있던 가옥들을 철거하면서부터라고 할 수 있다. 그 이후 이태원 일대 지역은 한국전쟁을 거치며 미군기지로서 그 역할을 하게 되었고, 해방 이후 미군들을 대상으로 하는 가게나 가건물 등이 들어서면서 기지촌을 형성하였다. 또한 월남민들이 거처가 마땅치 않은 상황 속에서 무허가 주거 집합소인 '해방촌'을 형성하여 또 다른 이태원의 특징으로 자리 잡기 시작했다. 이후 미군기지와 다양한 외국 공관이 들어서고, 군인아파트와 외국인 집단거주지가 형성되면서 이태원의 도시화가 본격적으로 진행되었다.

이처럼 기존의 거주하던 거주민들과 월남민들, 미군 등 서로 다른 배경의 사람들이 이태원에 모여들었고, 이는 이태원이 이국적인 모습으로 변화되는 원인이 되었다.

이러한 이태원의 오늘날과 같은 이국적인 모습은 1970년대에 본격적으로 완성되었다고 볼 수 있다. 1970년대 초, 미군 병원이 미8군 부지 안으로 들어오게 된 것이 가장 큰 계기가 되었고, 이전과 함께 많은 관련 종사자와 기지촌 상인이 이태원 지역으로 이사하였다 (서울시정개발연구원, 2003; 이나영, 2010). 즉 1960년대에 있었던 이 태원 마을의 이주와 1970년대의 병원 이전으로 현재와 같은 이태원 중심의 모습을 갖추게 된 것이다.

하지만 이러한 '미국중심'의 외국문화가 강하게 자리하던 이태원에 변화가 생기기 시작했는데, 1976년 이슬람사원이 완성되면서 다양한 인종유입이 발생하였고, 미군 숫자의 감소 등이 이태원의 다양한 국 가의 외국인 증가원인이 된 것이다. 이는 기존에 형성되었던 이태원 문 화는 미군을 상대로 하는 향락과 유흥문화의 중심이었다면, 1970년 대에는 그 범위가 넓어져 인도, 파키스탄, 동남아시아, 아프리카 등 종 교 및 음식까지도 이태원의 중요한 요소로 확장되었다(송도영, 2011).

한편 1970년대에 늘어난 다양한 옷가게와 상점들은 더욱 그 규모 를 키웠고, 이태원은 저렴한 가격에 브랜드 상품을 살 수 있는 거리 로서 외국인들의 쇼핑 필수코스가 되었다. 또한 86 서울아시안게임 과 88 서울올림픽을 통해 이태원은 세계적으로 알려졌고, 이러한 과 정 속에서 외국인들을 위한 유흥 및 휴게공간의 필요성이 대두 되었 으며, 이후 외국인 관광객들의 쇼핑과 유흥 및 위락 명소가 되어 최 고의 호황기를 누렸다.

하지만 1990년대 들어서는 국가 규제의 강화와 쇼핑 상권들의 규 제, 가짜상품에 대한 강한 규제로 인해 이태원이 쇠퇴하기 시작하였 다. 또한 이태원 주변 상가임대료 하락현상과 함께 1990년대 중반 이후로는 아시아, 아프리카 등에서 외국인 근로자들이 유입되기 시 작하였다. 이러한 이유로 1990년대 후반, 미군을 포함한 서양계 외 국인 문화는 자연스레 조금씩 쇠퇴하기 시작했고, 그 빈자리를 일본,

홍콩, 중국, 동남아, 아프리카, 중동지역 관광객이 채워나가기 시작하였다. 즉 미국중심의 거리에서 좀 더 다양한 세계인의 지역으로 변모하기 시작한 시기라고 볼 수 있다(송도영, 2007). 이 외에도 대한민국 영어돌풍으로 북미권의 외국인 강사보다 저렴한 인건비로 고용할 수 있는 타 지역 외국인 강사의 거주가 증가하였다.

그리고 오늘날과 가장 비슷한 이태원의 이미지는 지하철 6호선이 개통되면서 만들어졌다고 할 수 있다. 또한 1997년에 이태원 관광특구가 지정되면서 이태원로 도시설계지구 지정, 이태원로 주변 용도지역지구 및 지구단위계획 결정 등이 시행되면서 상권개발에 바람이 다시 불었다. 이처럼 다양한 문화의 성지가 된 이태원은 역사 속 부흥기와 침체기를 경험하고 다시 한 번 떠오르고 있다.

자료 : 한국민족문화대백과

<그림 42> 외국 문화의 집결지, 이태원

9.3. 한국전쟁과 해외입양

9.3.1. 혼혈아의 발생

한국사회에서 '혼혈인 또는 혼혈아'의 범주는 보는 시각과 방법에 따라 다양하게 구분된다. 일부에서는 가야국에서 고구려, 조선시대에 걸쳐 국제결혼이나 귀화를 통한 혼혈인이 존재해 왔다고 주장하기도 하지만, 특정한 범주의 사회집단을 혈통으로 기초로 하여 혼혈인으로 구분 짓고, 사회생활 전반에 걸쳐 체계적으로 배제하는 것은 분명 근대적인 현상이다.

한국사회에 혼혈아가 처음 발생한 계기는 냉전체제 하의 남과 북의 분단과 남한에서의 미군정 실시라고 볼 수 있다. 해방직후 미군은 남한에 진주하여 법적·제도적 정책을 매개로 대중과 접촉하는 동시에 신체적·문화적 영역에서까지 남한대중과 대면하였고(허은, 2008), 미군정기의 성매매와 강간은 혼혈아가 태어나는 중요한 계기였으며, 여기에는 미군정과 남한사회의 방조와 묵인이 주요하게 작용하였다. 이 당시 남한사회는 일제 식민통치가 끝난 직후 미군에 점령당하여 사회분위기가 혼란스러웠고, 식민잔재의 청산에 대한 사회적 요구도 높았다.

미군정 역시 남한사회를 통제·안정시키고 남녀평등을 수호해야 한다고 주장하면서 주민의 유흥과 매춘에 대해서는 일제 때부터 인가해왔던 유곽업과 창기가업을 금지시켰다. 그러나 사창은 위법에 해당되지 않았고, 공창의 수요까지 흡수하여 오히려 그 수가 증가할 수밖에 없었다. 또한 미군정은 미군의 문란한 생활을 크게 문제 삼지 않았다. 미군정은 환경을 정화한다는 이유로 '댄스홀'과 '캬바레'를 폐쇄하면서도 미군을 상대하는 곳을 제외하였다. 미군정은 '출입금지한 시설을 소유한 자는 미 육군 군인과 군속의 출입을 방조할 수 없고, 매음부를 제공해도 처벌을 받는다.'라고 규정했으나[23] 미군을 상대로 하는 성매매는 더욱 증가하였다. 성매매 또는 성적 노동의 제공은 '댄스홀' 등 성매매가 가능한 시설 외에도 미군기지 내 막사나 풀밭, 부대주변 판잣집 등 다양한 곳에서 이루어졌다(이임하, 2004).

이와 같이 강간, 성매매, 성적 노동제공 등 다양한 형태로 나타나는 미군과 남한 여성의 성적 접촉으로 인해 남한사회에서 혼혈아가 처음 등장하게 되었다. 이러한 미군 남성과 남한 여성의 성적 접촉은 미군정의 신체적·문화적 지배를 상징하였고, 미군정과 남한사회 일각에서 미군의 범죄와 성관계를 방조하는 동안 남한사회에는 미군과 남한 여성 사이에서 혼혈아가 태어나게 된 것이다.

그리고 한국전쟁은 혼혈아가 급증하는 계기가 되었다. 미군정기에 미군과 남한 여성 사이의 혼혈아가 최초로 발생하였다면, 한국전쟁 시기에 미국계를 비롯한 여러 UN국가 군인 남성과 한국 여성 사이에서 혼혈아가 증가하였고, 전쟁 전후에 미군이 장기주둔하게 되면서 혼혈아의 수는 지속적으로 늘어났다. 이처럼 혼혈아가 증가하게 된 배경에는 여성의 성매매 증가와 한국 여성과 미군 남성의 지속적인 관계 형성이 있었다고 볼 수 있고, 또한 다수의 외국 군인 남성이 기지촌을 중심으로 성매매, 교제, 동거 등 다양하고, 지속적인 방식을 통해 한국 여성과 관계를 맺었기 때문에 혼혈아는 지속적으로 늘어 1960년대 전반까지 혼혈아는 증가하게 되었다. 또한 혼혈아는 기지촌을 중심으로 여성과 남성의 관계가 지속되었기 때문에 증

---

23) 국가법령정보센터(www.law.go.kr) 「부녀자의 매매 또는 그 매매 계약의 금지」, 「미국인의 군령위반 방조금지」 자료이다.

가하였다. 한국전쟁 후 미군은 1957년부터 1965년까지 7사단과 1기병사단 5만~7만여 명이 주둔하고 있었는데(국방부 군사편찬연구소, 2002), 한국 여성이 미군 남성과 교제나 동거 등으로 지속적인 관계를 맺을 때 혼혈아를 출산할 확률이 높았다.

9.3.2. 한국전쟁으로 인한 해외입양

한국전쟁의 참혹한 결과는 여성과 아동에게 직접적인 피해를 입혔다. 부모를 잃은 고아가 급증했을 뿐 아니라 여성의 경우 미망인이 되거나 미군에 의한 성폭력 등으로 뜻하지 않은 임신을 하게 되어, 수많은 혼혈아동이 발생하게 되었다. 이에 이승만 대통령은 1952년에 '먹을 것 없는 동포가 없도록 전 국민이 적극 보호하라'라는 담화까지 발표했다. 국정통치권자의 담화에서 드러나듯 대통령부터 책임 있는 자세로 곤경에 처한 모든 아동에 대해 책임의식을 가져야 함을 역설하고, 이에 요보호아동을 위한 조치를 국가가 적극적으로 강구할 필요성을 제기하고 있다. 요보호아동의 조치를 위한 국가의 정책적 접근은 1954년에 국무회의의 안건으로 제시되고 있는데, 내용을 보면 입양을 통한 해결방법이라는 것을 알 수 있으며, 이때부터 본격적으로 해외입양 정책이 시작된 것으로 볼 수 있다. 보건사회부는 고아와 혼혈아동의 문제를 해결하기 위해 국무회의 안건을 상정하여 보고하였다. '혼혈아동을 양자, 양녀로 원하는 외국인이 있는 경우에 여차한 외국인의 원망(願望)에 부응토록 조치하여라.'는 유시(諭示)에서 국가의 의지를 엿볼 수 있다(국가기록물 국무회의록, 1954년 1월 15일).

하지만 한국은 전쟁으로 황폐화된 현실에서 전쟁미망인과 전쟁고아의 생존해결이라는 난관에 봉착하였다. 국가는 전쟁으로 인해 발생한 이들을 해결해야 할 대상으로 인식하였다. 기반시설이 붕괴된 현실에서 국가재건에 총력을 기울여야 하는 국면이었기 때문에 미망인과 고아의 문제는 국정운영의 우선순위에서 밀려나 해외 원조 기관을 중심으로 한 민간영역으로 떠넘기는 방식으로 진행되었다. 언론에 처음으로 등장한 해외입양 보도 역시 이런 측면에서 살펴볼 수 있다(조선일보, 1953. 2. 1. 보도내용). 이처럼 국가는 적극적으로 개입하여 해외입양이 성사되기 위해 노력을 하였다.

이에 1950년부터 1966년까지 총 6,293명의 전쟁고아가 미국으로 입양되었고, 이들 중 약 46%가 백인 혼혈아였으며, 약 41%가 한국인 그리고 나머지는 흑인 혼혈아였다(Won Moo Hurh·Kwang Chung Kim, 1984). 혼혈아라는 특성과 혼혈아의 어머니가 사회의 하층에 속하는 사람일 것이라는 인식 때문에 한국 사회는 그들에게 매우 배타적이었다. 이 수치만으로 볼 때 입양과정에서도 인종적인 선호가 있었음을 알 수 있다. 이렇게 입양아들은 주로 아메리칸 개신교도 중산층에 입양되었으며, 이들 대부분은 농촌지역이나 중소도시 지역에 입양되었다. 그리고 대부분의 양부모들은 입양아들에 대해 만족스러워 했으며, 입양아들 중 많은 이가 한국인이라고 생각하지 않았고, 미국인이나 한국계 미국인으로 생각하는 경우가 많았다. 그러나 이들은 외모로 인해 언제나 아시아인으로 분류되었으며, 이후 성인이 되면 심각한 정체성의 위기를 겪기도 하였다(구춘서, 2001).

9.4. 한국의 차이나타운 형성과 화교

9.4.1. 차이나타운의 개념

차이나타운(Chinatown) 또는 당인가(唐人街)는 중국 한족의 세력이 가장 약화되었던 송대부터 시작되어, 청나라 말기에 본격적으로 전 세계에 퍼진 한족이 이주한 나라에서 모여 살며 형성한 지역이다(위키백과, 2014). 지금은 유태인 다음으로 세계적인 영향력을 행사하는 중국 상인들 중심으로 세계 각국에 차이나타운이 형성되어 있으며, 차이나타운의 형성은 중국인이 해외이민 초기에 소수민족으로서 새로운 사회 환경을 짧은 시간에 적응하기 위해 집단거주형태로 살아 왔다(인천차이나타운 홈페이지, 2014).

'차이나타운'이란 중국이 아닌 곳에서 중국인들이 집단적으로 모여 살면서 중국 전통의 문화, 역사, 풍속 등을 공유하는 일정 지역 내의 종족 공동체를 특성화 시킨 이름이라 할 수 있다(유예지, 2012).

그리고 차이나타운을 형성하는 조건에는 3가지가 있어야 한다. 첫째, 중국인들이 집단적으로 거주하고 생활하는 일정한 규모가 있어야 되고, 둘째, 연원이 역사성을 언급할 수 있을 정도의 시간적 축적 되어야 하며, 셋째, 중국 전통의 생활양식, 풍속, 습관 등을 유지하고 있어야 한다(포지명, 2014).

9.4.2. 차이나타운의 특징

차이나타운은 지역의 정치, 경제, 문화 영향을 받기 때문에 차이나타운의 유형을 목적·기능과 관련한 '관광형 차이나타운'과 '생활형 차이나타운'으로 분류할 수 있다.

먼저 관광형 차이나타운은 중국풍의 공간과 디자인으로 조성되어 중국음식점·식품점·잡화점·양복점 등이 밀집되어 있어 내국인과 외국 관광객이 중국문화에 관심을 이끌어 찾도록 하는데 목적이 있다(劉入菡, 2013). 대표되는 한국의 차이나타운은 인천 차이나타운,

부산 차이나타운이 있다.

다음으로 생활형 차이나타운은 말 그대로 중국인 밀집거주지를 뜻하며, 대표적인 지역으로 서울 대림동, 안산 원곡동 등을 들 수 있다(劉入菌, 2013). 대림동 차이나타운은 국내에 있는 중국인 밀집거주지역 가운데 중국문화가 가장 많이 남아 있는 곳으로 중·장년층 세대가 가장 많이 찾는 곳이다. 음식점·슈퍼마켓·노점·화장품가게 등 모두 중국 이주민들이 운영하고 있으며, 종업원들 역시 대부분 중국인 또는 조선족과 같은 중국동포들이다. 이것은 한국에 거주하고 있는 중국인들의 주요 약속 장소로 손꼽혀 서울을 비롯한 수도권 인근에 살고 있는 중국인들의 집결장소이다(유예지, 2012).

1) 관광형 차이나타운

현재 한국에는 인천 차이나타운과 부산 차이나타운 2개의 관광형 차이나타운이 조성되어 있다.

(1) 인천 차이나타운

고종 20년(1883년) 말에 리내영(李乃榮)이 영사 사무를 관장하면서 인천에 청인들이 본격적으로 이주하기 시작하였다. 현 선린동 부근에 위치한 차이나타운은, 1884년 인천항구 부근에 조성된 청(淸) 조계지를 배경으로 리모델링되었으며, 청정부의 적극적인 지원으로 인천으로 이주하는 화교의 인구는 급증하였다. 이어 1887년 청조계지는 포화상태에 이르렀고, 화교들은 지가가 낮은 토지를 구입하여, 제2의 조계지를 형성하고, 차이나타운의 구역 면적을 확장시켰다.

이후 1948년 대한민국정부가 수립되자 화교는 단순히 외국인의 신분으로 한국에서 생활 및 거주하게 되었다. 또한 정부수립 후, 외국인에 대한 출입규제와 외환관리 규제법은 화교의 무역거래에 타격을 가져왔으며, 1950년에 시작된 한국전쟁으로 화교경제는 파탄의 경지에 이르게 되었다. 한국전쟁 중 미군 인천상륙작전의 주요 지점 중 하나인 녹색해안(Green Beach)은 월미도 앞바다였기에 부근에 있는 인천 청관거리에 공간 및 건축물에 막대한 피해를 주었다. 1961년 9월에 제정된 외국인토지소유 금지법으로 인천 소재의 화교묘지까지 대한민국정부에 넘기게 되었다. 이후 농사와 무역업의 제한을 받은 화교들은 요식업에 종사하였고, 한국의 제도적인 차별로 인하여 화교의 경제는 하락하였다(허유민, 2014).

이후 1997년 인천 중구청은 인천 청조계지를 '차이나타운'으로 명명하고 중국풍의 차이나타운 조성을 위해 조형물 설치와 중구청 청사 리모델링, 가로경관 정비 등의 물리적 환경개선을 진행하였다. 또한 2001년 인천 차이나타운을 포함한 월미도 일대는 관광특구로 지정되었고, 차이나타운 활성화사업을 진행하였다. 인천광역시와 중구청은 자체적인 지역개발 방안의 일환으로 이 지역을 단순한 중국인 집단거주지가 아닌 특성화된 관광지로 조성하고자 노력하고 있다(이지현, 2008).

자료 : 사이버 인천 차이나타운, 한국관광공사

<그림 43> 인천 차이나타운

(2) 부산 차이나타운

1884년에 현 부산 차이나타운 위치에 청나라 영사관이 입주하였고, 이후 영사관을 중심으로 청조계지가 조성되어 '청관거리'라 불리기 시작하였다. 1950년대부터 화교주거지가 미군 주거용 텍사스촌으로 탈바꿈하였으며, 1990년대 러시아 보따리장사꾼들의 증가와 입주로 청관거리는 외국인 거리로 변하여 '다문화장소'의 모습을 나타내었다. 그리고 1990년대 후반부터 각 지자체들이 중국풍의 차이나타운 개발과정에 동참하여 최근까지 지속적인 투자와 개발사업이 추진되고 있으나, 개발효과는 미미한 실정이다. 현재 부산 차이나타운에는 약 300여 명으로 화교들이 거주하고 있으며, 화교상가, 화교학교 등 20여개의 화교 소유시설을 기반으로 존재하고 있다(이광국, 2012).

자료 : 한국향토문화전자대전

<그림 44> 부산 차이나타운

2) 생활형 차이나타운

생활형 차이나타운은 흔히 중국인 밀집지와 중국인 거주지를 말하는데 현재 서울에는 8개의 생활형 차이나타운이 있다. 서울의 주요 외국인 town은 봉천동 차이나타운, 독산동 차이나타운, 신길동 차이나타운, 대림동 차이나타운, 연남동 차이나타운, 자양동 차이나타운이 있다(서울시 홈페이지 자료).

9.4.3. 해방 이전 화교의 주거지 변화

1882년 개항이후 화교는 중국영사관 근처의 중구 수표교를 중심으로 정착하기 시작하였으며, 현 북창동의 남대문로·서소문로·태평로·을지로가 만나는 구역에 정착하여, 점차적으로 차이나타운의 규모가 확대되기 시작하였다. 일반적으로 다국적 주민으로 구성된 신흥시가지에서 소수민족은 다수민족의 문화에 동화되면서 정체성이 없어지는 현상을 보인다(J.A. Jakle and J.O. Wheeler, 1969). 하지만 남촌을 중심으로 동부의 일본인 시가지와 서부(정동 일대)의 서양인 시가지 사이에 위치한 중국인 거리는 독특한 건축양식과 문화경관으로 중국성이 두드러지게 구분되는 이국의 경관을 형성하였다(吉祥希, 2003). 또한 이 시기 청나라와 조선의 무역을 담당하는 상인들이 많았고, 화교들은 교통이 편리하고, 구매력이 비교적 높은 중심가에 위치하였다.

9.4.4. 해방 이후 화교의 거주지 변화

1948년부터 1979년 사이에는 한국 민족경제의 자립을 위해 화교의 경제활동을 엄격히 규제하였다. 이후 무역업이 쇠퇴해지자 화교들은 요식업을 통해 재기(再起)하였고, 1970년대와 1980년대의 도심지 도로확장으로 도심지의 화교들은 주변부로 분산되어 명동 외에 연희·연남동을 중심으로 한 서대문구 일대와 영등포 일대에 집중하게 되었다.

9.4.5. 한·중 수교이후 화교 거주지의 변화

1970년대 당시 연희동은 지가가 저렴하며 한성화중고등학교가 있었기에 화교들이 많이 모였다. 연희동은 한·중 수교 이후 남대문이나 동대문의 값싼 의류를 김포공항을 통해 대만과 중국으로 운송하기 편리하며, 의류무역업 종사자나 회사가 많이 모여 들었다. 또한 중국인 관광객들이 늘어나면서 서울시에서 화교가 많은 곳으로 널리 알려지게 되자 중국인 단체관광객들도 이곳의 음식점을 즐겨 찾았다. 음식점은 주로 교통이 편리하고, 사람들이 쉽게 찾을 수 있도록 도로변을 따라 모여 있으며, 화교 대부분이 주변 아파트와 빌라에 살고 있다(吉祥希, 2003).

명동의 요식업의 경우 영세한 규모이며, 과거의 전통적인 모습을 그대로 간직하였으나, 연희동의 음식점은 대형화, 고급화가 특징이다. 1992년 이후 서울의 중요 공단을 중심으로 중국인 노동자들이 주변지역에 입주하면서 중국인의 생활에 필요한 상업시설들이 생성되면서 자연스럽게 차이나타운이 생성되었다.

10. 송출국으로서 한국의 다문화 역사

10.1. 한국인의 아메리칸 드림(American dream)

10.1.1. 한국인의 아메리칸 드림(American dream)의 역사

한국인의 미국이민의 역사는 100년이라는 긴 시간을 보내고 있다. 미국 교포사회의 기록이나 관련 서적을 살펴보면, 1900년대 초라고 기록되어져 있는데, 이들 자료에 의하면 인천 제물포항을 출발한 93명이 1903년 미국 하와이에 도착한 것이 한국인의 미국이민 시초라 한다. 당시에 이미 미국 본토에는 중국인들이 값싼 노동력으로 많이 들어와 있었고, 일본인들도 이미 하와이에 진출하고 있었는데, 한국인은 사탕수수농장에서 이민생활을 시작하였으나, 일본의 방해로 1905년 한인의 이주가 중단되었다. 이로 인해 초기 이민자들은 불리한 조건에서도 한국의 독립을 위하여 헌신적인 노력을 하였으나 오늘날 대다수의 재미교포와는 세대차이가 심하여 연속성을 갖지 못하고 있다.

한편, 미국으로 본격적인 이민이 시작되는 것은 1965년 미국이 새로운 이민법을 발표하고, 한국인 2만 명의 이주를 허가한 이후부터이다. 6.25전쟁 이후 결혼이민자와 전쟁으로 버려진 고아의 해외입양 등 미국이민법이 개정되면서 시민권자 가족초청 이민이 허용되어 이미 미국에 정착한 많은 한인들이 한국에 있는 가족들을 초청하여 미국에 정착시켰다. 당시 한국의 정치상황과 관련하여 많은 지식인들이 이민을 선택하였고, 때맞추어 이민법 개정으로 70년대와 80년대에는 이민자 수가 폭발적으로 증가하였다. 이때 미국으로 이주한 한인들은 한국에서 이미 고등교육을 받았거나, 직장생활을 하던 사람들이 자녀의 교육 또는 보다 나은 삶을 위하여 미국으로 이민을 갔다. 이 때문에 이들을 '엘리트 이민'이라 한다. 그러나 미국사회의 저변은 한인들에게 결코 쉬운 일은 아니었다. 한국에서의 대학 졸업이라는 학력이 미국에서는 유리한 것이 아니었고, 한인들은 교수, 연구원, 의사 등 몇 영역을 제외하고 대부분 미국 사회의 저변에서 출발해야 했다. 이에 한인들은 자영업을 선택하여 구멍가게에서 시작하여 술병가게, 야채가게, 생선가게, 식품점, 음식점, 세탁소, 주유소 등을 경영하고 이런 사업에 성공하면 식당, 봉제공장 또는 모텔을 소유하면서 재산의 규모를 늘려 나갔다. 이처럼 한인들은 한 직업을 장기간 유지하지 못하고 직업과 직종을 자주 바꾸는 특성을 보였고, 이보다 중요한 특색은 한인들의 업소가 대부분 흑인마을에 있다는 점이다.

또한 한인은 유색인종과 잘 어울리지 못했으며, 수입의 일정 양을 지역사회에 환원하는 습관을 몰라 흑인들과 마찰을 자주 일으켰다. 한인들은 자녀의 교육을 중요시하여 가게는 흑인가에 있어도 주거지는 부유한 백인마을에 있는 경우가 많았고, 거주지와 상점이 떨어져 있었고, 이렇게 부유한 백인마을에 거주하면서 돈만 벌어 가는 한인들을 흑인은 좋아하지 않았다.

이러한 불만이 노출된 것이 1992년 5월 LA에서 있었던 한인촌 사건이다. 흑인청년이 고속도로에서 백인경찰에게 집단폭행 당한 사건이 발생하였고, 이들 가해자가 무죄로 판결되자 흥분한 흑인들이 시내에서 폭동을 일으켰다. 이때 흑인들은 한인촌을 습격하여 가게를 불 지르고, 기물을 부수거나 약탈해 갔고, 한인들은 이것을 보고도 방어할 도리가 없었다.

이 LA사건은 1923년 일본의 관동대지진, 1937년 소련 연해주에서 중앙아시아로의 강제이주와 더불어 해외교포의 3대 비극으로 일컬어진다. 이 사건이 있은 뒤 많은 교포들이 LA를 떠나 다른 도시로 분산되어 갔다. 한인들이 LA를 떠났다 하여도 이곳 한인촌은 여전히 재미(在美)한인이 가장 많이 거주하는 곳이고, 한국을 대표하는 말 그대로 한인촌이다. 이 곳 한인촌에는 거리의 표지판에 한글이 쓰여 있으며, 한인을 대상으로 하는 소도매상이 밀집되어 미국 서부는 물론 중부에서까지 한국제품을 구입하기 위하여 이곳을 찾는다.

이곳에는 상점뿐만 아니라 신문사, 방송국 그리고 한인회관 등이 밀집되어 있고, 특히 발달한 통신망을 이용하여 한국에서의 뉴스를 동시에 들을 수 있다. 한국어로 의사소통이 가능하기 때문에 영어를 모르는 한인들이 거주하기 편리하고, 한국을 옮겨다 심은 것과 같다 하여 이곳은 '한국의 나성구'라는 별명까지 있다.

한편 LA를 위시하여 뉴욕·시카고 등 한인들이 다수 거주하는 대도시에는 일정한 날을 정하여 '코리언 퍼레이드'를 행한다. 한국을 상징하는 여러 대의 꽃차에 군악대와 농악대가 가두행진하며, 한국을 마음껏 자랑하는 행사인데, 시가행진에 이어 공원이나 극장에서 갖가지 놀이·경연대회·잔치 등을 베풀어 한인들이 고향의 맛을 음미하고, 미국인에게는 한국을 소개하는 기회로 삼기도 한다.

LA사건에서 보는 것처럼 한인들이 미국으로 이주한 역사는 짧지만 빠른 속도로 미국사회에 진출하여 이른바 모범적인 중간층 소수민족이 되었고, 이것이 흑인들의 반감을 얻게 된 이유 중 하나이다. 다른 나라에서와 같이 미국, 캐나다 한인은 근면한 민족으로, 자녀의 교육열이 높은 민족으로 유명하다. 따라서 한인 2세, 3세들의 사회상승률은 높은 편이다.

한편 100년 전에 93명으로 출발하였던 미국으로의 이민의 수는 현재는 약 200만 명을 넘고 있다. 또한 미국 각 도시에서 한국인들이 살고 있으며, 가장 최근에 나온 외교부 통계자료에 의하면 현재 미국에 거주하고 있는 재외동포는 220만이 넘는다고 한다. 이중 시민권자는 100만 3천 명, 영주권자는 52만 명, 일반 체류자 46만 명, 유학생 10만5천 명이고, 통계에 잡힌 숫자만 그렇고, 불법체류자 및 통계에 잡히지 않은 숫자까지 고려하면 훨씬 많은 숫자가 될 것이다.

이제 LA, 뉴욕, 시카고, 워싱턴, 미국 어디를 가더라도 한국인들을 쉽게 볼 수 있으며, 전자상가에는 한국 전자제품이 제일 좋은 곳에 눈에 띄고, 도로 곳곳에서 한국의 자동차를 볼 수 있고, 한국 사람과 한국 제품이 넘쳐 난다.

100여년의 짧은 기간이지만 우리 한국인이 이루어낸 미국이민의 역사는 결코 작은 것이 아니다. 미국이민국 통계자료를 보면 1940년대부터 지금까지 한국 사람이 미국 영주권을 취득한 것은 100만 명이 넘고 있는데, 1950년대에 약 5천여 명, 60년대 2만7천여 명의 수준에 불과하던 영주권 취득자가 70년대와 80년대에 각각 24만 명, 32만2천 명 수준으로 증가하였다. 그리고 2000년대에도 약 21만 명이 미국에서 영주권을 받았고, 지금도 매년 2만 명이 넘는 한국 사람이 영주권을 받고, 미국으로 이민을 간다. 지금 이 시간에도 많은 한인들이 영주권 취득을 위하여 노력하고 있으며, 하루 평균 약 60-70명 정도가 영주권을 취득하고 있다.

<표 5> 미국으로의 한인 이민(1903~2000)

연도		이민자 수	이민자 특성
초기이민시기	1903~1905	7,226명	하와이 사탕수수 노동자
	1910~1924	1,115명	사진신부
		541명	독립운동가와 유학생
중기이민시기	1945~1964	14,352명	미군병사와 결혼한 여성, 전쟁고아, 혼혈아, 입양아, 유학생
최근이민시기	1965~1990	662,369명	영주목적의 가족이민자
	1948~2000	806,414명	영주목적의 가족이민자

자료: 미국이민국 통계 자료

10.1.2. 한국인의 아메리칸 드림(American dream) 문화

1965년 개정된 이민귀화법에 따라 아시아인에게도 이민 문호를 열게 되자 그 후로 부터 매년 작게는 수천 명에서 많게는 3만 명이 넘는 한국인들이 미국으로 이민하고 있다. 연방이민서비스국(USICS) 발표에 의하면 2013회계연도 한 해 동안에 한국인 2만 3,166명이 미국영주권을 취득한 것으로 집계됐다. 이는 대한민국에서의 1년 동안 자연증가 인구수(출산자수-사망자수)의 10%를 상회하는 숫자이다. 오늘날의 대다수의 이민자는 가족초청 이민보다는 직장 또는 투자를 통한 이민이고, 최근에는 한국의 교육제도를 싫어해 자녀에게 조기 영어교육을 받게 하기 위해서 이민하는 교육이민도 증가하고 있다. 미국 국토안보부(DHS) 발표에 의하면 2013회계연도에 미국시민권을 취득한 한인 영주권자는 1만 5,786명이다. 이 숫자는 유학생 등의 장기체류자들로부터 출생한 태생적 시민권자(natural born citizen)들의 숫자는 포함하지 않은 것이다.

최근에는 미국정부에서 북한에서 탈북한 주민들도 정치적 박해에 의한 난민으로 인정하고 받아주기 때문에 북한주민의 미국이민도 이루어지고 있다. 한국계 미국인의 숫자는 대략 200만에서 300만 사이로 추정되고 있으나, 정확한 숫자는 알 수가 없다. 또한 국토안보부는 약 20만 명가량의 한국인 방문자들이 불법체류자(undocumented) 상태로 미국에 머물고 있는 것으로 추산하고 있다. 최근에 미국 정부에서 추진하고 있는 이민법 개혁이 성사된다면 이들 중의 대부분이 사면과 동시에 합법적 정착의 길이 열릴 수도 있을 것으로 보인다.

아메리칸 드림은 '힘든 일을 열심히 하면, 누구든지 재산과 자유가 넉넉한 향상된 삶을 살 수 있다.'는 미국이민자들의 믿음을 의미한다. 한국 이민자의 초기 이주 상황은 미국 저변에서 정착하기 위한 고달픈 삶의 연속이었다. 그러나 한국인 특유의 근면성과 열정을 통해 입지를 굳히고, 전통적으로 집단주의 문화에 익숙한 한국인들은 한인촌을 빠르게 형성해 나가기 시작하였다. 그렇게 형성된 문화 속에 각자의 삶의 이야기는 공유되었고, 그 이야기는 문화를 형성하기 시작하였다.

또한 미국문화에서 빠질 수 없는 것이 뮤지컬, 오페라, 영화 등등의 스토리가 동반된 예술문화이다. 이야기는 한국에서도 빠질 수 없는 문화이기에 한국 이민자들에게도 가깝게 다가 왔다. 헐리웃(Hollywood)과 브로드웨이(Broadway)에서도 동양의 문화를 소재로 조금씩 녹아들고 있었다. 그 중, '미국인의 눈에 비친 한국인의 미국 이민생활은 과연 어떤 모습일까?'에 대한 이야기로 미국에 이민 간 한국인을 소재로 한 뮤지컬 'The House of Feast'가 미국 연극인에 의해 뮤지컬의 본고장인 브로드웨이에서 제작되었다. 이 뮤지컬은 이탈리아계 미국여성이 갓 이민 온 한국소녀를 요리학원에서 만나 자신의 이민 초기생활을 비교하여 이주민으로서 겪는 어려움을 함께 나눈다는 내용을 담고 있다.

10.2. 한국인의 농업이민

10.2.1. 한국인의 농업이민 역사와 특징

중남미로 이민이 시작된 것은 1905년 멕시코 유카탄 반도의 메리다주에 도착한 1,031명의 계약노동자에서 비롯된다. 이들은 대농장에 팔려와 갖은 고생을 했고, 그 뒤 이들의 후손이 멕시코 농촌에 거주하거나 일부는 쿠바에까지 유입되어 그 흔적이 없어졌다.

또한 이주한 사람들은 한국전에서 포로가 되어 북한도 남한도 거부하고, 이 곳 중립국을 택한 사람들로 1956년 브라질에 50명, 아르헨티나에 12명이 도착하여 주민들과 결혼해 살고 있다. 우리나라에서 정식 이민자가 남미에 도착한 것은 1963년 브라질에 도착한 17가구 92명이었는데, 이들은 양국 정부의 합의에 따라 농업을 위한 계획이민으로 남미에 도착한 것이다. 그러나 농장의 조건도 정확하게 파악하지 못하고 이주한 한인들은 농사를 지을 수 없어 대부분 상파울루로 이주하여 수용소에 있다가 결국 빈민가로 유입하게 되었다. 6회에 걸친 이민 집단들이 모두 농장을 포기하고 단 한번 가톨릭의 주선으로 이주한 53세대 313명만이 농장건설에 성공하였다 (한국민족문화대백과 자료).

당시 한국에서 이민 가는 사람들에게는 미화 1천 불만을 지참하게 하여 남미로 이주한 사람들은 평생 입을 옷을 가져갔다. 빈민가에 이주한 한인들은 이것을 내다 팔아 생계를 유지하는 길밖에 없었다. 남자는 차를 몰고, 밖에서 기다리면 여자들은 옷 보따리를 들고 가가호호를 방문하는 '보부상' 노릇을 하여 장사를 시작하였다. 그들은 가져간 옷을 다 팔고는 현지에서 옷을 도매로 구입해 팔기도 하고, 집에 재봉틀을 놓고 옷을 만들어 팔기도 하였다. 재봉틀한 대가 두 대가 되고, 원주민을 고용하기도 하면서 사업을 확대하여 갔으며, 마침내 상파울루의 의류 도매상가를 잠식하면서 브라질 의류 상권을 장악하게 되었다. 그들은 의류의 제조에서 도·소매, 그리고 의류원단을 짜는 견직업까지 진출하여 남미의 의류계를 지배하게 된다.

아르헨티나와 파라과이 등 남미의 다른 나라에 이주한 한인들도 대체로 유사한 과정을 거쳐 그 나름대로 성공하였고, 주재국의 특성에 따라 직업을 달리하는 경우도 있었다. 남미의 한인들은 남미 여러 나라가 경제적·정치적으로 불안하여 그곳에 영주하는 것보다 자녀를 미국에 유학시키거나 큰돈은 미국에 예치하는 등 미국이나 다른 선진국으로 이주하려는 경향이었다. 즉 남미를 경유지로 생각하고 최종 거주국은 미국 또는 최소한 영어를 사용하는 나라, 심지어 호주에까지 행선지를 잡는 사람도 있었다.

10.2.2. 한국인의 농업이민 문화

2015년도에는 ≪순수의 땅으로(On The Way to The Land With No Evil)≫라는 제목으로 한국과 파라과이 간의 이민 50주년 기념전이 개최되었다. 그 중 파라과이 대표 화가 '에르난 미란다(Hernan Miranda)24)'의 작품 전시회가 열리고 있었는데, 그는 정식으로 미술 교육을 받은 적은 없지만, 이탈리아 정물화가 조르지오 모란디에게게(Giorgio Morandi, 1890~1964) 가르침을 받게 되면서 미술활동을 시작했다. 에르난 미란다는 현재는 미국에서 살고 있지만 젊었을 때는 파라과이에 살면서 한국 이민자들과 교류를 통해 한국문화에 관심을 가지게 되었고, 이로 인해 그의 작품에서는 붓, 소주, 한국에서 온 책 등 한국적인 오브제를 만나볼 수 있다.

---

24) 1960년 파라과이 Concepcion에서 태어나 1987년 데뷔한 이래 파라과이와 중남미를 대표하는 극사실주의 작가로 활동 중이다. 렘브란트, 카라바지오, 버미르의 사실주의 화풍과 산체스 코탄, 조르지오 모란디, 안토니오 로페즈의 실용주의 화법에 영향을 받았으며 치밀한 화면구성과 빛의 표현으로 오브제의 실제 이미지를 초월한 환상적 아우라를 창조해 낸다.

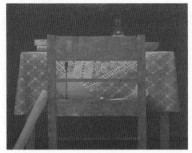

<그림 45> 에르난 미란다 전시회 작품

위 <그림 21>에서 작가가 중요하게 생각하는 것은 이 그림에 존재하지 않는 이민자다. 책상은 이민자의 책상이고, 책상 주인의 부재를 통해서 고향을 그리워하는 이민자들의 향수를 표현하고자 했다. 특히 에르난 미란다는 자신의 작품을 처음으로 구매한 '조성화'라는 한국인 이민자와 친분을 쌓고 그의 가족들과 자주 어울렸다. 에르난 미란다는 한국문화에 관심이 많아서 태권도를 배우고 싶었지만 '조성화'는 태권도를 가르쳐주기보다는 동양의 철학에 대한 많은 이야기를 해줘서 이 영향이 '여백의 미의 추구' 등으로 미란다의 작품에 나타나고, 미란다는 최근에도 작품 활동을 할 때 한국 음악을 듣거나 한국 차를 마시는 것에 기쁨을 표현한다고 한다.

한편 50년 전, 보이스벤호를 타고 파라과이 수도 아순시온(Asunción)에 도착하면서 한국인의 농업이민은 시작되었다. 당시에는 '적도제'라고 해서 적도의 위험해역을 지날 때 의례적으로 지내는 행사가 있었는데, 이는 17세기경 프랑스나 네덜란드에서 위험해역을 지날 때 선원에게 물을 뿌리거나 갑판에서 제사를 지내는 형태로 다양하게 이루어졌고, 보이스벤호에서도 의례적으로 이 적도제를 지냈다.

최초의 이민은 영농이었지만, 당시 파라과이 땅이 너무 척박하고, 붉은 개미가 농작물을 갉아먹어 영농이민은 실패로 끝난다. 영농이민이 실패하자 사람들은 주변도시나 가까운 브라질로 떠나기도 했고, 생계를 위해 가져왔던 가전제품을 팔기도 했다. 당시 한국인들은 파라과이 가정집을 하나하나 방문하며 물건을 팔았는데, 파라과이 사람들은 보증금 없이 판매를 허용했다. 그만큼 파라과이 사람들이 순수하고 악의가 없었기 때문이라고 한다. 이렇게 판매업을 하는 것은 당시에 '벤데'라고 불렀다. 한국인들도 파라과이의 명동이라고 할 수 있는 팔마거리(PALMA)에 진출하면서 의류업을 시작했다.

그리고 1985년부터는 글로벌화 추세를 타고 연쇄적인 이민행렬이 시작됐다. 1980년~1990년에는 가족·친척의 초청에 의해 한인들이 늘어났고, 이에 따라 의류 도·소매업에 신이민자들이 초기 이민자들과 합류하며 남미 전역에 한인 타운을 형성하게 됐다.

특히, 상파울루 봉혜찌로 패션타운에는 많은 한인들의 상점이 밀집해 있다. 가장 긴 패션거리로 알려진 'Rua Jose Paulino'는 약 800m

자료: 파라과이 네트워크 http://jugangyopo.blog.me/220711633887

<그림 46> 파라과이 의류 생산 현장

에 이르며, 이곳에서는 일반 의류 소매업이 주로 이루어진다. 'Rua Aimores', 'Rua Professor Lombroso'는 도매업 거리로 고급의류의 판매가 중심이다. 하지만 점차 중국인 유입이 많아지면서 중국 시장과 직거래하는 상인들이 늘어나 일반 의류 판매나 중개무역을 하던 상인들은 매출에 타격을 입었다. 그러나 '고급'을 선호하는 남미인들이 여전히 많아 한인 의류타운은 한국 고급의류 시장을 중심으로 유지되고 있다.

10.3. 한국인의 독일이민: 파독 광부 및 간호사

10.3.1. 한국인의 독일이민: 파독 광부 및 간호사의 역사

1960년대 초 한국경제는 위기에 처해 있었다. 자본과 기술이 없어서 공장을 지을 수가 없었으며, 실업률은 치솟아 40%에 육박했다. 당시 한국의 1인당 국민총생산(GNP)은 79달러로 필리핀(170달러)과 태국(260달러)에도 크게 못 미쳤다.

이에 한국정부는 1966년에 서독과 특별고용계약을 맺고 간호사로 3천 명, 탄광 광부로 3천 명을 파견하였다. 사실 한국 광부의 독일 파견은 한국정부의 임시고용계획에 관한 한국노동청과 독일탄광협회 간의 협정(1963. 12. 16)에 의해 이루어졌다. 표면상으로 한국 광부의 독일 파견은 한국 광부의 탄광지식을 향상시켜 한국 산업에 기여하고자 하는 목표에서 추진되었지만, 독일의 광부인력 부족현상을 해소하는 동시에 미국이 독일에게 요청했던 한국 재건지원의 약속 이행이라는 두 마리 토끼 모두를 잡고자 했던 독일정부의 의도와, 실업난과 외화획득을 위해 해외 인력수출을 원했던 한국정부의 이해가 부합되어 이루어진 조치였다.

주독 대한민국 대사관의 자료에 의하면 양국 간의 협정에 의하여 1963년부터 1976년까지 광부로 독일에 파견된 인원은 7,936명이었으며, 1963년 파독 광부 500명 모집에 4만 6,000여 명이 지원할 정도로 당시 한국의 실업난은 심각한 상태였다. 3년 계약의 파독 광부들에게는 매월 600마르크(160달러)의 높은 수입이 보장되었기에 많은 한국인들이 독일로 가기를 희망했다. 그러나 많은 사람들이 광산노동의 경험이 없었기 때문에 크고 작은 부상과 후유증에 시달리기도 하였다.

한편 간호사들도 광부 노동계약처럼 3년 기한의 계약으로 되어 있었다. 고용자 측인 독일병원들은 3년간의 언어와 병원생활에 익숙한 한국 간호사들을 귀국시키고 새로운 간호사로 교체시킨다는 것은 불합리하다고 반대하였다. 결국 대부분의 간호사들은 계약을 연장하게 되었고, 그리하여 그들의 독일체류는 사실상 무기한으로 허용된 셈이 되었다. 이로써 독일의 외국인 노동력 수입정책에 근본적인 변화가 생기게 되었다. 즉 외국인 노동자의 장기간 취업과 동시에 장기간 독일체류라는 원치 않는 현실에 직면하여 스스로 외국인 정책에 수정을 가하지 않을 수 없게 되었다. 그래서 한국 간호사 또는 간호보조원들은 고용자, 병원 또는 양로원이 원한다면 무기한으로 독일에 체류할 수 있게 되었다. 뿐만 아니라 한국 간호사나 간호보조원과 결혼한 광부들은 그들의 부인이 체류하는 동안은 역시 독일에 계속 체류할 수 있다는 보장을 받게 되었다. 이렇게 독일에 장기체류가 가능하게 됨에 따라 독일 국적을 얻는 동포들이 증가하게 되었고, 그로써 애초의 목적과는 달리 이 나라에 정착하여 실상에 있어 '이민'의 현실을 이루게 되었다.

파독 광부와 간호사의 수입은 1970년대 한국 경제성장의 큰 역할을 했다. 광부와 간호사들의 파독 계약조건은 '3년간 한국으로 돌아올 수 없고, 적금과 함께 한달 봉급의 일정액은 반드시 송금해야 한다.'는 것이었다. 독일로 건너간 광부들은 독일의 탄광에서 일을 하고 연금과 생활비를 제외한 월급의 70~90%를 한국에 있는 가족에게 송금했고, 이들이 한국으로 송금한 돈은 연간 5,000만 달러로 한때 한국 GNP의 2%에 이르렀다. 또한 서독 정부는 이들이 제공할 3년 치 노동력과 그에 따라 확보하게 될 노임을 담보로 1억 5,000만 마르크의 상업차관을 한국정부에 제공했다.

독일연방통계청의 자료(1900)에 의하면 약 5,000여 명의 간호사·광부들이 독일에 잔류중이며 이들 중에서 약 1,000여 명이 여전히 간호사로 활동하고 있다. 그 중 의사, 교수, 사회복지사, 화가, 작가 등 전문직 종사자도 전체의 10%인 약 500여 명이며, 기술직 노동자, 사업체 근로자는 1,000여 명에 이른다. 식품점 및 태권도장을 운영하는 사람도 1,500여 명이 이르고 있다. 아울러 한국 재외동포재단의 자료에 의하면, 2007년 기준 약 29,000여 명의 교포들이 독일에 거주하고 있으며, 이는 유럽의 한인사회 중에서 가장 큰 규모이다(박재영, 2013). 그리고 1978년 독일의 외국인법 시행령 개정 이후 장기체류 및 영주가 용이해짐에 따라 독일사회에 한인사회가 정착되는 계기가 되었다. 독일에서 태어난 파독 간호사·광부 2세의 경우는 독일 사회에 성공적으로 통합한 외국인 그룹의 대표적인 사례라 할 수 있다. 그들 중 70% 이상이 고등학교 졸업자격시험인 아비투어를 마쳤거나, 석사학위를 취득하였으며, 이는 독일 내 다른 소수집단들에 비해 월등히 높은 비율이며, 독일인 평균에 비해서도 2배 이상이다. 2세들은 의학, 법학, 경영학 등을 공부하여 독일사회 내에서 성공적으로 자아를 실현하고 있다(이유재·최선주, 2006).

자료 : 파독 근로자 기념관, 주독일 대한민국 대사관

<그림 47> 파독 광부와 간호사

10.3.2. 한국인의 독일이민: 파독 광부 및 간호사

'뭐든 할 수밖에 없다'는 절박함과 성실함 외에는 준비 없는 상태로 새로운 언어와 문화에 뛰어든 것은 당시의 우리나라의 경제적인 측면도 있었지만 이것 자체가 파독 광부 및 파독 간호사들에게 삶이자 문화였다. 그 무모함에 가까운 용기로 이들은 독일생활을 시작했고, 버텨내었다. 더욱이 그중 많은 이들은 단지 버텨내는 것 이상으로 자신의 꿈을 만들고, 추구하고 이루어내었다. 간호보조원으로 와서 최선을 다해 주변 사람들을 감동시켜서 이를 계기로 간호학교로 진학을 하여 간호보조원이 아니라 정식 간호사로 자신이 삶을 업그레이드 한 파독간호사들도 많았다. 또한 한국에 두고 온 자녀를 3년 만에 데려오겠다는 약속을 지키려고 지갑 속에 자녀사진을 내내 간직하고 다니면서 밤낮으로 일하여 약속을 지킨 사람도 있었다. 공부해서 결국 그 약속을 지키고, 새로이 아름다운 가정을 이루어낸 이,

이렇듯 시대적 상황과 개인의 처한 상황에서 파독 광부와 간호사들은 무지에 가까운 용기로 독일에서 이민자로서의 생활을 시작하였다. 단지 이들이 경제적인 측면에서만 어려움을 견뎌내었던 것이 아니라 일을 하면서도 개인의 삶을 업그레이드할 수 있는 측면도 바라볼 수 있었다. 파독 간호보조원으로 와서 최선을 다하여 일을 하다보니 독일 사람들의 인정과 감동까지도 받게 되었으며, 또한 이를 계기로 진학의 꿈을 이루어 독일에서 정식 간호사로 자리 잡기도 하였다. 그리고 고국에 있는 자녀와의 약속을 지키려고 밤과 낮의 구별없이 일에 몰두하여 자녀를 독일 유학에 성공시킨 파독 광부의 사례 등 많은 성공과 좌절의 일화가 이들에게 있다는 것이다. 그리고 독일인들의 체격으로 들어갈 수 없는 어두운 지하 땅굴의 힘든 노동에도 불구하고 독일에서 학업을 지속하여 독일사회의 중요한 위치로 자리 잡은 파독 광부의 예를 들 수 있다. 아울러 독일에서의 하나하나 행동이 대한민국을 대표한다는 심정으로 등 뒤에 늘 태극기를 달고 다닌다는 자부심을 가지고 다녔다는 사례도 그 시기의 파독근로자들의 정체성을 어느 정도 엿볼 수 있다. 고향에서 적절한 치료를 받지 못해 고통 받는 이웃을 보고 의사가 되고 싶은 꿈을 파독 간호보조원으로 와서 의대를 졸업하여 의사가 된 파독 간호보조원 등 파독 광부 및 파독 간호사의 이민사는 때로는 경이로움을 가져오기도 한다. 성공과 좌절, 감동, 국제결혼 등 다양한 사례가 있지만 본 서에서는 위의 보편적인 사례들로 구성하였다.

사회의 전반적 특성을 개인주의 문화와 집단주의 문화로 구분해 볼 때, 한국사회는 전통적으로 집단주의 문화로 규정되는 반면 독일사회는 개인주의 문화로 규정된다. 집단주의 문화는 공동의 운명, 목표, 가치를 가진 사회집단이 중심이고, 중요하며 개인은 그 집단의 구성요소로 존재한다. 집단주의 문화에서 개인의 정체성은 개인 고유의 특성으로 규정되는 것이 아니라 어떤 집단에 속하는지에 따라, 그 사회적 구조 내에서 맺고 있는 인간관계망으로 규정된다. 반면 개인주의 문화는 각 개인을 다른 사람과 분리된 독립된 존재로 보며, 사회집단보다는 개인의 목표와 고유성을 더 중요시한다.

자신이 속했던 가장 중요한 집단인 가족을 위해서 자신을 희생하는 것은 집단주의 문화에서 자란 한국인에게는 자연스러운 선택이었을 것이다. 그러나 파독 광부와 간호사들에게 가족을 위해서 자신을 희생하는 것은, 마음으로는 가족에 소속되는 것이지만 물리적으로는 가족으로부터 자신을 떼어내는 이중적 의미를 지닌다. 3년이란 계약기간 후에 한국으로 다시 돌아간 광부와 간호사들은 다시 가족에 심리적·물리적으로 합류함으로써 가족집단을 회복하였지만, 독일에 남기로 결정한 경우에는 기존의 가족집단을 떠나서 새로운 사회, 즉 개인주의 사회의 구성원으로 변화되는 결과를 가져온 것이다.

개인주의 사회에도 집단은 존재한다. 가족도 존재하고, 인간관계도 존재한다. 그러나 개인주의 문화에서 관계성은 양가적이다. 즉 개인의 목표달성을 위해서는 인간관계가 필요하고, 집단에 소속하는 것이 필요하나, 그 관계를 유지하려면 대가가 따른다. 그래서 개인주의 문화에서는 비용-효과라는 관점에서 관계와 집단에 접근한다. 관계참여·유지비용이 효과를 상회하면 그 관계를 떠나고, 개인적 목표가 달라지면 관계도 새로운 것으로 창출한다.

한국이라는 집단주의 사회를 떠나서 독일이라는 개인주의 사회의 구성원으로 변화된 파독 광부·간호사들이 독일사회에 적응하는 과정에서 이런 문화적 변환은 유·불리의 양쪽 측면이 있었을 것이다. 한국에서 소속감을 느꼈던 집단(특히 가족)과 같은 소속감을 주는 집단은 독일에서 찾기 어려웠을 것이고, 이는 깊은 외로움과 동떨어진 느낌, 그리고 한국에 대한 뼈아픈 그리움으로 이어졌을 것이다. 다른 한편으로는 개인적 자율성과 자기성취를 강조하는 개인주의 사회에서 한국인의 성실성과 목표의식은 독일인들로부터 지원을 이끌어내는 원동력이 되었을 것이다. 개인주의 문화는 자신의 잠재력을 실현하는 삶을 중시하며, 이러한 점은 자신뿐만 아니라 타인에게도 적용되기 때문이다. 또한 어느 집단에 소속되었는지에 따라서 '우리'와 '남'을 구별하지 않고, 각 사람을 하나의 고유한 개인으로 인정하고 개인적 성취를 중시하기 때문이다.

그래서 파독 광부와 간호사들이 독일사회에 적응하고, 자신의 꿈을 이뤄낸 과정에서 독일인들의 도움을 많이 거론한 것으로 보인다. 여러 명의 동생이 있는 장녀가 간호보조원으로 독일에 와서 의대에 가고 싶었으나, 언어장벽과 업무계약으로 여의치 않았을 때 근무시간을 조정해준 간호과장의 배려로 야간고등학교를 마치고, 의대를 진학할 수 있었던 것도 본인의 뚜렷한 목표와 그 성취를 위한 부단한 노력을 독일인이 높이 샀기 때문에 가능했을 것이다. 단순히 운이 좋아서 좋은 사람들의 도움을 받은 것이 아니라, 개인이 목표달성을 위해서 스스로 책임 있고 성실하게 노력하였던 것이 주변의 도움을 이끌어낸 것이었다고 봐야 할 것이다.

이처럼 자신의 삶에 자신이 책임을 지고자 최선을 다하는 자세가 파독 광부·간호사들의 성공만 이룬 것이 아니라 현재 대한민국이 단기간에 빠른 성장을 이룬 원동력이 되었을 것이다. 거기에 가족을 중시하고 가족을 위한 희생을 마다 않은 수많은 부모형제자매들이 '죽어라 노력'한 결과일 것이다. 그래서 빠른 기간에 경제적으로 번영한 서구사회를 따라잡고, 서구사회의 개인주의적 가치까지 많이 배우게 되어서 우리 사회의 문화도 많이 변화되었다. 전통적 집단주의 문화로 다시 돌아가는 것이 현재 대한민국에 더 필요한 것인지, 아니면 서구적 개인주의 문화로 더욱 다가가는 것이 더 적절한 것인지에 대해서는 사람들마다 의견이 다양할 수 있다.

다만 현재 우리 사회에 팽배한 소위 '개인주의'는 사실상 서구 선진국의 발전을 이끈 개인주의 문화와는 많이 다르다는 점에 주목할 필요가 있다. 프랑스 혁명 무렵에 공동체적 사회복지보다 개인적 권리를 중요시하는 경향을 일컫는 의미로 개인주의(individualism)가 거론된 이후, 개인주의는 개인을 하나의 독립된 존재로 존중하고, 개인의 권리와 자율성을 강조한다. 개인선택의 자유를 강조하는 만큼 개인의 책임도 중요함을 인지하고, 개인적 성취에 기초하여 자기정체성을 규정한다. 자기 자신의 잠재력을 실현하는 삶을 지향하는 한편 타인의 정직성과 고결성도 존중해야 함을 인정한다. 그러나 현재 우리사회에서는 개인의 권리는 주장하면서도 개인의 책임은 경시하는 경우가 많이 있다. 자신의 권리는 소중하게 여기지만 타인의 권리는 무시한다. 개인적 성취로 자기정체성을 규정하려는 노력은 부족하고, 사회가 개인을 책임져 주기를 요구하기까지 한다. 개인이 자신의 삶에 책임을 지려는 노력을 뒷받침하고, 정당하게 보상하는 사회는 개인주의 문화의 안전장치이지 개인의 책임을 대신 져주는 주체가 될 수는 없다.

현재 한국사회에서 개인주의는 가족과의 관계에서도 변형되어 나타나고 있다. 원래 개인주의 문화는 핵가족이 가족의 단위로 여겨지므로 부모가 핵가족에 대한 책임을 지는 것이 당연시된다. 자녀가 독립된 성인으로 자라날 때까지 부모가 자녀의 안위에 책임을 지고 보살피는 것은 가장 기본적이다. 그러나 현재 한국의 부모세대들 중 일부는 자신의 부모들로부터 보살핌을 받고, 의존하는 것에는 익숙

하나 자기 자녀를 보살피고, 책임지는 것은 감당하고 싶지 않은 듯하다. 부모가 재혼을 해야 한다는 이유로 조부모에게 아이를 맡기는 것은 서구 개인주의 사회에서는 생각할 수 없는 일이지만, 현재 한국사회에는 흔히 일어나고 있다. 심지어 게임에 빠져 유아를 죽음에 이르게 한 아버지에게 '의도성이 없었다.'며 징역 5년이 선고되는 이상한 나라가 되어 버렸다. 이건 개인주의가 아니라 무책임이자 방종이고 비윤리에 불과하다.

개인의 선택과 자유를 권장하고 개인의 행복추구권이 나라의 발전을 가져오는 중요한 원동력이 될 수 있도록 하려면 자유와 권리에 수반하는 책임도 반드시 함께 배우도록 해야 할 것이다(김혜숙, 2015).

10.4. 한국인의 중동 진출

10.4.1. 한국인의 중동 진출의 배경

1) 제1차 오일쇼크

1973년 10월 6일, 이집트의 사다트 대통령은 이스라엘 군을 기습적으로 공격함으로써 제4차 중동전쟁이 시작되었다. 그리고 이라크 정부는 미국계 석유회사의 자산을 국유화로 전환하겠다는 선포를 하고, 미국은 소련 군대가 아랍을 지원하고 있다는 의사를 표명하고 이스라엘을 지원했다. 그러자 OPEC(Organization of Petroleum Exporting Countries)은 석유의 적정가격을 높이고 유지하기 위해 석유공급량을 조절하는 선언문을 발표하며, 미국에 원유공급을 줄이기로 한다. OPEC의 결정을 들여다보면 그 당시 미국은 아랍 국가의 석유공급량의 대부분을 수입하는 실정이었는데, 아랍 국가들의 만류에도 미국은 지속적으로 이스라엘에 군대를 지원하는 등 아랍국가들 측에서 불편한 행동들을 강행하였다. 그 불편한 행동들로 하여금 아랍 국가들은 미국에 대한 반발로 오일쇼크가 일어났다. 중동 산유국들의 입김이 점점 커져 중동 산유국들에 크게 의지했던 나라들에 대해 협상력을 점점 키워왔던 것이었다. 이러한 이유로 아랍 산유국들은 이스라엘에 대한 아랍국들의 단결을 과시하고, 이스라엘과의 대외적인 무기로 석유를 사용하기에 앞섰다.

중동 산유국은 원유를 소비하는 국가에 대해서 우호국과 비우호국으로 나누어, 우호국에게만 이전과 같은 공급량을 판매하고, 비우호국에게는 종전 공급량과는 확연한 차이를 보이며 공급을 줄여 판매하였다. 불행하게도 한국은 비우호국으로 분류되어 중동 산유국으로부터의 공급량이 최대 30%까지 줄어들었다.

이러한 원유 감산조치는 특히 한국에 더욱 큰 피해를 주었다. 왜냐하면 1968년 이후 한국의 에너지원이 석탄에서 석유로 바뀌어서 1972년에 에너지의 50%이상을 석유에 의존했기 때문이다.

원유 감산조치에 따른 세계적 물가의 상승은 당연한 것이었다. 원유가격의 폭등을 시작으로 원유를 원료로 하는 석유화학 제품, 전기료, 수도료 등의 공공요금도 올랐으며, 생필품의 가격이 상승하는 파동이 일어나게 된다. 1974년 1월, 한국정부는 기자회견에서 물가파동에 따른 민생안정을 목적으로 '대통령 긴급조치 제3호[25)'를 선언했다. 예산을 삭감하는 긴축정책을 펼치고, 석유가격을 80%, 생필품의 가격을 100% 인상했다.

<표 6>에서 보면 제1차 오일쇼크 기간 중에 OECD 7개국의 평균

---

25) 국민생활 안정을 위한 대통령 긴급조치이다. 저소득층의 조세부담을 경감하기 위한 근로소득세, 주민세 등의 면제 또는 대폭 경감, 국민복지 연금제도 실시의 보류, 통행세 감면, 미곡수매가 소급 인상, 영세민 취로사업지 확보, 중소상공업자에 대한 특별저리융자, 임금체불 등 부당노동행위 가중처벌, 재산세 면세점 인상 및 사치성 품목에 대한 조세중과, 공무원 임금인상의 조기실시, 쌀 연탄 가격의 안정, 비생산적 대출 억제 등이다.

물가는 49.3%, 동남아 국가들은 63.3% 오른 반면에 우리나라는 99.9% 인상된 것을 볼 수 있는데, 이것은 우리나라가 오일 가격상승에 가장 취약한 구조를 가지고 있다는 결과를 보여준다. 게다가 산업구조가 경공업에서 에너지수요가 많은 중화학 공업으로 변환하는 시기였기 때문에 석유 의존도가 높은 한국에게는 더욱더 큰 불안을 가중하게 하였다. 뿐만 아니라 오일쇼크 이후에 만연된 자원보호주의 현상으로 원자재 가격도 원유와 같이 상승했고, 이러한 원가상승으로 세계적인 경기침체가 시작되었다. 그래서 경기침체와 물가상승이 동반되는 '스태그플레이션'으로 세계경제가 흔들렸다. 한국의 수출 역시 타격을 받았고, 그 결과로 경제성장률은 12.3%에서 7.4%로 하락했다.

<표 6> 제1차 오일쇼크 각국의 도매물가 상승률

	1973	1974	1975	1973~1975
미국	13.1	18.9	4.2	40.1
일본	15.9	31.3	1.1	53.9
영국	7.3	23.5	20.2	59.3
서독	6.6	13.4	2.5	23.9
프랑스	14.7	29.2	-4.4	41.7
캐나다	21.5	22.1	3.6	53.7
이탈리아	17.0	40.7	4.9	72.7
OECD 7개국 평균	13.7	25.6	4.59	49.3
대만	26.4	34.9	-0.6	69.5
필리핀	24.5	54.5	-1.1	90.2
태국	22.9	28.9	2.7	62.7
한국	15.1	44.5	20.2	99.9
동남아 4개국 평균	22.2	40.7	5.3	80.6

자료: 경제기획원 「경제백서」 1975, 76년 판; 오원철 (2006)에서 재인용

또한 오일쇼크는 외환보유고에도 압박을 주었다. 1973년에 한국

이 지불한 원유도입 비용은 3억 516억 달러였는데, 제1차 오일쇼크가 일어난 후 1974년에는 11억 78만 달러를 지불했으므로, 오일쇼크로 인한 달러유출이 8억 264만 달러였다. 그래서 경상수지 적자가 1973년에는 3억 880만 달러였는데, 1974년에는 20억 2,270만 달러로 늘어났다. 자본수지 적자의 경우 1973년에는 2억 9,000만 달러였는데, 1974년에는 9억 9,840만 달러였다.

이러한 외환위기 속에 한국정부는 친(親)아랍정책을 발표하여 외환위기를 벗어나고자 했으며, 다행히 친아랍정책은 원유공급 제한을 해제하는 방편으로 작용했다. 세계 경기 역시 서서히 풀리고 있는 단계였기에, 수출량도 증가하여 외환위기의 늪에서 빠져나가는 양상을 보이며, 1975년에는 경제가 정상으로 돌아오기 시작했다.

2) 제2차 오일쇼크

제1차 오일쇼크가 채 가시지 않은 시기에 이란에서는 이슬람 혁명이 일어났다. 그 당시 이란은 세계 원유공급의 15%를 담당하는 세계 2위의 석유수출국으로서 하루 기준으로 630만 배럴의 원유를 생산하는 나라였다. 이슬람 혁명으로 원유공급을 중단함으로써 제2차 오일쇼크가 발생했다. 그와 동시에 사우디아라비아에서의 원유공급 감산조치로 제2차 오일쇼크의 가중화가 시작됐다.

1978년 12월 말에 제52차 OPEC총회에서 기준유가를 14.5% 인상할 것을 합의하였다. 1979년 3월에 이란의 원유수출은 재개되었지만 1980년대 전반기에 198만 배럴 정도밖에 공급하지 않았다. 전 세계적으로 원유를 비축하기 위한 행동들이 줄지어 나타났고, 이러한 수요로 인한 공급량이 절대적으로 부족해 원유의 가격은 더욱더

상승하게 되었다. 2차에 걸친 오일쇼크의 결과로 1973년에 배럴당 3달러 하던 원유가격이 1980년도에는 배럴당 30달러를 넘어서는 가격상승은 7년 만에 10배의 가격상승을 유발하여 중동 산유국의 오일머니를 쌓게 하였다.

3) 한국 건설업의 해외진출

이러한 오일쇼크로 세계는 인플레이션과 경기침체를 경험하면서 스태그플레이션이 발생했지만, 중동지역은 원유가 인상으로 인해 매년 700억~800억 달러 규모의 외화가 유입되었다. OPEC 국가들의 경상수지 흑자는 1974년에는 595억 달러였고, 1976년에는 365억 달러로 감소했으나, 제2차 오일쇼크 이후인 1980년도에는 1,140억 달러로 증가했다.

중동 산유국에 쌓인 오일머니는 중동지역의 낙후된 경제산업의 발전을 위한 자본이 되었다. 당시 중동지역은 낙후된 경제와 부족한 사회기반시설로 인해 열악한 환경이었지만, 오일쇼크 이후 벌어들인 외화로 외국의 인력과 기술, 물자를 사들이는 실정이었다. 이런 실정을 알게 된 한국의 정부는 건설업체에게 해외건설 산업에 대한 혜택을 주며 중동으로 적극 진출을 장려했다.

10.4.2. 한국인의 중동 진출 성과

1973년 삼환기업이 사우디아라비아의 알올라~카이비 사이의 164km 도로공사를 수주(24,059천 달러)하면서 중동진출의 시작을 알렸다. 1974년에는 3개국에서 88,159천 달러를 수주하며 진출지역과 규모를 확장시켰다. 삼환(三煥)기업은 1974년에 제다 시(市)의 미화공사

를 했는데, 착공한 지 한 달 정도 지난 1974년 9월에, 시장이 회교
순례기간이 시작되는 12월 20일까지 공사를 끝내 달라는 요청을 받
고 횃불로 야간공사를 강행했는데, 파이잘 국왕도 이를 보고 크게
감탄해서 '횃불 신화'로 소개되었다. '횃불 신화'를 바탕으로 한국기
업의 입소문은 중동 전역으로 퍼져나갔고, '빨리빨리'의 시초가 되었
던 한국건설의 힘은 시간의 단축과 함께 선진국의 건설기술과 비교
해 봐도 손색이 없을 정도였다.

이에 한국 건설업의 중동진출은 세 단계로 나눌 수 있다.

첫 단계는 도로공사로, 이는 단순기능공으로 가능한 공사였다. 최
초의 중동진출기업인 삼환이 수주한 반야도 도로공사였다. 그 다음
이 항만공사로서 기술을 필요로 하는 공사이다. 이러한 토목공사보
다 기술이 더 필요한 것이 건축분야이고, 가장 기술이 많이 필요한
부분이 플랜트 건설 분야이다.

두 번째 단계로는 항만공사로, 1975년 3월에 신원개발이 이란에
서 코담사항(港) 확장공사를 맡았으며, 10월에는 현대건설이 바레인
의 ASRY 조선소 공사와 주베일 해군기지 확장공사를 시행했다. 그
리고 현대건설은 1976년에 동양 최대의 항만공사였던 '주베일 산업
항 공사'를 수주했고, 이 수주액은 9억 3천만 달러로, 당시 환율로
환산해서 한국 돈으로 환산해보면 4천 6백억 원이었는데, 이것은
1976년 우리나라 예산의 절반에 해당하는 금액이었다. 이에 1976년
에 한국은 한 해 해외건설 수주액 25억 달러를 달성하였다.

세 번째 단계로는 플랜트 건설을 시공하는 것이었다. 왜냐하면 중
동 산유국들은 도로공사나 항만공사 등 사회간접자본 건설의 뒤를
이어 학교, 병원, 주택 등 건축에 긴급투자를 하고 경제성장을 위해

다수의 공장건설에 주력하였기 때문이다. 그리고 기술이 많이 필요하지 않는 토목과 건축분야는 인건비가 더 저렴한 인도, 파키스탄, 필리핀 등 국가들의 치열한 경쟁이 있었기 때문이었다. 그래서 높은 기술을 요하는 플랜트 건설 쪽으로 방향을 돌려야 할 필요가 있었다. 플랜트 건설은 신한기공이 건설한 이란의 '쉬자즈' 종합비료공장이 있었다. 이 공사는 1977년에 계약을 맺고 시행하던 중 1979년 이란 혁명과, 1980년에 이란 주재 미국대사관 인질사건으로 두 차례 철수를 하였고, 4년의 공백 끝에 공장건설부터 성능보장까지 책임지는 턴키방식으로 재계약을 해 1985년에 완공을 하였다. 이 공사로 인해 한국은 플랜트 공사 시공능력을 세계적으로 인정을 받게 되었다. 그리고 1979년에는 현대건설이 사우디에서 '알코바' 발전 및 담수화 플랜트 공사를 수주해서 완공했다. 이 공사는 바닷물에 부식이 되지 않도록 각종 합금을 사용해야 하는데, 이러한 특수합금을 용접할 수 있는 기능 인력이 부족한 현실 속에서 국내의 동합금 메이커인 '풍산금속'과 현대의 자체생산으로 조달을 하며, 200명의 특수용접 기사를 양성해서 애로 요인들을 극복하였다(오원철, 2006).

10.4.3. 한국인의 중동 진출 결과

한국의 건설업계는 중동지역으로의 진출로 인해 벌어들인 외화뿐만 아니라 '하면 된다.'라는 자긍심을 느끼게 하여 나라의 위상을 높게 만들었다. 한국의 건설산업이 해외진출에 미약했었던 점을 미루어 보았을 때 중동지역의 발전에 큰 기여를 한 것은 기적에 가까운 일이 아닐 수 없다. 하지만 그 기적이라는 것은 종교적인 기적이 아닌 인간의 한계를 뛰어넘는 땀과 열정에 근거한 기적이라는 것이었다.

그 기적 속에 한국의 중동진출 성공의 요인은 크게 3가지로 분류할 수 있다.

첫 번째로, 중동진출의 전제적인 조건이 될 수 있는 오일쇼크로 인한 국제원유가격의 폭등이라고 할 수 있다. 원유가격의 폭등으로 인해 중동산유국 외화보유량은 천문학적인 수준이었고, 그 오일머니로 하여금 한국의 중동진출의 시발점이 되었다.

두 번째로, 한국의 기술과 노동자원의 질적인 측면이 다른 선진국에 비해 크게 뒤떨어지지 않았다. 그에 반해 인건비는 저렴했고, 공기단축의 유연함까지 갖춘 안성맞춤형 시공사였다. 그로 인해 수주량은 미국에 이어서 2위를 차지하였고, 3위인 프랑스와의 격차는 비교도 되지 않을 정도로 차이가 많이 났다. 그리고 그러한 경험 속에서 발생한 시행착오로 인한 당찬 기술 노하우를 축적해가며 인지도는 물론 더 많은 수주를 받아 시공하였다.

세 번째로는 한국의 근로자들의 성실성과 열정이었다. 이러한 근거는 역사적으로도 증명할 수 있는데, 앞 장에서 살펴본 파독 광부와 간호사에 빗대어 봐도 한국인에게 근면성과 열정은 깊숙이 자리잡고 있다고 해도 과언이 아닐 것이다.

결과적으로 한국의 중동진출은 한국역사에 성공이라는 이미지를 가지고 있다. 하지만 이 성공이라는 단어를 가지기 위해 얼마나 많은 실패와 도전을 했을지는 산술적으로 보여주기는 어려울 것이다. 물론 정부의 역할도 한 몫을 하였다. 박정희 정부의 경제부 관료들은 중동지역에 오일머니가 쌓이고 있다는 정보를 입수하고 이것을 기회로 판단하고 각종 특혜를 지원하기로 결정했다. 1974년 2월에는 '한국-사우디아라비아 경제협력위원회'를 창립하여, 민간 차원의 상설기구를 설립하고, 무역협회 회장도 선임했다. 또한 1974년 4월에는 중동에 첫 각료급 사절단을 파견했다. 그리고 1975년 12월에 '중동진출 촉진방안'을 만들고, 해외건설을 촉진하기 위해서 '해외건설촉진법'을 1975년 12월에 제정하여 해외건설업을 강행하는데 필요한 사항을 규정하였다(박진근, 2009). 그리고 1975년에 25개 업체의 공동출자로 한국해외건설주식회사(KOCC: Korea Overseas Construction Company)를 창립했다.

이처럼 정부의 적극적인 제도적 보완과 정책을 통해서 중동진출 이후 1977년에 무역수지가 흑자로 돌아서고 중동에 진출한 20여 개의 기업들이 큰 수익창출을 하게 되었다. 이와 같이 중동진출 초기에 한국정부의 적극적인 관심과 지원도 한국의 안성맞춤형 시공, 성실성, 열정 등과 마찬가지로 중동진출 성공요인으로 작용하였다.

10.4.4. 한국인의 중동 진출과 문화 가치

1970년대에 발생한 두 차례의 오일쇼크라는 국가적 위기상황을 극복할 수 있었던 한국 건설업의 중동진출 상황을 살펴봤고, 기술과 경험이 일천한 한국의 건설업이 어떻게 해외 건설기업들과 경쟁을 해서 놀라운 성과를 거두었는지 알 수 있었다. 오일머니와 중동건설 붐이라는 외적 요인, 우수하면서 저렴한 한국의 노동력이라는 저렴한 인건비, 그리고 근면성실한 민족성 그리고 정부의 적극적인 지원정책 등이 어우러져서 위기의 시대를 극복할 수 있게 되었다. 그동안 한국 경제성장의 원인을 지나치게 정부 주도적이어서 성공했다는 견해가 지배적이었다. 물론 정부가 사회주의의 전유물인 경제개발계획도 수립해서 경제기획원을 통해서 치밀하게 감독하였고, 금융

시장을 장악해서 관치에 의한 자금을 배분하였다. 그리고 산업정책을 통해서 자본을 우선적으로 배분할 곳을 결정하였다. 그러나 지구상에서 정부 주도적으로 성장을 추진한 대부분의 나라들은 실패했다. 한국은 정부가 주도하였지만, 그 방법은 시장경제의 핵심이라고 하는 경쟁의 원칙을 지켰기 때문에 정부 주도적으로 했음에도 불구하고 성공했다는 사실을 간과하지 말아야 한다. 또한 정부가 아무리 중동에 달러가 쌓여서 그 달러를 벌어 와야 된다는 사실을 파악했다고 해도, 그곳에 나가서 외화를 벌어올 근로자나 기업이 없었다면 불가능하였을 것이다. 그 당시 중동지역에서의 한국건설의 새로운 바람은 속도만 빠른 게 아니라 새로운 것을 만들어내는 건설적 활기를 수반하였고, '빨리빨리'가 아닌 '쌩쌩(生生)' 문화는 세계적인 건설국가로 발돋움하게 하였다. 그리고 꺼지지 않는 도전정신은 영원히 기억되어야 할 또 다른 자산이었다. 우리나라 기업들과 근로자들은 혼연일체가 되어서 돈벌이에 힘썼다. 나라가 자신의 경제문제를 해결해 줄 능력이 없다는 것을 알았기 때문에 내 가정은 내 스스로 지킨다고 하는 자조정신이 있었기 때문에 가능했던 것이다.

11. 유입국으로서 한국의 다문화 역사

11.1. 한·중 수교와 조선족 친척방문

11.1.1. 조선족의 친척방문

조선족의 인구이동은 친척방문으로부터 시작되는 바, 1980년대 초 근 반세기동안 적대관계로 대립되었던 한·중관계가 풀리면서 1984년 처음으로 '친척방문' 명목의 6개월간의 단기체류 여행증명서가 발급되어, 쌍방의 친척방문이 부분적으로 시작되었다. 그러다가 1992년 정식으로 양국 사이 수교가 이루어짐에 따라 친척방문은 본격화되었으며, 조선족과 한국과의 연계빈도가 급증하는 모습을 보였다. 그러나 친척방문과정을 통해 접한 현격한 빈부의 차이와 고국의 발전모습은 조선족으로 하여금 수익창출에 눈을 뜨게 하였으며, 결국 중약(한약) 매매가 치부의 수단으로 활용되어 한동안 중약매매가 성행하게 되었다. 얼마 뒤 가짜 중약이 거래되면서 중약의 신용도가 떨어지고, 중약매매가 더는 치부의 수단으로 가치를 발휘할 수 없게 되자 사람들은 점차적으로 다양한 시각에서 부를 창출할 수 있는 방법을 찾게 되었다. 그런데 마침 90년 초 한국정부의 200만호 주택건설 정책발표, 일산, 분당 등 신도시 아파트 건설의 본격화와 건설현장에서의 건설노동자의 부족 및 오래전부터 형성된 한국 내 3D업종을 중심으로 한 비숙련인력시장의 고갈은 별다른 특기나 기능을 소유하지 못하고 또한 신분상에서도 불법체류라는 딱지까지 붙어 있는 조선족 노동자들에게 무한한 시장과 가능성을 열어주었으며, 이는 급기야 한 번도 일어나지 않은 코리안 드림의 열풍을 연출하기에 이르렀다(박경화·박금해, 2015).

11.1.2. 한·중 수교

1992년 8월 24일, 한·중 양국은『공동성명』을 발표하고 정식으로 외교관계를 수립하였다.『공동성명』에서 한·중 양국은 유엔 헌장의 원칙과 주권 및 영토보전의 상호존중, 상호불가침, 상호내정 불간섭, 평등호혜, 평화공존의 제 원칙에 기초하여 양국 간의 항구적인 선린

우호 협력관계를 발전시켜 나가기로 합의하였다. 한·중 수교는 수십 년에 걸친 양국의 반목의 역사를 청산하고, 양국 관계가 정상적인 단계에 진입하였음을 의미하는 것이었다(이성일, 2011). 즉 한·중 수교는 탈냉전의 국제정치적 흐름 속에서 중국의 개혁개방정책, 노태우 정부의 북방정책, 한·중 경제교류의 증대 등 국내외적 변화의 상징적인 사건이었다. 또한 한·중 수교는 중국의 대한반도 정책과 한국의 북방정책이라는 상호 정책적 변화가 근본 요인이었다.

이처럼 한·중 수교는 분명 양국 사이에 새로운 이정표였으며, 냉전시대의 불편한 관계의 종식을 의미하는 것이었다. 양국은 수교 후 많은 분야에서 협력과 교류가 급격하게 증대되었는데, 특히 문화분야의 교류가 질적으로나 양적인 면에서 엄청난 확대를 보여주었다. 그리고 수교 한 달 후 4개의 협정이 체결되었는데, 그중 「한중과학기술교류협정」은 학술문화교류를 급속하게 증대시키는 계기가 되었다. 협정 체결과 함께 모든 분야에서 교류논의가 급격하게 진행되어 문화교류 기구의 설립 등 정부차원뿐만 아니라 민간차원의 왕래가 빈발하게 되어 학술교류는 물론 체육, 문화, 예술 등 여러 분야에서 상호이해를 위한 교류합의가 이루어졌다.

11.2. 외국인 근로자의 합법체류와 불법체류

이민정책의 형성 및 변화에서 유입초기인 1980년대 말에서 1993년까지는 유럽 선발이민국가(초청노동자 유입국가)처럼 국가가 외국인 근로자의 유입 필요에 의해 체계적으로 외국인 근로자를 유입한 것이 아니라, 아무런 정책적 준비가 없는 상태에서 이들이 먼저 들어온 시기이다.

한편 한국에서 외국인의 국내취업은 1990년대 초 생산직 인력부족이 심각하게 인식되면서 고려하게 되었으며, 1993년 11월 산업연수생제도를 도입하여 단순 기능인력을 도입할 방법을 마련하면서부터였다. 그리고 2000년 4월부터는 연구 취업제가 실시되어 연수생 신분이 일정기간 후 근로자 신분으로 전환이 가능해졌고, 2002년 11월에는 취업 관리제 도입으로 국내 연고가 있는 외국국적동포를 대상으로 서비스 및 건설 분야에서 최대 3년까지 근무가 가능하게 되었다. 또한 2004년 8월 외국인 고용허가제가 실시되어 외국인 근로자도 내국인 근로자와 동등하게 노동관계법을 적용하는 합법적인 고용을 허가하였고, 2007년 3월 방문취업제가 실시되고 연고의 유무를 떠나 외국국적동포에게 3년간 국내취업을 허용하였다. 그리고 성실근로자 재입국취업제도 등을 통해 최대 10년 가까이 국내취업이 가능할 수 있게 되었다. 이러한 변화과정을 거쳐 외국인 근로자의 취업상황 또한 확대되었지만 외국인 근로자들의 인권이 사각지대에 놓인 상황은 여전히 개선할 부분이 많다(전경옥 외, 2013).

11.2.1. 외국인 근로자의 도입배경

우리나라에의 외국인 근로자 도입배경을 살펴보면 크게 합법화 이전 단계와 합법화 이후 단계로 나누어서 고찰해 볼 수 있었다. 즉, 합법화 이전 단계는 외국인 근로자 도입의 법제화를 결정하게 된 동기라고 할 수 있으며, 합법화 이후 단계는 외국인 근로자의 관리와 효율성 증대를 위한 단계라고 할 수 있다.

먼저 외국인 근로자 도입의 합법화 이전 단계로서, 우리나라는 경제성장으로 1970년대 말 이후 10여년 만에 급격한 임금인상, 노사불안, 부동산 가격상승이 최대 폭으로 급등하여 국내에서의 공장확대나 신규창업이 어려워짐과 동시에, 석유 등 원자재 가격이 급등하여 국내의 기업경영 환경은 최악의 상황으로 전락하였다. 이러한 현상은 1980년대에 노동력 부족현상으로 나타났으며, 내국인 노동자의 임금상승으로 대기업들은 비용과 임금 면에서 유리한 조건을 갖춘 중국, 동남아시아 등의 국가들로 공장을 이전하여 운영하였지만, 이러한 여건이 되지 않는 중소기업들은 경쟁력을 유지하기 위해 외국인 근로자들을 고용하게 되었다(유길상, 2004; 김수일, 2004).

이렇게 국내·외 경제적 상황의 여건 속에서 외국인 근로자의 도입은 합법화 단계를 맞이하게 되었는데, 우리나라 정부는 1991년에 들어와서야 법무부 훈령 제255호「외국인 산업연수생 사증발급 등에 관한 업무처리지침」을 제정 실시하면서 외국인 근로자의 도입을 합법화하였다(이주여성 인권연대, 2002). 즉 이 지침이 제정되기 전까지는 한국에 공식적인 노동허가제도가 없어 그때까지 한국 중소기업에 고용되었던 외국인 근로자들은 모두 미등록 신분이었다(국제엠네스티, 2009).

그러나 외국인 근로자가 도입되면서 초기에 이들의 신분은 근로자가 아닌 연수생 신분이었다. 이 때문에 이들은 외국인 근로자로서 인권과 노동권을 보호받지 못했다. 이러한 가운데 외국인수 증가와 더불어 불법체류 외국인도 증가하여 이것이 사회문제로 대두되자, 2004년 8월부터 고용허가제도를 시행하게 되었고(유길상, 2004), 고용허가제와 산업연수생제도의 병행실시에 따른 제도적 한계가 노출됨에 따라 정부는 기존 산업연수생제도를 폐지하고, 외국인력제도는 2007년 1월부터 고용허가제로 일원화한다는 방침을 확정하였다(한국노동연구원, 2005).

11.2.2. 외국인 근로자 도입 시기

외국인 근로자 도입의 시기는 크게 첫째, 산업연수생제도 도입 초기의 시기이며, 둘째, 산업연수생제도와 고용허가제의 병행 실시 및 고용허가제로의 일원화 시행까지를 포함한 단기순환정책을 공식적으로 표방한 때고, 셋째, 성실근로자 재입국취업제도로 나눌 수 있다.

우선 첫째, 산업연수생제도 도입 초기의 시기로 1991년 10월 법무부 훈령 제255호인 '외국인 산업기술연수 사증발급 등에 관한 업무처리지침'에 의해 산업기술연수생제가 본격적으로 활용되었는데, 이때 사용기간은 1년으로 연장되었다. 산업기술연수생의 연수기간은 6개월이나 법무부장관의 인정 범위 내에서는 6개월이 추가로 인정되었으며, 1991년 11월부터 본격적으로 전개된 산업기술연수생제의 시스템 하에서는 기업체당 연수인원을 50명 한도로 하고, 상시 근로자수의 10% 이내로 하여서 그 이전보다 요건이 크게 후퇴되기도 하였다. 이러한 초기의 지침은 해외투자기업 연수생만이 수혜대상이었으나, 1992년 하반기부터는 중소기업의 3D 업종에 대한 노동력 공급으로서의 성격이 분명하게 되었다. 또한 일시적으로 산업연수생의 추가도입이 중단되기도 했으나, 산업기술연수생제도는 고용기간이 계속 늘어났다. 한편 새로운 연수생제도에 의해 1994년 5월 말부터 중국, 베트남, 필리핀 등 한국정부와 양해각서(MOU)를 체결한 국가에서 연수생의 입국이 대량으로 이루어지는데, 이때는 3년까지 연장이 가능해졌었다. 즉 연수생의 국내체류기간은 입국신고일로부터 2년이었으나 연수업체의 신청이 있는 경우에는 1년을 한도로 1회에 한해 연장할 수 있게 되었다. 이렇게 위의 내용처럼 첫 번째 시기는 외국인 근로자에 대한 고용기간이 6개월 내지 1년으로부터 2년으로, 다시 3년으로 연장된 것이다. 다시 말하면 최장 3년 동안의 고용기간은 한동안 유지되었다는 것이다.

다음으로 단기순환정책을 공식적으로 표방한 때로 단기순환 정책은 외국인 근로자를 3년 내외의 단기간으로 취업시킨 후에 출신국으로 돌려보내면 그 자리에 다른 외국인 근로자를 새로 취업시키는 것이었다. 산업기술연수생제 하에서도 연수취업기간을 도입하는 등, 외국인력 취업을 부분적으로 인정하였으며, 고용허가제를 도입함으로써 단순기능 외국인력 사용을 공식화했다. 아울러 1997년 12월부터 연수취업 자격의 근거가 출입국관리법에 삽입되어 이듬해 4월부터 관련 시행령과 시행규칙이 시행되었으며, 이에 따라 외국인연수생은 연수 2년을 마친 후에 일정한 검증을 거쳐 추가로 1년 동안의 취업을 하게 되었다. 앞에서 나타났듯이 산업연수생제의 편법성이 부각되면서 2002년부터는 연수기간 1년 후에 검정을 거쳐 2년 동안의 연수취업기간으로 전환되었다. 즉 '연수기간 2년 + 연수취업 1년'으로부터 '연수기간 1년 + 연수취업 2년'으로 전환한 것이다.

　마지막으로 단기순환정책에 대한 예외가 본격화되면서 그 정책기조에 변화가 시작되는 시기이다. 이는 성실근로자 재입국취업제도 등을 통해 이미 시작되고 있음을 알 수 있다. 성실근로자 재입국제도에 따르면, 외국인 근로자가 3개월의 귀국기간을 제외하고 9년 8개월까지의 장기간 취업도 가능해졌다는 것이다. 이전까지는 대체로 외국인 근로자를 5년 미만으로 취업시킨다는 것을 전제로 운용되어서, 영주권을 취득할 수 있는 법적인 기간인 5년의 조건에 부합하지 않게 하기 위해서 취업체류기간 5년을 넘기지 않으려는 의도이다. 일반고용허가제나 특례고용허가제로 입국하는 외국인 근로자의 취업기간을 4년 10개월로 운용한 것도 이러한 5년을 의식한 조치였다.

11.2.3. 외국인의 불법체류

외국인이 국내에 불법으로 체류하는 경우는 크게 두 가지로 구분할 수 있다. 우선 불법으로 입국하여 체류하다 불법체류가 되는 경우이고, 합법으로 체류하다가 불법체류가 되는 경우이다. 이와 같은 두 가지 경우를 살펴보면 다음과 같다.

먼저 불법 입국하여 체류하는 경우로는 불법적인 방법으로 입국하여 허가를 받지 않고 체류하는 밀입국 외국인과 위조여권 및 위명여권을 사용하여 입국한 외국인의 경우가 이에 해당한다(조병인·박철현, 1998). 다음으로 합법 입국하여 체류하는 경우는 합법적으로 입국한 뒤 출입국관리법을 위반하여 체류하는 체류기간을 초과한 외국인과 체류자격 외 활동을 한 외국인으로 나누어 볼 수 있다. 체류기간을 초과한 외국인이 체류기간을 초과하여 계속 체류하려면 대통령령으로 정하는 바에 따라 체류기간이 끝나기 전에 법무부장관의 체류기간 연장허가를 받아야 한다. 그러나 이를 받지 못하고 재외공관의 장 또는 법무부장관이 허가한 체류기간을 초과하여 체류하는 외국인을 지칭한다. 아울러 주로 단기(관광)사증이나, 비전문취업으로 입국하여, 허가된 체류기간을 초과하여 취업하고 있는 동남아(중국포함) 근로자들이 주류를 이루고 있다.

체류자격 외에 활동을 한 외국인은 대한민국에 체류하는 외국인이 그 체류자격에 해당하는 활동과 함께 다른 체류자격에 해당하는 활동을 하려면 미리 법무부장관의 체류자격외 활동허가를 받아야 한다. 그렇지만 이를 받지 않고 허가받은 체류자격 이외의 활동에 종사하는 자를 지칭한다. 예를 들어 친지방문 목적으로 입국한 중국에서 온 친정어머니나 남동생이 식당에서 일하고 있거나, 학원강사

자격으로 입국한 미국인이 강사활동이 아닌 다른 활동을 하는 경우 등이 이러한 유형에 속한다.

11.3. 한국의 다문화가정 역사

21세기 한국 사회는 혈통과 관련해서 극적인 변환기를 맞이하고 있다. 특히 최근에는 국제결혼이 급속히 늘어나고 있어 단일민족국가라는 민족적 신화는 허물어진 상황이다. 국제결혼은 특히 정주화 가능한 외국인 인구의 증가라는 측면에서 특별한 의미를 가진다. 또한 이들의 결혼은 자녀출산으로 인한 새로운 한국인 증가로 이어지며, 결국 국제결혼을 통한 이주는 인구형태 중에서도 정주화의 기능과 인종적 혼합의 가장 뚜렷한 방식을 가져왔다고 할 수 있겠다(최충옥, 2009).

11.3.1. 통일교 및 한·중 수교를 통한 국제결혼

1980년대는 종교를 통해 국제결혼이 이루어져 왔다. 그 대표적인 것이 통일교 안에서 한국인과 일본인의 결혼이었다. 이때까지만 해도 외국인과의 결혼은 그렇게 많은 수를 차지하지는 않았다. 하지만 1980년대에 통일교를 통해 많은 수의 한국인과 일본인이 국제결혼으로 가정이 이루어졌다. 대표적 사례로 1988년 (주)일화 용인연수원에서의 결혼인데, 당시 6,500쌍의 국제결혼이 거행되었고, 이 중 2,639쌍이 한국인과 일본인의 국제결혼이었다. 이 결혼식 이후 통일교의 교주 문선명은 한·일 국제결혼가정을 한국에서 활동하도록 지시하므로 국제결혼 가정이 이 시기 통일교를 통해 한국에 정착하게 되었다.

그리고 1990년대는 한·중 수교를 통해 국제결혼이 이루어졌다. 이 당시 한국 여성과 결혼하지 못하는 남성들이 많았는데, 이들의 존재는 산업화 이후 '장가 못 가는 농촌총각'의 문제로 등장하게 되었다. 그리고 조선족 여성들은 이러한 남성들의 적합한 결혼상대로 여겨져 한국정부가 이들의 결혼을 중재해왔다. 한국정부는 조선족 여성의 결혼과 관련된 행사에 적극적으로 개입하거나 지원하는 것 외에 '결혼'을 가장 손쉽고 유리한 입국통로로 열어두는 이주정책을 시행하였다. 그리고 노동력의 국내유입은 엄격하게 제한하면서도 조선족 여성들이 한국 남성들과 결혼을 통해 이주하는 것에 대해서는 별다른 제재를 취하지 않았다.

사실 조선족 여성과 한국 남성 간의 결혼은 한국과 중국 간의 국교가 수립되기 이전인 1990년에 처음 이루어졌다. 정식수교가 이루어지기 전 사회주의 적성국가인 중국인과의 결혼은 정부의 개입과 지원 없이는 처음부터 불가능한 일이었기에 조선족 여성과 한국 남성 간의 결혼은 농림수산부, 보건복지부 등 정부기관의 적극적인 지원과 개입을 통해 이루어지기 시작하였다. 그래서 한국의 장가 못 가는 수많은 농촌총각이 신부를 찾기 위해 연변으로 가기 시작하였고, 한국 여성과는 결혼할 수 없는 이들에게 조선족 처녀와의 결혼은 하나의 대안이었다. 이처럼 1990년대 초기 조선족 여성과 한국 남성과의 국제결혼은 만남에서부터 결혼식이 이루어지는 과정까지 국가가 개입한 결혼이었다. 그러나 이 시기의 국제결혼은 많은 파행을 가져왔고, 관련법이 강화되기도 하였다.

11.3.2. 종교단체와 결혼중개업소를 통한 국제결혼

1990년대 중반 이후부터는 필리핀, 베트남, 태국, 러시아 등 다양한 나라들로부터 외국인 여성들과 한국 남성의 국제결혼이 많이 이루어졌다. 1990년대 초 이후 조선족 여성과의 국제결혼이 점점 감소하기 시작했는데, 그 이유가 국제결혼 시장이 동남아시아 등지로 확대된 데에 있지만, 가장 큰 원인은 조선족 여성들의 위장결혼 비율이 높았기 때문이었다.

또한 1990년대 중반부터 필리핀 여성을 비롯한 동남아시아 여성들의 유입에 대해서도 여전히 우리정부는 우호적이었으며, 정부는 국제결혼 알선사업을 '신고제'로 허용했기 때문에 국제결혼중개소 및 종교단체들의 알선행위는 한국사회에 외국인 여성을 유입시키는 데 매우 큰 역할을 하였다.

과거 국제결혼을 수치스럽게 생각하거나 금기시했던 시기가 있었지만 이제 한국 사회는 이를 좋아하든 그렇지 않든 국제결혼을 받아들이지 않을 수 없는 상황이 되었다. 특이한 것은 1990년을 기점으로 외국인을 아내로 맞이하는 결혼이민 여성이 외국인 남편을 맞이하는 결혼이민 남성보다 압도적으로 많이 늘었다는 것이다. 이는 지자체의 농촌총각 장가보내기 운동이 적극적으로 진행되기 시작한 때와 시기적으로 일치한다. 그러나 오늘날은 이러한 국제결혼이 한국의 전 지역에서 진행되고 있어 국제결혼이 우리사회에 더 이상 특이하거나 어색한 일이 아닌 상태가 되고 있는 것이다(백승대 외, 2014).

11.4. 한류와 한국의 이민자

11.4.1. 한류의 정의와 어원

한류(韓流)는 한국대중문화의 붐을 표현하는 용어로, 영어로는 'Korean

Wave', 또는 'Hallyu'라고 표기한다. 한류는 일반적으로는 드라마, 영화, 음악과 같은 한국 엔터테인먼트 사업이 지역적으로 미치는 영향을 말하며, 넓은 의미로는 한국의 패션, 음식, 문화 등을 포함하는 개념이다(양단정, 2016). 이원희(2011)에 의하면 '광의의 한류는 지역적으로 전 세계, 분야로는 대중문화 및 이와 관련된 연예인, 순수문화예술, 음식, 한글 등을 포함하고, 협의의 한류는 지역적으로는 동아시아와 일부 동남아시아, 분야로는 대중문화를 중심으로 이와 연관된 가수, 배우, 탤런트 등 연예인을 포함한다.'라고 하였다. 한편 1978년 중국의 개방은 경제적 개방뿐만 아니라 문화적 개방까지 함께 동반된 것이었는데, 그것은 중국과 한국의 관계에서도 동일하게 적용되는 것이었다. 1992년 중국이 한국과 정식으로 외교관계를 수립하면서 중국 내에서 한국대중문화에 대해 주목하는 움직임이 시작되었으며 '한류'라는 용어는 1999년 중국『베이징칭니엔바오(北京青年报)』에서 처음 등장한 이후 언론에서 널리 사용되었다. 이후 점차 한국 대중매체 및 학술계에서도 사용되며 한국대중문화에 대한 열풍을 지칭하는 용어가 되었다(주종대, 2007).

11.4.2. 한류(韓流)의 유래

한류의 유래를 살펴볼 때 크게 드라마와 노래를 통해 그 유래를 찾아볼 수 있다. 초기에 중국의 언론에서 한국대중문화 유행현상을 보도함에 있어서 '한류(韓流)'라는 용어를 인용함으로써 한류가 중국에서는 한국의 유행을 통칭하는 보통명사가 되는데 큰 기여를 하였다. 2000년 9월 중국의 인민일보는 한국가수들의 대형 콘서트 개최를 보도하면서 한국음악의 유행이라는 의미로 '한류(韓流)'라는 신조

어를 사용했는데, 이는 중국내에 일어나고 있는 한류열풍의 실제를 인정하며, 또한 한류가 중국에서 공식용어로 정착하게 되었음을 확인할 수 있는 계기를 제공하였다(이치한·허진, 2002).

이들 정의에서 보듯이 한류현상이 아직까지는 아시아지역에서 상대적으로 강한 것이 사실이나 그렇다고 아시아에만 국한된 것은 아니다. 한류가 점차 비아시아지역으로 확산되고 있고, 분야도 드라마, 영화, 음악 등의 분야에서 게임, 패션, 음식 등 여러 분야로 확대되고 있다. 따라서 한류란 해외에서 한국의 드라마, 영화, 음악 등 한국의 대중문화가 보급되고 이에 대한 관심과 호감을 불러일으키는 문화현상이라고 정의할 수 있을 것이다.

11.4.3. 이민자 정의

우리가 흔히 사용하는 용어상 나타나는 외국인 거주자들에 대한 구체적인 명칭은 이민자라고 호칭하는 것이 행정이나 용어상 편의로 바람직하며, 그 목적과 거주 기간에 따라 단기이민자 또는 장기이민자로 구분할 수 있다. 예를 들면 체류 기간을 3∼12개월 이내[26] 관광이나 단순체류 목적으로 입국한 국내 거주 외국인을 단기체류 외국인이라고 하고, 그리고 1년 이상의 국내 장기체류, 거주의 목적인 국제결혼, 근로, 기타 사유 등의 이유로 입국한 외국인들은 이민자라고 할 수 있다.

즉 이민자들은 외국인으로 남아 있거나 혹은 귀화나 국적회복을 통해 이미 대한민국 국적을 취득하여 국민이 된 사람들을 말한다[27].

---

26) UN에서 1년을 기준으로 단기, 장기로 구분한 것은 체류목적보다 기간에 비중을 둔 듯하다.
27) 「재한외국인 처우 기본법」 제2조(정의). 이 법에서 사용하는 용어의 정의는 다음과 같다. ① '재한외국인'이란 대한민국의 국적을 가지지 아니한 자로서 대한민국에 거주할 목적을 가지

11.4.4. 결혼이민자

재한외국인처우기본법은 '결혼이민자란 대한민국 국민과 혼인한 적이 있거나 혼인관계에 있는 재한외국인을 말한다.'라고 제2조에서 정의하고 있다. 즉, 국적을 달리하는 남녀가 결혼하는 것으로써 한국인 남성과 외국인 여성 또는 한국인 여성과 외국인 남성의 결혼으로 이루어진 가정을 말한다. 일반적으로 말하는 국제결혼의 사전적 의미는 국적이 다른 사람들 사이의 결혼을 의미하나 사회학 용어는 정의되어 있지 않다. 결국 결혼이민자란 서로 다른 종족 간에 이루어진 가족공동체를 의미하며, 다른 말로는 '이중 문화가정'이라고도 한다. 즉 이질적인 한 문화와 또 다른 한 문화권의 사람이 서로 만나서 한 가정을 이루는 이중문화의 가족공동체로 정의한다(이진수, 2009). 우리나라에서 결혼이민자라 함은 주로 국제결혼이민여성을 의미하며, 정부의 지원정책이나 사회복지서비스도 한국국적을 취득한 결혼여성이민자에게 초점을 주로 맞추고 있다.

<표 7> 연도별 결혼이민자 증감 추이 (단위: 명)

연도	2012년	2013년	2014년	2015년	2016년	2017년 1월
인원	148,498	150,865	150,994	151,608	152,237	152,489

자료: 출입국 외국인정책본부 2017년 통계월보

11.4.5. 외국인 근로자

외국인 근로자에 대한 법적 정의로는 '외국인 근로자의 고용 등에 관한 법률' 제2조의 규정을 살펴볼 수 있다. 이 조항에서는 외국인

고 합법적으로 체류하고 있는 자를 말한다. ② '재한외국인에 대한 처우'란 국가 및 지방자치단체가 재한외국인을 그 법적지위에 따라 적정하게 대우하는 것을 말한다.

근로자를 '대한민국의 국적을 가지지 아니한 사람으로서 국내에 소재하고 있는 사업 또는 사업장에서 임금을 목적으로 근로를 제공하고 있거나, 제공하고자 하는 자'로 규정하고 있다. 그리고 '출입국관리법' 제18조 제1항에서는 외국인 근로자를 '취업활동을 할 수 있는 체류자격을 받은 외국인 중 취업분야 또는 체류기간 등을 고려하여 대통령령으로 정하는 사람은 제외한다.'고 규정하였다.

외국인 근로자에 대한 국제사회의 규정은 국제노동기구(ILO)와 UN협약에서 찾아볼 수 있다. ILO는 '불법이주 및 이주근로자의 기회 및 처우 균등의 촉진에 관한 조약'(제143호) 제1부 제11조에서 외국인 근로자를 '이주근로자'로 표현하면서, '이주근로자'라 함은 '본인 이외의 자를 위하여 고용될 목적으로 일국으로부터 타국으로 이주하는 자를 말하며, 외국인 근로자로서 정상적으로 입국이 인정되는 자를 말한다.'라고 규정하였다. 그리고 UN협약(1990, 2003년 발표)에서는 '그 사람이 국적국이 아닌 나라에서 유급활동에 종사할 예정이거나, 이에 종사하고 있거나, 또는 종사하여 온 사람'을 외국인 근로자로 규정하였다(여오숙, 2014).

학술적으로는 우리나라에서 설동훈(1996)이 '외국인 근로자'라는 용어를 사용하면서, 외국인이라는 표현이 국적과 차별의 의미를 내포하고 있어 국제사회에서 이주 근로자라는 표현을 가장 인격적인 표현으로 권고하고 있다. 그리고 '이주근로자는 일정 기간 동안 모국이 아닌 다른 나라에 가서 돈벌이를 하는 사람을 의미한다.'고 하였다.

<표 8> 체류자격 체류외국인 유형별 현황 (단위: 명)

구분	총계	전문인력	단순기능인력
총체류자	586,652	47,721	538,940

자료: 출입국 외국인정책본부 2017년 통계월보

12. 한국의 글로컬 다문화 역사

12.1. 글로컬 인물

12.1.1. 이자스민

이자스민은 필리핀 출신의 방송인 겸 배우로 새누리당 소속의 전 국회의원이다. 그녀는 1995년 대학생일 때 한국인 남성과 결혼해 이 듬해 입국해서, 1998년 7월 한국국적을 취득했다. 그녀는 이주여성 봉사단체 물방울나눔회 사무총장을 맡았고, 서울시청 외국인 생활지 원과에서 일했으며, 2008년에는 '이주여성 지방의원 만들기 프로젝 트'에 참여했다.

또한 그녀는 각종 영화에 출연한 배우이기도 하다. 2010년 '의형 제'에서 베트남 여성 뚜이안, 2011년 '완득이'에서 필리핀 출신 엄마 를 연기했다. 그리고 2012년 제19대 총선거 때 새누리당 비례대표 15번으로 당선이 되었는데, 이는 대한민국정부 수립 이래 최초의 이 주민 출신 국회의원이었고, 국회의원 당시 국회 외교통일위원회, 여 성가족위원회, 환경노동위원회에서 일했다.

이처럼 대한민국 역사상 최초로 한국인 배우자와 결혼한 결혼이 민자가 국적을 취득하여 국회의원이 된 사례처럼 앞으로 많은 결혼 이민자들이 우리나라 정치, 사회에 진출하여 다양한 분야에서 활동 할 것으로 기대된다.

12.1.2. 하인스 E. 워드 주니어

하인스 워드는 한국계 미국인이며 전 미식축구 선수이다. 1998년

NFL 드래프트에서 피츠버그 스틸러스에 지명되면서 프로 무대에 데뷔했고, 이후 NFL 올스타전인 프로볼에 4번이나 출전한 리그 최정상급 와이드 리시버이다. 또한 2006년 2월 5일에 있었던 수퍼볼에서 소속팀 피츠버그 스틸러스가 시애틀 시호크스를 이기고 우승하는 데 크게 기여해 MVP를 받았다. 이로 인해 대한민국 국적을 가지고 있지 않았음에도 불구하고, 한국인 혼혈인이기 때문에 대한민국 언론의 조명을 받은 것이다.

사실 하인스 워드는 주한미군인 아버지와 용산 인근 미군부대 클럽에서 노래를 하던 가수인 한국인 어머니 사이에서 태어났다. 처음 만났을 때 당시 아버지는 20살, 어머니는 25살로 여러 정황상 좋은 환경에서 태어났다고 보긴 어려웠다. 이후 아버지가 복무기간을 다채우자 아직 첫 돌이 지나기 전에 급작스럽게 부모와 같이 미국으로 넘어가 애틀랜타에 자리를 잡지만 1년 후 아버지는 독일로 다시 파견을 갔고, 이듬해에 부모님은 이혼해 어머니와 어린 워드만 미국에 남게 되었다. 원하지 않는 미국행에 영어도 전혀 모르는 26세의 애 딸린 여자가 미국에서 혼자 생활을 영위하는 건 보통 어려운 일이 아니다보니 어머니는 트레일러 파크에서 청소부 일을 하며 하인스 워드를 키우게 된다. 하지만 1년 후에 돌아온 아버지는 자신의 어머니에게 아들을 데려가 버렸고, 혼자가 된 어머니는 아들을 되찾아 자신의 삶을 정착시키기 위해 갖은 고생을 다 하게 되고, 워드가 7살이 되던 해에 어머니는 어렵게 친권을 되찾아 워드를 기르게 된다. 실제로 방송으로 소개할 만큼 어머니가 하인스 워드를 열과 성을 다해 키운 이야기는 미국에서도 유명하며, 워드 본인도 어머니에 대한 효심이 지극하기로 잘 알려져 있다.

이후 성실하게 자란 하인스 워드는 운동에 재능을 보이며, 고교 때는 주에서 가장 뛰어난 운동선수로 성장하여 최고의 미식축구 선수가 되어 다시 한국을 방문한 그는 온 국민의 관심 속에 청와대까지 초청될 정도로 큰 대접을 받았고, 명예 서울시민이 되기도 하였다. 이에 하인스 워드는 한국에서 자신과 비슷한 처지에 있는 혼혈아동을 위해 많은 액수의 후원금도 기부하였으며, 이 방문은 한국에서 혼혈아의 사회적 위치와 다문화가정에 대한 인식을 바꾸는데 결정적인 역할을 했다.

12.1.3. 문태종

한국프로농구에서 뛰는 귀화 혼혈선수로 미국국적도 가지고 있는 이중국적자이다. 그는 미 공군으로 일했던 아버지와 한국인 어머니 사이에서 태어난 혼혈선수로, 전자랜드와 LG팀을 거쳐 현재는 고양 오리온스 소속이다. 한국으로 오기 전에 유럽 무대에서도 뛰어난 활약을 펼쳤던 선수이며, 동생인 문태영 역시 현재 같은 리그에서 활약 중인 농구 선수이다.

문태종은 2011년 7월 동생 문태영과 함께 한국국적 취득에 성공했고, 2012 런던 올림픽 출전권이 걸린 아시아 선수권대회 대표로 발탁되어 국가대표로도 뛰어서 3위를 차지하는데 크게 기여했다. 또한 그는 프로농구팀 창원 LG를 창단 첫 정규시즌 우승으로 이끌면서 맹활약했고, 챔피언 결정전에서도 나쁘지 않았지만 결국 우승은 동생이 뛴 팀에게 내줬고, 챔피언 결정전 MVP도 동생 문태영이 받았다. 하지만 2013-14 시즌 정규리그 MVP에 선정되면서 활약을 인정받았다.

사실 문태종은 2014년 인천 아시안게임 때 자신의 진가를 발휘했다. 특히 필리핀과의 8강전에서는 중요할 때마다 득점을 하면서 역전승에 기여했고, 아시아 최강이라 불리는 이란을 맞아 12년만의 농구 아시안게임 금메달과 한국 농구사상 남녀 동반우승의 쾌거를 이룩했다. 당시 2014 인천 아시안게임 남자농구 종목에서 대한민국이 금메달을 획득하자 일각에서는 문태종에게 외국인 용병을 한국인으로 둔갑시켜서 내보낸 거 아니냐는 말에 문태종 본인은 '난 100% 한국사람이고, 다른 국적을 가진 적이 없다.'고 일축하며 당당한 한국인이라고 밝혔다.

비록 처음에는 외국인이었지만, 부모님 나라의 국적을 다시 취득하여 자신이 원하는 분야에 최선을 다해 우리나라의 큰 보탬이 되는 문태종 선수와 같은 사례도 있다.

12.1.4. 신의손

본명은 발레리 콘스탄티노비치 사리체프(Валерий Константинович Сарычев)로 대한민국 프로축구 K리그에서 활약했던 타지키스탄 출신의 전(前) 축구선수이다. 지금은 한국에 귀화하여 신의손(申宜孫)으로 개명했으며, 별명으로 '신(神)의손'이라고 불리던 걸 아예 한자로 바꿔서 개명하였다.

신의손은 구소련의 해체로 대한민국과 연을 맺게 되면서 일화 천마프로축구단에 입단하게 된다. 1992년 일화 팀에서 뛸 당시부터 경기당 실점률이 소수점 이하라는 믿기지 않는 성적을 내면서 전년도 리그 최다실점 팀이, 골키퍼가 바뀌더니 리그 최소실점 팀으로 변모되었다. 이 때 뒷날 그의 이름이 되는 신의손이라는 별명을 얻었다고 한다. 또한 그는 전대미문의 K리그 3년 연속 우승신화를 이룩하였다.

이는 결국 대한민국 축구팀들이 토종 골키퍼들을 외면하면서 그의 등장이 1998년 이후 K리그에서는 외국인 골키퍼를 불허하는 규정을 만들었을 정도였기 때문에 본의 아니게 선수생활을 접어야 했지만, 2000년에 귀화자격을 갖춰서 귀화시험을 통과, 이름을 자신의 별명인 신의손으로 짓고 구리 신 씨의 시조가 되었다. 이후 안양 LG로 복귀했는데 당시 언론에서 대서특필할 정도로 뜨거운 관심을 받았다. 이후 여전히 녹슬지 않은 실력을 과시하면서 안양 LG에 우승을 안겨주고, 2005년 5월에 정식으로 은퇴했다.

이후 여자축구팀 고양 대교의 코치를 지내다가 홍명보감독이 지휘하던 국가대표팀에 스카웃 되었고, 대한민국 U-20 청소년 국가대표팀의 골키퍼 코치를 거쳐, 2012년 런던 올림픽 국가대표(당시 동메달) 골키퍼 코치를 맡았고, 많은 국가대표 골키퍼들을 지도하였다. 무엇보다 그는 골키퍼를 천대하던 대한민국 축구계에서 골키퍼의 중요성을 일깨운 장본인이었다.

12.1.5. 하일(로버트 할리)

로버트 브래들리 할리(Robert Bradley Holley)는 미국 유타 주 프로보에서 출생하였고, 1978년 대한민국에 처음으로 들어와 1985년 이후 부산에서 오랜 기간 생활하면서 1987년에 한국인 여성과 결혼하여 슬하에 3남을 두고 있다.

하일은 1997년 대한민국에 귀화를 하면서 한국식 이름 '하일'(河一)로 개명하였고, 영도 하 씨(影島 河氏)의 시조가 되었다. 그는 부산외국어대학교 객원교수를 역임하였고, 부산외국인학교, 현재는 광주외국인학교, 전북외국인학교를 설립하여 재단 이사장을 지내고 있다.

하일의 방송생활은 PSB(현 KNN)에서 사투리를 능숙하게 구사하는 외국인 리포터로서 등장하며 방송을 시작해, 지방에서 유명세를 떨친 후 전국방송과 CF에도 출연하며 전국적 유명인이 되었다. 그는 방송인 이전에 웨스트버지니아 대학교 로스쿨에서 법학 박사학위를 받은 국제법 전문 미국 변호사로서 로펌 등에서 오랫동안 활동하였다.

이처럼 하일은 미국 변호사 출신인데도 불구하고 방송에서 경상도 사투리를 굉장히 유창하게 사용하는 것으로 유명해 지금은 뚝배기 아저씨로 굳어졌지만, 데뷔 초기만 해도 외국인인 할리가 코미디 방송프로그램에 나와 구수한 부산 사투리로 한마디만 해도 시청자들에게 웃음을 주었고, 이후 유행어이자 성대모사의 단골소재가 되기도 하였다.

가 경상도 사투리를 쓰는 이유는 한국에 왔을 때 처음 하숙한 곳이 부산광역시 영도구였고, 그 곳의 하숙집 아주머니로부터 한국어를 배웠기 때문이었다고 한다. 이 당시 한국어 교재로는 서울 표준어를 익히면서도 막상 집 밖으로 나가면 주위에서는 온통 경상도 사투리가 사용되고 있는 현실에 큰 혼란을 느꼈다고 한다. 실제로 하일은 표준어, 경상도 사투리를 전부 구사할 줄 안다고 한다.

이처럼 많은 방송에서 하일과 같이 우리나라로 귀화하여 활동하는 방송인으로 이참(개명 전 이름은 이한우, 독일 이름은 베른하르트 크반트로 전(前) 한국관광공사 사장을 역임)과 이다도시(프랑스어 Ida Daussy, 한국이름 서혜나)가 있으며, 본 서에 소개하지 못한 훌륭한 글로컬 인물들도 매우 많다.

12.2. 글로컬 문화

한류가 중국을 비롯해 중화문화권에서 활발함을 강조한 정의들이 있다. 중화문화권을 중심으로 한 동아시아에서 유행하는 문화현상(정상철, 2001), 중국 대륙에서 대중가요, TV 드라마, 영화 등 한국의 대중문화가 큰 인기를 끄는 현상(이치한·허진, 2002) 등의 정의가 여기에 해당된다. 그러나 한류가 중국에 국한되지 않고 동아시아 각국으로 확산되면서 동아시아 지역에서의 한국대중문화 붐(Jeon & Yoon, 2005), 중국을 비롯하여 대만, 베트남, 홍콩 등 동아시아 지역에서 한국의 대중문화가 선풍적인 인기를 끌고 있는 현상(김정수, 2002), 중국과 동남아, 일본 등 중화권 및 아시아 지역에서 일고 있는 한국대중문화 열기(조혜영·손미정·최금해, 2002), 중국, 홍콩, 대만, 일본, 베트남 등지에서 젊은 청소년들을 중심으로 한국의 음악, 드라마, 패션, 게임, 음식, 헤어스타일 등 대중문화와 한국 인기 연예인을 동경하고, 추종하며, 배우려고 하는 문화현상(김설화, 2002; 한은경, 2005) 등으로 정의하기도 한다.

이들 정의에서 보듯이 한류 현상이 아시아에만 국한된 것은 아니다. 한국 드라마, 음악, 영화 등의 다양한 문화콘텐츠는 일본과 동남아시아 지역으로 확산되었고, 최근에는 한국과 지리적, 문화적으로도 거리가 있는 중앙아시아, 유럽, 라틴아메리카 지역으로 확산되고 있다.

이제 한국의 대중음악, 드라마, 영화, 예능 등의 대중문화는 가까운 중화권지역, 일본, 동남아시아에서부터 멀리 있는 미국, 유럽, 아프리카 등의 지역까지 전 세계적으로 높은 관심을 받고 있으며, 이러한 한류는 글로벌 엔터테인먼트로서 단순히 대중문화를 전파할

뿐만 아니라 다양한 분야로 영향력이 확장되고 있다. 따라서 한류란 해외에서 한국의 드라마, 영화, 음악 등 한국의 대중문화가 보급되고, 이에 대한 관심과 호감을 불러일으키는 문화현상이라고 정의할 수 있을 것이다.

이처럼 한국은 '한류'라는 문화현상으로 세계문화의 다양한 방면에 큰 영향을 미치고 있기 때문에 한류가 특정계층의 대중문화 상품에서 보통사람들이 받아들이는 국가적 문화명함이 되었음을 의미하며, 또한 한류가 궁극적으로 나아가야 할 방향이기도 하다. 이러한 문화주도의 흐름은 관광에도 큰 영향을 미치는 한류관광 상품이라는 새로운 영역의 관광상품을 탄생하게 하였고, 한국을 찾는 관광객의 관광방식에도 매우 긍정적인 변화를 가져오고 있다.

12.2.1. 드라마

20세기 말 중국, 대만 등 중화지역에서 보기 시작한 '한류현상'은 한국의 대중문화를 그들 지역에 이해되면서 자연스럽게 형성된 특유한 사회현상이다. 처음 드라마에서 시작된 열풍이 음악·영화·게임 등으로 연결되게 되면서 한국에 대한 친밀도가 급격히 높아졌고, 이런 현상은 한국문화제품을 선호하게 되어 새로운 문화기회로 자리 잡게 되었다. 이처럼 한국드라마는 초기 한류형성의 견인차 역할을 하였다(조운탁, 2008).

뿐만 아니라 최근 중국과 일본 등에서 한류를 견인해온 한국 TV 드라마에 대한 관심과 열기가 다소 감소되기는 하였지만, 한국 방송 프로그램 수출입현황 등 각종 지표를 보면 여전히 중요한 역할을 하고 있음을 알 수 있다. 어느 설문조사자료에 의하면 한국드라마를 선호하기에 한국을 여행한다고 한다. 사실 한국드라마는 한국의 관광상품을 소개하는 것 외에 한국의 전통문화를 재현하고, 한국의 관광지역을 촬영하여 한국드라마를 보는 세계 각국의 시청자들에게 한국을 소개하고 있다. 특히 한국드라마는 드라마 내용 중 한국의 민속과 풍습을 전반적인 내용에 포함하여 시청자들에게 한국의 민속과 풍습을 자연스럽게 소개한다. 그리고 대부분 드라마 제작이 세밀하고, 아름답게 만들어 마치 한 폭의 풍경화를 그리는 것 같이 아름답게 한국을 소개하고 있다. 그 중 대표적인 곳이 제주도인데, 드라마를 통해 이곳은 세계적으로 모두가 아는 장소가 되어 버렸고, 때문에 중국의 관광객들이 제일 선호하는 곳이 되었다. 그리고 부산도 해변도시로서 바다풍경과 산천의 풍경이 너무 아름다워서 한국을 방문하는 관광객들로 하여금 꼭 한번 찾고 싶은 도시가 되어버렸다. 이렇게 한국드라마를 통해 각 지역에서는 랜드마크(Landmark)를 지으며, 관광자원으로 만들기 시작해 수많은 관광객 유치와 관광수익을 얻고 있다.

또한 한국드라마의 배우들의 캐릭터를 모두 세밀하게 묘사하여, 한국의 모든 남녀를 젠틀하고, 멋있고, 아름다운 이미지로 변화시켰다. 이는 곧 상품구매로 이어져 한국을 방문하는 많은 관광객들이 한국의 액세서리와 화장품 등을 구매하는 현상으로 이어지고 있으며, 특히 한국 여배우들의 화장과 패션, 머리 스타일 등은 여성관광객들의 관심을 불러일으키고 있다.

이렇게 한국드라마의 성공은 문화적인 면에서 큰 영향을 주고 있다. 한국드라마에서는 사랑을 중시하고, 혼인을 중시하여 시청자들에게 아주 아름다운 감각을 전달하고 있는데, 이런 특색들이 한국드라마로 하여금 시청자들의 호평을 받고, 관광 상품을 만들고, 이와 동시에 문화산업 의식을 양성하여, 세계적인 문화산업을 만들어 낼 수 있는 것이다.

이처럼 한국드라마의 강렬한 영향력으로 인해 한국관광은 엄청난 직·간접적인 경제적 영향을 발휘하고 있다.

12.2.2. 예능프로그램

한국드라마들이 중국과 동남아시아에 방송되면서 많은 시청자들이 한국 방송에 관심을 가지게 되었고, 동시에 '한류'는 또 다른 전환점을 맞이하였다. 또한 정보통신의 발달로 쉽게 한국의 예능프로그램에 관련된 뉴스와 동영상을 찾아볼 수 있어, 사전에 아무런 홍보 없이 한국 예능프로그램이 인기를 얻게 되었다.

한국의 예능프로그램은 전 세계 한류를 좋아하는 시청자들에게 즐거움을 가져다 줄 뿐만 아니라 방송국이 경제적 이익과 명성을 얻는 중요한 자원이다. 특히 중국에서 한국 예능프로그램이 인기가 많았는데, 당시 몇몇 한국의 대표적인 예능프로그램들이 중국으로 수출되어 높은 인기를 끌었다. 하지만 최근 중국정부에서 해외 프로그램 수입단속과 자국의 예능프로그램의 발전을 위해 한국의 예능프로그램을 차단하고 있다. 그러나 인터넷, 모바일 동영상 유튜브 등을 통해 한국 예능프로그램은 끊임없이 인기를 얻고 있다.

이처럼 한국의 예능프로그램이 인기가 있는 이유로는 우선 한국 예능프로그램을 통해 시청자들이 실제감을 느끼게 하고, 프로그램을 보면서 대리만족을 얻게 한다. 또한 예능프로에 나오는 한국의 인기 연예인 게스트를 통해 시청자들로 하여금 사랑에 대한 동경과 공감을 불러일으킨다고 한다(하흔락, 2012).

그리고 한국 예능프로그램은 에너지 넘치는 내용을 담고 있고, 출연하는 게스트 모두가 해맑고, 겸손하고 최선을 다하며 프로그램 제작이 훌륭하며, 프로그램 구성, 배경, 후반 작업 등이 매우 정교하다. 또한 서양 프로그램에 비해 한국 예능프로그램은 따뜻한 인정과 성장스토리가 더 많아 많은 시청자들이 한국 예능프로그램을 통해 한국의 전통적인 정서를 배운다고 한다(彭娜, 2010).

이와 같이 한국의 예능프로그램에 소개되는 한국 연예인, 한국 음식을 통해 한국 음식점, 한국어 학당, 한국 패션, 한국의 의료산업 등 세계 곳곳에 한국문화가 형성되어 있음을 알 수 있다.

12.2.3. K-POP

한류의 발달은 제일 처음 드라마로 인해 확장되었고, 그 뒤를 이어 K-POP이 제1전성기를 맞이했다. 그 후 드라마 열풍은 한류문화를 정점으로 치닫게 했고, 2009년 이후 2세대 K-POP이 전 세계적으로 수출되면서 K-POP이 제2의 전성기를 맞이하였다.

이처럼 K-POP은 대중적 인기를 얻고 있는 대한민국 유행음악의 총칭이라 할 수 있다. 사실 K-POP을 이론적으로 정의하자면 한국의 대중음악(Korean Pop or Koreans Popular Music)이다. 한국 대중음악은 1990년대만 하더라도 '가요'라는 말이 주로 통용되었고, 미국의 대중음악을 'POP', 일본의 대중음악을 'J-POP'이라 간주하였지만, 2000년대 초반부터 한류의 영향으로 인해 한국 대중음악이 아시아권 국가에서부터 점차 인기를 얻어가기 시작하면서 'K-POP'이라는 말이 국제적으로 한국 대중가요를 지칭하는 명칭으로 통용되기 시작했다.

이와 같이 K-POP이라는 용어가 유행하기 시작한 것은 2000년대 중반 이후 국외에 거주하는 외국인들이 한국의 대중가요를 즐겨 부르기 시작하면서부터이다. K-POP 음악의 특징인 '단순 경쾌한 리듬과 비트 감', '따라 부르기 쉬운 멜로디', '흥미로운 노랫말', '멋진 댄스 실력으로 선보이는 군무' 등으로 인해 많은 외국인들이 즐겨 부르고 좋아한다. 또한 K-POP 가수들은 잘생긴 외모와 세련된 패션 스타일, 화려한 댄스, 무대 매너 등으로 세계적인 유행을 주도하며 세계인들을 매료시키고 있는 것이다.

이런 이유로 얼마 전 미국 구글의 에릭 슈미트 회장은 'K-POP은 전 세계적으로 가장 영향력 있는 문화 수출품'이라 언급한 바 있으며, '워싱턴포스트'는 '싸이(PSY)의 성공에 힘입어 K-POP이 라틴팝처럼 한 문화로 자리 잡았다.'고 분석하였다.

결국 K-POP 열풍은 세계인들로 하여금 한국이라는 나라에 대한 관심과 호감을 이끌어내는데 큰 역할을 했다고 할 수 있다. 한국은 길고 오랜 역사와는 다르게 세계인들로부터 관심을 받지 못했지만, 한류를 시작으로 한국대중문화가 해외 각지에 퍼지게 되면서 한국이라는 나라를 널리 알리게 되었고, 이후 K-POP 열풍이 시작되면서 세계인들이 K-POP에 대한 관심도도 높아지게 되었다. 또한 미국과 일본 등의 경제 강국들은 영화, 대중음악, 애니메이션 등 자국의 대중문화를 세계로 확산시키며 경제력 상승에 가속화되는 경향을 보여주었는데, 한국 또한 1970-1980년대 경제성장을 이루며 경제 강국으로 인정받기 시작하면서 1990년대 후반부터 한류를 시작으로 한국의 대중문화를 세계 각지에 확산시키기 시작했고, K-POP 열풍을 통해 한국은 수출증진과 경제력증진 등의 많은 효과를 나타내고 있다(최현준, 2012).

그리고 K-POP이 세계 각국에서 지지를 얻기 시작하면서 전통적인 한국의 이미지를 탈피하게 되었고, 역동적이고 활발한 이미지를 만들어 나가게 되면서 한국제품 및 브랜드 호감도 상승과 세련된 이미지로 소비자들에게 어필할 수 있게 되면서 기업의 매출증대와 새로운 시장개척에도 큰 기여를 하고 있다. 또한 K-POP 열풍이 미국과 유럽 등에도 확산되면서 서양인 관광객들도 증가하는 추세에 있고, 기존의 일본과 중국, 동남아 등의 아시아 국가들 또한 꾸준히 증가하고 있는 데에는 K-POP 열풍이 관광산업에 적지 않은 역할을 하고 있다고 할 수 있다.

이제 K-POP은 아시아 음악시장뿐만 아니라 세계 음악시장에서도 막대한 영향을 끼치고 있다고 할 수 있으며, 한국문화에 대한 관심, 그 중에서도 K-POP에 대한 관심은 한국의 국가브랜드에 긍정적인 영향을 미치고 있다.

12.3. 글로컬 음식

12.3.1. 쌀국수

'쌀국수'는 주로 동남아시아 지역에서 유래한 음식류를 일컫는 대명사로 쓰이고 있다. 한국에서는 베트남식 쌀국수가 특히 유명한데, 사실 베트남식 쌀국수는 베트남 전쟁을 거치면서 전 베트남이 공산화되면서 남베트남 국민들이 살기 위해 나라를 등지고 떠나 서구 여러 나라로 진출하면서 차츰 알려지기 시작했고, 서양인들의 기호에

도 맞아 국제적으로 널리 알려지게 되었다. 우리나라에서는 1990년
대 이후 베트남과 교류가 확대되면서 역시 쌀국수가 알려지게 되었
고, 지금은 태국이나 중국 남부식 쌀국수도 인기가 있다.

보통 우리가 쌀국수하면 국물이 있는 쌀국수를 생각하는데, 이외
에도 중국식으로 굴 소스를 이용 청경채[28]와 소고기를 듬뿍 넣고 볶
아낸 볶음 쌀국수, 쌀국수를 기름에 살짝 튀겨 그 위에 고명을 얹어
먹는 등의 쌀국수 메뉴들이 있으며, 계속해서 조리법이 개발 중이다.
최근 한국에서도 점차 쌀국수를 파는 가게가 증가하고 있는 추세이
며, 쌀국수는 이제 한국뿐만 아니라 유럽과 미국에도 인기 있는 외
식메뉴로 자리 잡았다.

이처럼 세계적으로 인기 있는 쌀국수가 한국에서 대표적으로 성
공한 사례가 있는데 바로 '미스사이공'이다. 미스사이공은 베트남 현
지 쌀국수 맛을 제대로 살린 곳으로, 프랜차이즈 사업을 시작한 지
1년 사이에 전국 120개 매장을 돌파하였다. 베트남 호치민의 100년
전통의 음식인 '포다 쌀국수'를 벤치마킹한 미스사이공은 쌀국수 대
중화를 선언하고 있는 쌀국수 창업브랜드로 더 맛있게, 착한 가격
(소고기 쌀국수가격 3,900원)으로 한국에서 쌀국수의 대중화를 이끌
어 냈다. 무엇보다 이 가게의 특징은 베트남 현지의 맛으로 조리한
다는 차별성과 특히 무인발권기 시스템을 통한 인건비 절감으로 소
비자들에게 착한 가격을 제공한다는 차별화 전략을 내세워 한국시
장 공략에 성공하였다.

사실 미스사이공은 노량진의 작은 포장마차에서 쌀국수사업을 시

---

28) 청경채(靑莖菜)는 배추의 한 종류이며, 원산지는 중국 화중으로 알려져 있다. 특별한 맛이나
향은 없고 매우 연하다. 영양 성분으로는 칼륨, 비타민A, 비타민C, 칼슘 등이 함유되어 있다.

작했는데, 당시 노량진 본점에서만 하루에 쌀국수 1,500여 그릇의 판매고를 올린 바 있다. 이처럼 차별화된 운영방식과 부담 없는 가격 덕택에 미스사이공은 일반 고객뿐만 아니라 점주들 사이에서도 만족도가 높으며, 국내 시장에서의 빠른 성장에 힘입어 2017년에는 미국 LA 오렌지카운티의 CJ몰에 미스사이공 미국 1호점을 선보인다고 하며, 향후 중국과 필리핀까지 진출할 계획이라고 한다.

12.3.2. 양꼬치

중국, 우즈베키스탄 및 유라시아 여러 나라들의 대표적인 길거리 음식으로 꼬챙이에 양고기 덩어리를 여러 개 꿰어서 만든 꼬치음식이다. 양고기의 누린내를 잡기 위해 한국 사람들 입맛에는 조금 생소한 쯔란[29] 등의 향신료가 들어가기 때문에 호불호가 갈리는 편이지만, 세계적으로 인기 있는 음식으로 좋아하는 사람들은 매우 좋아하는 경향이 있다.

양꼬치는 양고기와 비계를 교대로 끼워서 만드는데, 한국인 중에서는 이것을 빼고 먹는 사람이 있으나 고기와 비계가 잘 섞여 있는 것이 더 고소하고 맛이 있다고 한다. 또한 비계를 더 선호하는 사람들도 있어, 한국의 양꼬치 전문점에서는 이런 점 때문에 살코기로만 꽂아서 만드는 경우도 있는데, 고기만 꼐있으면 뻑뻑한 느낌이 들며, 비계가 섞여 있어야 부드러운 맛이 난다고 한다. 또한 양고기의 지방분에는 다이어트에 도움이 된다는 CLA성분이 많다고 한다.

양꼬치는 중국의 대표적인 길거리 음식이지만 본래 한족들은 양

---

29) 큐민(영어: cumin), 뀌멩(프랑스어: cumin) 또는 쯔란(중국어: 孜然)은 미나리과에 속하는 초본 식물로, 씨를 향신료로 쓴다.

고기를 먹지 않았고, 원나라 이후 베이징에 남은 몽골인들이 양꼬치를 중국요리에 맞게 개량해 판매한 것에서 유명한 북경 양꼬치가 탄생했다. 지금은 중국 전체에서 친숙한 음식이 되어서 웬만한 거리에는 매점이 조성되어 있고, 심지어는 자전거에다가 조리기를 달고 이동하면서 파는 사람도 있으며, 가격도 매우 저렴한 편이다. 또한 양꼬치는 양고기를 주재료로 사용하지만 중국식 빵이나, 어묵, 닭 날개, 소 힘줄(반진), 닭 심장 등등 여러 가지 다른 재료로 만든 꼬치들도 같이 파는 경우가 많다고 한다. 양꼬치는 중국인들의 외식 문화 중 하나로 온 가족이 사이좋게 길에서 양꼬치를 뜯으면서 끼니 때우는 것도 외식이기 때문에 다른 면 종류나 탕 종류도 같이 파는 경우가 흔하다.

한국에는 2000년대에 조선족들이 대거 한국에 들어오면서 차이나타운이 형성된 구로, 동대문 일대에 최초로 들어온 것으로 보인다. 최초로 양꼬치가 소개된 곳으로 알려진 곳은 동대문역 근처로, 이곳에 가면 양꼬치 집을 많이 찾아볼 수 있다. 전통 중국 양꼬치와는 다르게 한국에서 판매하고 있는 양꼬치는 우리가 흔히 볼 수 있는 고춧가루를 중심으로 여러 향신료를 이용하여 양념한 양꼬치이다.

처음에는 양고기의 특유의 육향 때문에 한국인들은 '누린내가 난다'면서 기피해 한국에는 양고기를 취급하는 음식점이 아주 적었다. 하지만 몇 년 전부터 입맛에 까다로운 젊은 층을 중심으로 양꼬치가 인기를 끌기 시작하더니 대학가나 시내 중심에도 양꼬치 전문점들이 많이 생겨났다.

이런 양꼬치의 한국 상륙은 10년 정도지만 요즘 2~3년 사이에 엄청나게 인기가 많아졌으며, 양꼬치 전문점은 서울 변두리와 재한

중국인 집거지로부터 이제는 시내 한복판에도 진출한 상태이다. 또한 임대료가 아주 비싸다는 서울 강남에도 양꼬치 전문점이 생기고 있는 상황이다. 양꼬치는 일부 마니아층이나 재한중국인에 국한되었지만 지금은 한국전역에 퍼지게 되었다. 2014년 한국 관세청 수출입 무역 통계자료에 따르면 2004년에 약 2,870톤이었던 양고기 수입량이 2014년에는 7,189톤으로 10년 만에 약 2.5배 늘어났으며, 전 해인 2013년과 비교해도 무려 38%나 급증한 추세이다.

이처럼 양꼬치가 바다 넘어 한국에서까지 인기몰이를 하게 이유는 중국조선족들의 역할이 컸다. 재한중국인들의 집거지에서 고향음식을 찾는 사람들이 늘면서 중국음식점들이 들어서고, 2000년도를 전후로 연변의 대표적인 양꼬치 업체들이 한국에서 영업하기 시작했다. 당시에는 재한중국인 집거지인 대림동 신천역 등지에만 양꼬치 골목이 있었으나, 현재 경기도 안산의 원곡동에만 양꼬치 가게가 무려 100개 넘게 들어서면서 유명한 양꼬치 거리로 되는 등 한국 도처에 양꼬치 거리들이 생겨나고 있다.

예전에는 양꼬치가 한국에 없던 문화였는데 요즘은 한국 그 어디에 가서도 볼 수 있고 양꼬치를 찾는 한국 사람들이 점점 늘어나고 있어 양꼬치를 음식문화 '한풍'의 대표적 사례로 들고 있다.

12.4. 글로컬 장소

12.4.1. 지양동

2009년부터 밀집되기 시작한 신(新)한국계 중국인 밀집주거라 할 수 있다. 자양동은 등록된 중국인30) 거주인구가 서울에서 5번째로 많은 광진구[31])에 속하며, 중국인 거주인구의 절대적인 규모와 동 전체 인구대비 중국인 인구비중은 작은 편이나 2007~2012년까지 5년 동안 자양동의 중국인 인구비율은 꾸준히 증가하여 왔고, 동 전체 인구 대비 중국인의 비율이 10%를 넘는다. 이는 서울시 424개 행정동 중 중국인 인구비율(15위)을 보이는 것으로 자양동은 중국인 밀집거주지역이라 하겠다. 또한 지하철 2호선 5번 출구에서 약 200m 정도 뚝섬방향으로 내려오면 동서로 625m에 걸쳐 '양꼬치 거리'가 형성되어 있으며, 이 거리를 중심으로 자양4동 일대에 밀집하여 거주하고 있다(조민경, 2014).

자양동 지역의 한국계 중국인 및 중국인은 2000년 이후 취업비자 기준이 완화되어 국내 한국계 중국인 수가 증가하던 시기에 유입되기 시작하였다. 당시 성수동 공단에서 일하는 근로자들을 위한 식당과 자동차부품업체, 봉제공장, 신발공장 등의 소규모 공장시설들이 입지해 있었는데, 인근의 공단입지는 취업을 위해 입국한 한국계 중국인들의 유입을 촉진하였고, 이로 인해 기존의 단독주택 밀집지역에 그들의 주거지가 형성되었다. 이후 불법체류자 종합방지대책, 방문허가제 등의 외국인 유입정책으로 인해 인구가 증가하기 시작하였고, 2005년부터 상가관련 인프라가 생겨나기 시작하면서 2009년도부터 한국계 외국인 밀집주거지로 활성화되었다. 또한 자양동이 한국계 중국인의 밀집주거지로 형성된 데는 단독주택 반지하방 중심의 저렴한

---

30) 한국계 중국인 및 중국인 포함이다.

31) 광진구는 2016년 12월 기준 서울의 외국인 인구 중 약 5.4%인 14,889명이 체류하고 있어 영등포구, 구로구, 금천구, 관악구, 동대문구에 이어 여섯 번째로 높은 외국인 밀집도를 보이고 있다. 국적별 외국인의 비율을 살펴보면 한국계 중국인이 6,934명(46.5%), 중국 5,035명(33.8%), 베트남 580명(3.9%), 방글라데시 424명(2.8%), 일본 304명(2.0%), 우즈베키스탄 189명(1.3%)순으로 한국계 중국인이 가장 높은 비율을 차지하고 있다(법무부 출입국외국인정책본부, 2016).

주거지와 지하철 2, 7호선의 환승역 등 편리한 교통, 서울 강남·경기도 등 타 지역으로의 접근이 용이한 지리적 요인과 한강시민공원, 어린이 대공원, 로데오거리 등 지역 내 자연·문화적인 요인도 한국계 중국인들이 밀집하는데 큰 영향을 미친 것으로 보인다.

한편 자양동의 한국계 중국인 밀집주거지는 조선족거리 일명 '양꼬치 거리'의 상업지역이 함께 형성되어 있어 주거공간과 소비공간이 함께 제공되는 복합적 공간이다. '양꼬치 거리'에는 음식점, 유흥업소 그리고 중국관련 상점들이 집중하여 입지해 있고, 주택가로 진입하는 뚝섬로 길에는 한국 상점과 중국 상점이 혼재하여 형성되어 있으며, 개방적이고 친화적인 분위기를 형성하고 있다. 또한 주택가로 진입할수록 음식점, 유흥업소 보다는 식품점이 더 많이 분포하고 있어 기능별 입지가 뚜렷하게 구분된다. 그리고 밀집주거지 중앙에는 '노룬산 시장'이 입지해 있어 저렴한 가격에 식료품 및 생활필수품을 구입할 수 있어, 이곳에 거주하는 중국인들은 필요한 생활필수품 및 생활 서비스를 여기서 공급받고 있다.

'양꼬치 거리'의 각종 상업시설들은 식당, 식료품점, 의류점, 여행사, 직업소개소 등 한국계 중국인 거주자들의 일상적인 삶에 요구되는 요소를 중심으로 이루어져 있다. 그들의 집단적 삶에 초점이 맞추어진 공간적 특성과 함께 필요에 의해 자생적으로 조성된 공간 패턴을 보이고 있다. '양꼬치 거리'의 상점 경영자는 한국계 중국인이나 이용하는 고객의 70%가 내국인으로 비교적 개방적이라고 한다. 또한 주류 사회 친화적인 외국인 밀집주거지의 모습을 보이고 있으며, 인근 '건대입구 로데오 거리'와 연결되어 관광자원화 되는 양상까지 나타나고 있다. 이러한 주거지 특성에 따라 지역사회나 구청 등에서는 '중국음식축제' 등의 지역축제를 개최하며, 지역 경제 활성화를 도모하고 있다(방성훈, 2012).

이처럼 자양동 중국인 밀집지역은 다른 중국인 밀집지역과 달리 다양한 구성원이 존재하는 개방된 커뮤니티의 성격을 보인다.

12.4.2. 필리핀거리

서울시 혜화동의 경우 일주일에 한 번 필리핀 이민자들이 형성하는 거리가 나타난다. 혜화동 성당을 중심으로 매주일 미사 때가 되면 천 명이 넘는 서울과 경기 지역의 필리핀 이민자들로 북적거리며, 기본적으로 다양한 종교활동을 벌이는데, 추석과 설 같은 주요 명절 때는 함께 축하행사를 갖고, 특히 필리핀 고유의 행사도 재연하기도 한다. 또한 필리핀 사람 100여 명은 매주일 이곳 주변에 노점상을 차려 놓고 생필품 등 각종 물건들을 팔기도 한다. 이는 상설시장의 기능이 아닌 정기시장의 성격으로 운영이 되는 매우 독특한 광경이며, 주로 한국 남편과 결혼한 필리핀 여성들이 트럭을 이용해 운영하는 규모가 큰 경우도 있다.

이처럼 지금의 혜화동에 가칭 '필리핀 거리'가 형성된 것은 1995년 서울 대교구 노동사목회에서 혜화동 성당에 필리핀 이주자들을 위한 작은 쉼터가 생기고, 1998년 마르셀로 신부를 중심으로 현재 '필리핀 카톨릭 센터'라고 불리는 '필리핀 이주자를 위한 사목회'가 결성된 것에서부터 출발한다. 하지만 이전 1988년 올림픽 이후부터 한국에서 일자리를 구하기 위해 많은 수의 필리핀 사람들이 관광비자로 한국에 몰려오고, 이들 중 상당수가 자양동과 성수동 일대의 중·소 공장에 취직함으로써, 수 백명의 필리핀 사람들이 집단적으로 이 지역에 거주하게 되었는데 이들은 근처의 자양동 성당의 미사에 참석하게 되고, 당시 자양동의 수녀원에 있던 필리핀 수녀 마리안은 이들이 '착한 목자회'라는 모임을 만들어 매주 미사를 볼 수 있도록 배려했다고 한다(이정환 2003). 이 소식을 접한 많은 다른 필리핀 이민자들이 몰려들어 필리핀 사람들이 많아지자 이들은 자연스럽게 자신들의 고충을 마리안 수녀나 교회 측에 호소하게 되었고, 이들을 대상으로 한 상담업무가 시작되었다. 이후 필리핀 사람들이 계속 늘어나게 되자, 1992년 9월 자양동 성당의 수녀원 사무실을 빌려 자양동 공동체로 불리는 '삼빠기타[32] 필리핀 공동체(Sampaguita Philippine Community)'를 만들게 되는데, 이것이 현재의 '혜화동 공동체'의 모체라고 할 수 있다(권종화, 2004).

하지만 미사에 참석하기 위해 사람들이 모여들면서 이곳은 자연스럽게 미사뿐만 아니라 각기 다른 이유로 많은 사람들이 찾는 공간이 되었다. 바로 필리핀 사람들을 대상으로 하는 약 100여 명이 넘는 필리핀 소매상들이었는데, 이들은 일요일마다 정기적으로 영업을 하기 시작했고, 더불어 물건을 사기 위해, 혹은 친구를 만나 휴일을 보내기 위해 이곳을 찾는 사람들이 많이 늘어나게 되었던 것이다. 그래서 매주 일요일마다 동성고등학교와 혜화동 성당 일대의 거리는 필리핀 사람들로 넘쳐나게 되었다.

특히 이곳은 이주자들의 집단거주지에서 나타나는 일종의 게토화된 장소가 아니라, 일요일에만 한시적으로 등장했다가 평소에는 언제 그랬냐는 것처럼 사라지는 모습은 이곳이 전형적인 '주말 해방구(weekend enclave)'임을 보여준다.

---

32) 쌈빠기타는 필리핀의 국화(國花)이다.

이처럼 이러한 현상이 등장하게 된 것은 매주 일요일 오후 혜화동 성당에서 필리핀어(타갈로그어)로 진행되는 미사 때문이며, 1천여 명이 넘는 필리핀 사람들이 매주 혜화동을 방문하게 됨에 따라 자연스럽게 이 공간은 서울·경기도 지역에 흩어져 있던 자국민들을 만날 수 있는 공간이 되었다. 이에 이들을 대상으로 한 점포와 이동차량을 구비한 소매상들이 모여들면서 작지만 필리핀 사람들만을 위한 작은 시장이 형성되면서 이곳에 모여드는 필리핀 사람들이 많아지자 자연스럽게 이곳 혜화동에 일주일에 한 번 필리핀 거리가 형성된 것이다.

12.4.3. 일본거리

서울 용산구는 많은 일본인이 밀집해 있으며, 국적별 인구현황에서도 일본인이 1,688명으로 미국인 2,699명, 중국인 2,459명 다음으로 가장 많이 밀집해 있고, 2016년 기준 서울시 전체 일본인(8,470) 중 약 20%가 거주하고 있어 가장 많은 일본인이 이곳에 거주하고 있다(법무부 출입국외국인정책본부, 2016).

특히 리틀 도쿄로 불리우는 용산구 동부이촌동[33]은 일본풍의 선술집과 일본식품전문 슈퍼마켓이 위치해 있으며, 일본어간판과 일본인을 상대로 한 부동산업체를 많이 찾을 수 있다. 또한 일본인을 상대로 외국인 유치원을 운영하고 있어, 자녀들의 교육에도 좋은 환경을 구성하고 있으며, 용산 가족공원과 한강 시민공원이 인접해 있어 많은

---

[33] 서울의 대표적인 부촌 중 하나인 동부이촌동은 서울특별시 용산구에 속한 동이다. 동부이촌동은 한강로 동북지역 이촌동의 행정을 담당하는 동정관할 구역으로 한강대교와 원효대교 사이 한강변을 따라 동서로 길게 위치해 있는데 한강로를 기준으로 동쪽은 동부이촌동, 서쪽은 서부이촌동으로 나눈다. 1960년대 후반 모래벌판에 아파트가 들어서기 시작하면서 동부이촌동은 공무원아파트, 외국인아파트, 한강맨션 등 우리나라 아파트의 원조라 할 수 있는 아파트들이 많이 들어서게 되었다. 도심에 접근하기 편리한 교통여건과 한강조망권이 보이는 아파트들로 인해 지금의 부촌을 형성하게 되었다.

외국인들이 쉽게 휴식을 취하고, 산책 및 여가 공간으로 이용할 수 있어 최고의 주거지역으로 각광받고 있는 지역이다(한기수, 2011).

또한 이곳은 한강 시민공원과 용산 가족공원, 국립중앙박물관 등 쉴 거리, 볼거리가 풍부하고, 교통여건이 좋기 때문에 부유층의 일본인과 미국인 등 많은 선진국 국적을 가진 외국인들이 살기 좋은 동네로 선호하고 있다.

사실 리틀 도쿄라 불리는 이 마을은 1970년대 외국인아파트가 건설되기 시작하면서부터 쾌적한 환경과 일본인 특유의 군집성이 가미되어 일본인 이주자 수가 빠른 속도로 늘어나(매일경제, 2001. 8. 6. 보도자료), 이때부터 동부 이촌동은 '리틀 도쿄' 혹은 '일본인 마을'로 불리기 시작하였다. 2006년에 동아일보에 보도된 신문기사를 살펴보면, 당시 1,324명의 일본인이 동부이촌동에 거주하고 있었으며, 대다수가 상사 주재원, 대사관 직원과 그 가족들이라는 사실을 알 수 있다. 이러한 일본인이주자들은 주로 한강맨션, 한가람아파트, 현대아파트 등 일대 아파트촌에 주로 거주하며, 아파트 단지 주변에는 일본인을 상대로 하는 상점을 비롯하여 일본인 전용창구를 개설한 은행 및 일본어가 가능한 병원, 미용실, 부동산, 세탁소 등 일상생활에 필요한 편의시설이 상당수 갖추어져 있었다고 한다. 그리고 주로 남편의 일 때문에 가족 전체가 이사 온 경우가 많으며, 대개 3~5년 정도 거주가 목적이었으며, 한국에서 살다가 한국인과 결혼한 일본인도 상당수 존재한다(동아일보, 2007. 9. 10. 보도자료)고 한다.

당시 이촌동의 일본인들은 대체로 한국어를 구사할 줄 알기 때문에 주변 주민과 생활하는 데 어려움이 별로 없었으며, 만약 한국어가 서툴러도 주변에 일본어를 사용하는 사람이 많기 때문에 큰 문제가 없다. 또한 이곳의 일본인은 관계가 끈끈한 편으로 새 거주일본인에게 한국에서 사는 데 필요한 모든 정보를 제공했으며, 일본 여성들은 여가시간에 주로 테니스나 골프 등 본국에서는 비용문제로 하기 어려웠던 취미생활을 즐겼다고 한다(한명진, 2009).

12.4.4. 프랑스 거리

최근 우리나라는 다양한 문화적 배경을 지닌 외국인의 증가로 인해, 대도시에서의 외국인 집단거주 지역 또한 증가하고 있다. 이러한 장소의 일부는 도시민들에게 특정문화에 대한 흥미와 함께 여가활동의 장소로 주목을 받고 있으며, 일부 외국인 마을은 도심 속 관광지의 역할을 하고 있는 실정이다. 그중 서울의 서래마을은 대표적 외국인 거주지 중 하나로서, 국내 체류 프랑스인의 거주 장소이자, 이국적인 분위기를 경험하기 위해 방문되어지고 있는 장소이다(한성미·임승빈·엄붕훈, 2009).

서래마을은 행정구역상 서울특별시 서초구 반포4동에 속하며, 프랑스 마을 혹은 리틀 프랑스로도 알려져 있다. 서초구에 살고 있는 프랑스인은 491명인데(법무부 출입국외국인정책본부, 2016), 이들 중 대부분이 서래마을에서 거주하고 있다고 한다. 서울특별시의 프랑스인 인구가 2016년 12월 기준 1,917명인 것을 감안하면 약 1/4정도의 프랑스인들이 서래마을에 살고 있는 것이다.

이처럼 서래마을에 프랑스인이 거주하게 된 이유는 1980년대 초 고급빌라를 중심으로 한 부촌이 서래마을에 형성되기 시작하였고, 1985년 한남동의 주한프랑스학교(Lycée Français de Séoul)가 이전해 오면서 교육여건과 주변 환경이 양호한 서래마을을 중심으로 프랑스인들이 이주하여 프랑스인 주거지로 형성되었다. 현재 대부분 대사관 직원과 주한 프랑스 상사주재원 및 가족들이 구성원을 이루고 있으며, 주한프랑스학교는 유치원, 초등학교, 중학교, 고등학교까지 한 곳에서 이루어지고 있다.

사실 서래마을은 프랑스인들에 의해서 만들어진 공간이 아닌, 프랑스 마을이라는 이미지를 통해 한국인들에 의해서 상업적인 공간으로 탈바꿈된 공간의 모습이라고 볼 수 있다. 또한 서래마을에는 다른 한국지역에서 볼 수 없는 이국적인 풍경을 많이 목격할 수 있다. 다른 국적을 가진 이주민들, 즉 프랑스인들이 서래마을 주민들과 잘 어울려 지내고 있어, 다문화 마을로서 서래마을은 매우 성공한 케이스라고 볼 수 있다.

이렇게 서래마을이 프랑스 마을로서 외부에 널리 알려지기 시작하면서 최근 많은 사람들이 프랑스적인 분위기를 느끼기 위해 서래마을을 찾고 있다. 서래마을에는 '서래길'이 그 마을의 중심을 가로지르며, 그 공간 안에는 프랑스풍의 많은 상업시설이 들어서 있다. 그리고 이 장소는 인테리어나 간판 등이 이국적인 분위기를 연출하여 그런 분위기를 느끼기 위해 많은 관광객들이 찾아들고 있다. 보통 사람들이 드문 평일 오전에도 사람들이 약속을 잡고 찾아올 정도로 이 장소는 서울 시민들에게 유명하다. 이처럼 서래마을은 프랑스 마을의 이미지를 통해 큰 상업적 성공을 이루고 있고(한준섭, 2012), 프랑스 마을로서 관광객들에게 이국적인 분위기를 연출하며, 맛집들이 많이 있으며, 연예인이나 기업 간부 등 부자들이 사는 고급 빌라촌으로 잘 알려진 마을이다.

이 외에도 중국인 거리의 대표적인 마을로는 서울 대림동이 있다.

중국인이 약 6만 6,000여 명에 달하며 대림동 중앙시장 내 상점의 40%가 중국인 소유일 정도로 전국에서 가장 규모가 큰 차이나타운이다. 사실 대림동이 처음부터 차이나타운이 형성된 곳은 아니다. 2000년대에 들어오면서 가리봉동의 일부 쪽방촌이 재개발지역으로 묶이게 되면서 가리봉동에 거주했던 많은 조선족들이 지리적으로 인접한 대림동으로 이주하게 되어 지금과 같이 차이나타운이 형성되게 되었다. 서울시 통계에 따르면, 2014년 기준 대림2동의 전체주민(15,905명) 대비 중국 국적인(9,825명)의 비율은 약 61.7%이며, 이러한 인구구조로 인해 대림2동은 중국 조선족 문화를 바탕으로 중국인 거주지가 형성되었고, 결과적으로 대림동 중국인 거주지는 국내에서 중국 조선족이 가장 많이 거주하는 공간이 되었다.

그리고 또 다른 중국인 거리의 대표적인 마을로 가리봉동 조선족 밀집지역이다. 이곳은 '연변 거리'라 부를 정도로 조선족이 가장 많이 살고 있어서 조선족 타운으로 불리며, 한국에 온 조선족이 유입 초기에 대부분 찾는 곳이 이 지역이고, 한국을 출국하는 조선족이 마지막으로 거치는 곳도 대부분 이 지역이다. 가리봉동은 1970년에서 1980년대에는 주로 공장에서 일하는 여공이라고 불리던 여성근로자들의 거주지였는데, 상대적으로 여성근로자들이 머물렀던 쪽방촌은 값이 쌌기 때문에 당시 친척방문을 계기로 한국으로 꿈을 안고 들어 온 중국동포들 차지가 되면서 지금과 같은 마을이 형성되게 되었다.

이와 같이 우리 주변에는 다양한 나라에서 온 이민자들이 각자 나름의 역사적·문화적 배경으로 인해 지금의 거리와 마을이 형성되어, 우리와 함께 더불어 살아가고 있다는 것을 알 수 있다. 지금도 다양한 유형 외국인유입으로 인해 새로운 외국인 거리의 생성이 되고 있다.

| 맺음말 |

우리나라의 역사와 문화에서 이민의 역할과 비중은 지대하였다고 할 수 있다. 이민은 고대 때부터 현대에 이르기까지 다양한 형태로 발생하였고, 이는 우리의 역사와 문화에 많은 영향을 주었다. 예를 들어 삼국시대부터 조선시대 이르기까지 다양한 귀화 성씨가 발생하였고, 다양한 국제결혼과 이민으로 인해 글로벌한 문화가 만들어 졌음을 알 수 있었다. 또한 국내의 역사적 상황으로 인해 다양한 국가로 자의적·타의적으로 이주가 이루어졌고, 한국전쟁을 전후로 새로운 이민역사와 문화가 형성되기도 하였다. 이후 우리사회는 급격한 변화가 이루어졌는데, 대표적 변화는 송출국으로서의 한국사회가 유입국으로의 한국사회로 바뀌어 새로운 문화현상이 나타났음을 알 수 있었다.

이처럼 이 책은 한국의 고대에서부터 현재까지 다문화 역사를 통해 독자들에게 우리나라의 이민의 역사적 배경과 현상을 쉽게 이해할 수 있게 구성하였다. 특히 우리나라의 역사와 문화에 관심이 많은 학습자들은 다문화 역사를 통해 우리사회에서 지금까지 알지 못했던 역사적 사실과 문화가 탄생하고, 발전해 왔다는 것을 알 수 있었다.

향후 한국의 다문화는 다양한 형태로 지속적으로 이루어질 것이며, 다문화를 통해 한국사회에 새로운 역사가 만들어짐과 동시에 새로운 문화 재탄생할 것으로 기대된다. 우리나라뿐만 아니라 대부분의 국가에서 문화적 다양성이 증가하고, 이민자 수용사회와 송출사회를 연계하는 초국가적 교류가 등장하여, 다문화사회는 피할 수 없는 대세이다. 본 서는 한국의 다문화 역사를 통해 개인뿐만 아니라 전체구성원의 사회통합을 위한 작은 힘이 되었으면 한다.

| 참고 문헌 |

-연구 논문

고광신(2011), '국내거주 고려인의 심리, 사회적응에 영향을 미치는 요인에 관한 연구', 서울기독교대학교 대학원 박사학위논문.

고명수(2010), '쿠빌라이 정부의 交通·通商 진흥 정책에 관한 연구: 소위 '팍스 몽골리카'(Pax Mongolica)의 성립조건 형성과 관련하여', 고려대학교 대학원 박사학위논문.

구춘서(2001), '재미동포의 중간자적 위치에 대한 신학적 이해', 「재외한인연구」 제10호, 재외한인학회, pp. 53-132.

권종화(2004), '한국 내 필리핀 이주자 공동체의 형성과 의미', 연세대학교 대학원 석사학위논문.

김명준(2006), '<쌍화점> 형성에 관여한 외래적 요소', 「동서비교문학저널」 제14호, 한국동서비교문학회, pp. 7-28.

김미숙(2014), '한국 생활문화 교육을 통한 이주노동자의 문화적응 스트레스 해소 방안', 경희대학교 교육대학원 석사학위논문.

김봉석 외(2012), '<동아시아사> 교과서 분석 2: '인구이동과 문화의 교류'를 중심으로', 「역사와 역사교육」 제24호, pp. 45-62.

김삼수(1980), '한국소주사: 주세법(1909)에 이르기까지', 「숙명여자대학교 논문집」 제20권, 숙명여자대학교, pp. 35-60.

김설화(2002), '중국의 '한류'현상과 그 수용에 관한 연구', 서울대학교 대학원 석사학위논문.

김성만(2010), '정보디자인 모델을 통해 나타나는 User의 문화적 차이에 대한 연구: 인터넷 User Behavior를 중심으로', 부경대학교 대학원 박사학위논문.

김수일(2004), '외국인 근로자 불법체류 원인연구', 「외대논집」 제29집, 부산외국어대학교, pp. 79-95.

김연실(2015), '팝업북을 활용한 결혼이주여성 대상 한국문화 교육 방안 연구', 한국외국어대학교 대학원 석사학위논문.

김용경·도수희(1974), '이조시대의 어학기관연구', 「충남대학교 논문집」 제13권 제1호, 충남대학교, pp. 73-89.

김재수(1980), '기지촌에 관한 사회지리학적 연구: 동두천을 중심으로', 「국토
　　　지리학회」제5권, 국토지리학회지, pp. 274-294.

김정수(2002), '한류현상의 문화산업정책적 함의: 우리나라 문화산업의 해외진
　　　출과 정부의 정책지원', 「한국정책학회보」제11권 4호, 한국정책학회,
　　　pp. 1-22.

김진영(2013), '우리나라 재외동포 정책과 중국의 화교정책 비교 연구: 경제발
　　　전 전략의 관점에서', 목원대학교 산업정보언론대학원 석사학위논문.

김효은(2003), '한국 음악 전문 채널 STATION ID의 표현 연구: 한국문화 특성
　　　의 표현을 중심으로', 이화여자대학교 대학원 석사학위논문.

남근우(2011), '재일동포사회의 문화정체성연구', 「국제정치논총」제51집 4호,
　　　한국국제정치학회, pp. 159-188.

남근우(2013), '한민족의 문화갈등 구조: 북한이탈주민과 재한 조선족의 한국
　　　사회 부적응의 문화적 요인', 「평화학연구」제13호, 한국평화연구학회,
　　　pp. 155-181.

라경수(2010), '일본의 다문화주의와 재일코리언: '공생'과 '동포'의 사이', 「재
　　　외한인연구」제22호, 재외한인학회, pp. 57-96.

류봉호(1982), '일본식민지정책 하의 초·중등학교교육과정변천에 관한 연구',
　　　중앙대학교 대학원 박사학위논문.

명 드미트리(2013), '오늘날 중앙아시아 고려인들의 문화', 「한국학연구」,인하
　　　대학교한국학연구소, pp. 7-32.

박경태(2008), '기지촌 출신 혼혈인의 '어머니 만들기'와 기억의 정치: 미군관
　　　련 혼혈인 구술생애사를 중심으로', 동국대학교 대학원 석사학위논문.

박경화·박금해(2015), '민족과 국민사이: 조선족의 초국가적 이동과 민족정체성
　　　의 갈등', 「한국학연구」제39권, 인하대학교 한국학연구소, pp. 449-484.

박금해(1993), '중국사교과서에 나타난 한국사서술', 「역사교육」제54집, 역사교
　　　육연구회, pp. 167-171.

박정군(2011), '중국조선족 정체성이 한국과 중국에 대한 태도에 미치는 영향',
　　　경희대학교 대학원 박사학위논문.

박준홍(2015), '문화특성을 고려한 한국적 디자인 프로세스 및 방법에 관한 연
　　　구', 홍익대학교 국제디자인전문대학원 박사학위논문.

방성훈(2012), '한국계 중국인 밀집주거지의 특성과 주거지 분화에 관한 연구:
　　　서울시 가리봉동과 자양동을 중심으로', 세종대학교 도시부동산대학
　　　원 석사학위논문.

배영동(2006), '안동소주 생산과 소비의 역사의 의미', 「지방사와지방문화」제9

권 2호, 학연문화사, pp. 375-413.

설동훈(1996), '한국사회의 외국인노동자에 대한 사회학적 연구', 서울대학교 대학원 박사학위논문.

설동훈(2006), '국민 민족 인종: 결혼이민자녀의 정체성, 동북아 다문화시대 한국사회
변화와 통합', 『동북아시대위원회 용역과제 보고서』, 한국사회학회.

송도영(2011), '도시 다문화 구역의 형성과 소통의 전개방식: 서울 이태원의 사례', 「담론 201」 제14권 4호, 한국사회역사학회, pp. 5-39.

송준호(1986), '韓國의 氏族制에 있어서의 本貫 및 始祖의 問題', 「역사학보」 109집, 역사학회, pp. 91-103.

신용하(1984), '민족형성의 이론', 「한국사회학연구」 제7권, 서울대학교사회학연구회, pp. 7-52.

심헌용(2000), '뿌찐 시대의 러시아 민족정책과 한인사회 전망', 「아시아태평양지역연구」 제3권 1호, 전남대학교 아시아태평양지역연구소, pp. 123-153.

심헌용·김재기(2004), '러시아 재이주 한인의 난민적 상황과 인권보호', 「민주주의와 인권」 제4권 1호, 전남대학교 5.18연구소, pp. 117-150.

양단정(2016), '한류 예능프로그램이 한국관광에 미치는 영향: 예능프로그램 <런닝맨>을 중심으로', 고려대학교 대학원 석사학위논문.

여오숙(2014), '외국인 근로자의 의료신뢰도와 정신건강에 관한 연구: 건강상태와 환경요인의 영향을 중심으로', 동국대학교 대학원 박사학위논문.

오석선(1997), '재외동포교육의 효율화를 위한 교육행정지원체제의 발전방안', 강원대학교 대학원 석사학위논문.

유예지(2012), '인천 차이나타운 경관의 상업화: 주제별 역할을 중심으로', 서울대학교 대학원 석사학위논문.

윤인진(1996), '재미 한인의 민족정체성과 애착의 세대간 차이', 「재외한인연구」 제6권1호, 재외한인학회, pp. 66-95.

劉入嬭(2013), '인천 차이나타운 관광객의 만족도에 미치는 요인에 관한 연구', 인천대학교 대학원 석사학위논문.

이광국(2012), '부산 차이나타운 특성화를 위한 가로경관디자인 연구', 「동북아시아문화학회 국제학술대회 발표자료집」 제5호, 동북아시아문화학회, pp. 144-148.

이나영(2007), '기지촌의 공고화 과정에 관한 연구(1950~60): 국가, 성별화된 민족주의, 여성의 저항', 한국 여성학 제23권4호, 한국 여성학회, pp. 5-48.

이나영(2010), '탈/식민성의 공간, 이태원과 한국의 대중음악', 「사회와역사」 제

87집, 한국사회사학회, pp. 191-229.

이도희(2004), '민족통합을 위한 재외동포 활용방안 연구', 대진대학교 통일대학원 석사학위논문.

이성일(2011), '1992년 한중국교정상화 의의에 관한 재고찰: 한반도와 중국과의 관계 구조변화를 중심으로', 「중국학」제40집, 대한중국학회, pp.531-566.

이정주(2007), '문화적 차이가 사용자 연구 디자인 방법론에 미치는 영향: 한국과 네덜란드의 참여자 성향 비교를 중심으로', 한국과학기술원 석사학위논문.

이종일(1993), '중국에서 동래귀화한 사람의 성씨와 그 자손의 신분지위', 「역사 학보」제39집, 역사학회, pp. 35-51

이지현(2008), '인천 차이나타운의 문화공동체와 유연적 지역개발의 탐색', 고려대학교 교육대학원 석사학위논문.

이진구(2007), '식민권력과 선교권력의 관계에 대한 탐구보고서: 한말·일제강점기 선교사 연구', 「한국기독교와역사」제26호, 한국기독교역사연구소, pp. 209-213.

이진수(2009), '결혼이민자를 위한 지원방안 연구', 창원대학교 석사학위논문.

이치한·허진(2002), '한류(韓流)현상과 한·중 문화교류', 「중국연구」제30권, 한국외국어대학교 중국연구소, pp. 499-513.

이찬욱(2014), '韓國의 歸化姓氏와 多文化', 「다문화콘텐츠연구」제17집, 중앙대학교 문화콘텐츠기술연구원, pp. 253-277.

임채완·김강일(2002), '중국 연변 조선족의 민족정체성 조사 연구', 「대한정치학회보」제10권1호, 대한정치학회, pp. 247-273.

전영섭(1998), '구소련 고려인 강제이주와 연해주 귀환문제', 「시민과 변호사」제53권, 서울지방변호사회, pp. 104-123.

전영우(1978), '구한말외국어교육에 관한 연구', 「공주사대논문집」제16집.

정영훈(2000), '한민족공동체 형성과제와 민족정체성 문제', 「재외한인연구」제12권2호, 재외한인학회, pp. 5-38.

정정운(1996), '외국어 학습에 있어서의 문화교육', 명지대학교 대학원 석사학위논문.

정진아(2009), '국내 거주 고려인, 사할린 한인의 생활문화와 한국인과의 문화갈등', 「인문과학논총」제58집, 건국대학교인문과학연구소, pp. 35-65.

조민경(2014), '외국인 밀집지역 형성과정에서의 원주민과 이주민의 관계 변화: 광진구 자양동 중국인 밀집지역을 중심으로', 서울시립대학교 일반대학원 석사학위논문.

조운탁·송낙원(2013), '한국드라마가 중국시청자에게 미치는 영향 연구', 「디지털영상학술지」제9호, 한국디지털영상학회, pp. 143-158.

조항록(2004), '재외동포를 대상으로 하는 한국어 교육정책의 실제와 과제', 「한국어교육」제15권 2호, 국제한국어교육학회, pp. 199-232.

최양규(2001), '고려~조선시대 중국 귀화성씨 정착', 홍익대학교 대학원 석사학위논문.

최현준(2012), 'K-POP 열풍에 따른 한국 대중음악 발전 방안 연구', 단국대학교 문화 예술대학원 석사학위논문.

포지명(2014), '인천 차이나타운에 거주하는 중국인들의 여가속성에 따른 여가유형에 관한 연구', 공주대학교 대학원 석사학위논문.

하흔락(2012), '중국 20대 여성들의 한국 리얼리티 프로그램 수용 방식에 대한 연구: <우리 결혼 했어요>에 대한 분석을 중심으로', 경희대학교 대학원 석사학위논문.

한기수(2011), '외국인 밀집지역의 사례연구를 통한 주거환경 선호요인분석: 글로벌 빌리지 6곳을 중심으로', 홍익대학교 대학원 석사학위논문.

한명진(2009), '이주민공동체로서의 재한일본인공동체 특성 분석: '서울재팬클럽'과 '온누리교회 일본어예배'를 중심으로', 국민대학교 대학원 석사학위논문.

한성미·임승빈·엄붕훈(2009), '서래마을의 장소 정체성에 대한 연구: 프랑스인 주민과 방문자의 인식 비교를 중심으로', 「한국조경학회지」제37권 4호, 한국조경학회, pp. 32-41.

한은경(2005), '한류의 소비자 지각상 경제적 파급효과: 한류 파생 문화산업 및 한국 소비재산업에 대한 영향력을 중심으로', 「한국방송학보」제19권 3호, 한국방송학회, pp. 325-360

한준섭(2012), '다문화 마을의 형성주체와 공간적 특성에 대한 연구: 서래마을과 조선족마을 사례를 중심으로', 단국대학교 대학원 석사학위논문.

허유민(2014), '한국 내 차이나타운 상업가로경관에 대한 화교들의 선호이미지 분석: 인천 차이나타운로와 광진구 자양동 동일로 18길을 중심으로', 한양대학교 도시대학원 석사학위논문.

황미혜(2011), '한국의 이민자 사회통합정책에 관한 연구', 동아대학교 대학원 박사학위논문.

황한영(2014), '한국 성씨 유래담의 유형과 가문의식 연구', 한남대학교 대학원 박사학위논문.

彭娜(2010), '中韩综艺节目叙事结构对比分析', 重庆大学传播学 硕士学位论文.

片泓基(1986), '중국에서 동래한 귀화성씨에 대한 고찰', 『사법서사』, 대한사법 서사협회.

Castells, M. (1997), *The Power of Identity*, Blackwell.

Denys Cuche(1996), La notion de culture dans les sciences sociales, Editions La Decouverte 1996, 68

Enough, G(1964), Cultural anthropology and linguistics. In D. Hymes(Ed.), Language in culture and society. Harper and Row. pp36-39.

Hofstede(1984), G. Culture's consequences: International differences in work-related values(Abridged ed.). Beverly Hills: Sage. p21.

Jeon, G.C. & Yoon, T.J.(2005), Realizing the Korean Waveinto an Asiatic Cultural Flow. 『한국방송학보』,19-3S.

Kiyosue, Aisa(2000), 'Post-war Feminist Perspectives on Sex Work/Sex Workers in Japan', Inter-Asia Cultural Studies, 1(2), pp. 343-347.

Kroeber, A. & Kluckhohn, C(1952), Culture: A critical view of concepts and definitions. Harvard University Press.

Linton, R(1945), The cultural background of personality. Appleton-Century.

Madison, G.(2006). 'Existential Migration', Existential Analysis, 17(2), pp. 238-60.

Mc Ninch, Joseph H., Colonel(1954), 'Veneral Disease Problems, U.S. Army Forces, Far East 1950-53', Presented 27 April 1954, to the Course on Recent Advances in Medicine and Surgery, Army Medical Service Graduate School, Walter Reed Army Medical Center, Washington, D.C.

Shibutani, T. and K. Kwan(1996), Ethnic Stratification: A Comparative Approach. New York: The Macmillan Company.

Tylor, E. B(1871), Primitive culture. Murray.

Uba, L. (1994), Asian Americans: Personality Patterns, Identity, and Mental Health. New York: Guilford Press.

Won Moo Hurh, Kwang Chung Kim(1984), 'Korean Immigration America', Associated University Presses.

-단행본

국방부 군사편찬연구소(2002), 『韓美 軍事 關係史, 1871~2002』, 국방부.

국사편찬위원회(2005), 『재외동포사회의 역사적 고찰과 연구방법론 모색』, 국사편찬위원회.

국사편찬위원회(2005), 『재외동포사총서2: 재외동포사회의 역사적 고찰과 연구방법론 모색』, 서울: 탐구당문화사.

국제문제조사연구소(1996), 『해외한민족의 현재와 미래』, 서울: 다나.

권희영·Valery Han·반병률(2001), 『우즈베키스탄 한인의 정체성 연구』, 경기: 한국정신문화연구원.

김게르만(2005), 『한인 이주의 역사』, 서울: 박영사.

김도민(1988), 『세계대백과사전』, 교육도서.

김동진(2010), 『파란눈의 한국혼 헐버트』, 참좋은친구.

김봉석(2006), 『민족주의 역사교육과 역사교과서의 서사 구조; 사회과교육의 논리』, 교육과학사.

김상호(2009), 『사할린 한인방송과 민족정체성의 문제』, 한국방송학회 발표논문

김익현·나지영(2012), 『재일 조선인의 민족정체성과 경계인』, 건국대학교 통일인문학연구단, 서울: 선인.

김은신(1996), 『학교/장죽 물고 가마로 등교하던 최초의 학교』, 삼문.

김정렴(2006), 『최빈국에서 선진국 문턱까지- 한국 경제정책 30년사』, 랜덤하우스 중앙.

김호동(2011), 『몽골제국과 세계사의 탄생』, 돌베개.

김호준(2012), 『유라시아 고려인 150년』, 주류성.

김희경(1998), 『한국의 역사와 문화』, 서경문화사.

김혜순(2009), '.다문화정책의 주요 쟁점과 입법과제.' 국회도서관보 46(10): 2-12.

류인수(2010), 『우리의 맛을 즐기는 72가지 전통주 수첩』, 우듬지.

박민철·정진아(2012), 『재러 고려인의 민족정체성과 민족적 자긍심: 코리언의 민족정체성』, 선인.

박선주(1997), 「우리 겨레의 뿌리와 형성」, 『한국민족의 기원과 형성』, 소화

백승대 외(2014), 『한국사회의 다문화현상 이해』, 정림사.

보르지기다이 에르데니 바타르(2009), 『팍스몽골리카와 고려』, 혜안.

서울시정개발연구원(2002), 『이태원 가로환경개선 디자인 기본계획 및 기본설계』, 서울: 서울특별시.

서울신문사(1979), 『주한미군 30년사』, 행림출판사.

성경륭(2001), 『아시아 중추국가의 민족적 기반: 한민족 네트워크공동체의 구축』, 정책기획위원회 정책포럼.

성경륭·이재열(1998), 『민족통일에 관한 네트워크 접근』, 한림대출판부.

송찬섭·홍순권(2003), 『한국사의 이해』, 서울: 한국방송통신대학교출판부.

오원철(2006), 『박정희는 어떻게 경제강국 만들었나』, 동서문화사

유길상(2004), 『저숙련 외국인력 노동시장 분석』, 서울: 한국노동연구원.

윤인진(2004), 『코리안 디아스포라: 재외한인의 이주, 적응, 정체성』, 서울: 고려대학교 출판부

이기동(2003), 「한국인의 기원-기원 연구의 흐름」, 「한국사 시민강좌」 32, 일조각

이광규(1985), 『문화인류학개론』, 일조각.

이광규(1997), 『在外韓人의 人類學的研究』, 서울: 집문당.

이광규(2002), 『격동기의 중국조선족』, 서울: 백산서당

이광린(1981), 『한국개화사연구』, 일조각.

이광린(1981), 『한국사강좌-근대편』, 일조각.

이남희(2008), 『클릭 조선왕조실록(조선왕조실록으로 오늘을 읽는다)』, 다할미디어.

이용의·노재붕(1977), 『한국민족주의』, 서울: 서문당.

이이화(2001), 『한국사 이야기13: 당쟁과 정변의 소용돌이』, 한길사.

이임하(2004), 『여성, 전쟁을 넘어 일어서다』, 서울: 서해문집.

이정환(2003), '외국인노동자 공동체와 관련 NGO,' 석현호·정기선·이정환·이혜경·강수돌, 『외국인노동자의 일터와 삶』, 지식마당.

이주여성 인권연대(2002), 『해외투자기업 외국인 산업연수생 인권백서』, 서울.

이창주(2014), 『까레이스키』, 선인.

이혜경(2010), 『한국이민정책사』, IOM 이민정책연구원.

전경옥 외(2013), 『다문화사회 한국의 사회통합』, 이담.

정상철(2002), 『한국대중문화산업의 해외진출을 위한 지원방안 연구: 한류(韓流)의 지속화 방안을 중심으로』, 서울: 한국문화정책개발원.

정판룡(1993), 『당대중국조선연구』, 연변인민출판사.

조병인·박철현(1998), 불법체류외국인의 실태와 대책』, 형사정책연구원.

조혜영·손미정·최금해(2002), 『중국 청소년들의 한류 인식 실태에 관한 연구』, 서울: 한국청소년개발원.

조흥윤(2001), 『한국문화론』, 동문선.

최인범(2003), 『코리아 디아스포라와 세계경제』, 미국 국제 경제 연구소.

최진욱(2007),『남북한 재외동포 정책과 통일 과정에서 재외 동포의 역할』, 통
　　일연구원 연구총서.

최충옥 외(2009),『다문화교육의 이론과 실제』, 양서원.

함종규(1976),『한국교육과정변천사연구』, 숙명여자대학교 출판부.

한국노동연구원(2005),『사업체근로실태조사분석』.

한국인의 족보편찬위원회(2003),『한국인의 족보』, 日新閣.

한상복・권태환(1993),『중국 연변의 조선족: 사회의 구조와 변화』서울: 서울
　　대학교 출판부

한성신(1991),『구조적 변화와 고도성장: 1970년대』, 구본화 이규억 (편), 한국
　　경제의 역사적 조명, 한국개발연구원.

허은(2008),『미국의 헤게모니와 한국민족주의 -냉전시대(1945~1965)문화적
　　경계의 구축과 균열의 동반』, 고대대학교민족문화연구원.

홍성철(2007),『유곽의 역사』, 서울: 페이퍼로드.

李熙昇(1994),『국어대사전』, 민중서림.

-인터넷신문 검색 자료-

평화신문 검색 자료, 2004. 6. 6. '필리핀 공동체 서울 혜화동에서 필리핀 전통
　　성모의 달 행사'

매일경제 검색 자료, 2001. 8. 6. '외국인촌 있어 서울생활 즐겁다'
　　(http://news.naver.com/main/read.nhn?mode=LSD&mid=sec&sid1=101&oid=009&aid
　　=0000139622)

동아일보 검색 자료, 2007. 9. 10. '[수도권]우리동네 작은 외국<3> 동부이촌동
　　일본인 마을', (http://www.donga.com/fbin/output?n=200709100143)

weekly경향매거진 검색 자료, 2003. 11. 13. '제2, 제3의 이태원이 뜬다',
　　(http://news.naver.com/main/read.nhn?mode=LSD&mid=sec&sid1=114&oid=033&aid
　　=0000002726)

재외동포신문 검색 자료, 2016. 7. 20. '브라질 현지 상황에 적합한 동포정책이
　　필요한 때'

매일경제 검색 자료, 1992. 8. 7.
　　http://newslibrary.naver.com/viewer/index.nhn?articleId=1992080700099212034&edt
　　No=1&printCount=1&publishDate=1992-08-07&officeId=00009&pageNo=1

2&printNo=8177&publishType=00020
한국일보 검색 자료, 2017. 1. 7. '이민 114주년 기념행사 곳곳에서 열린다.'
주간경향 검색 자료, 2006. 8. 11.
http://news.naver.com/main/read.nhn?mode=LSD&mid=sec&sid1=103&oid=033&aid
=0000009235
주간경향 검색 자료, 2007. 1. 23.
http://weekly.khan.co.kr/khnm.html?mode=view&code=116&artid=13577&pt=nv
출처: 연합뉴스 http://www.peopleciety.com/archives/7108, 2017.12. 19.

-인터넷검색 사이트 주소-

구글 검색 사이트 주소
https://namu.wiki/w/%EA%B8%B0%ED%99%A9%ED%9B%84
김혜숙(2015) 검색 사이트 주소
http://www.cfe.org/20150513_139205
네이버 백과사전, 신종우의 인명사전 검색 사이트 주소
http://www.shinjongwoo.co.kr/
두산백과 검색 사이트 주소
http://terms.naver.com/entry.nhn?docId=1160509&cid=40942&categoryId=32967
민족문화백과사전 검색 사이트 주소
http://encykorea.aks.ac.kr
이한길 '한국 사람의 미국이민역사' 검색 사이트 주소
http://blog.naver.com/hglee5683/100153693354
인천차이나타운 홈페이지 주소
http://www.ichinatown.or.kr/introduction/allmap.asp
위키백과 검색 사이트 주소
http://en.wikipedia.org/wiki/Wiktionar.
파라과이 네트워크 검색 사이트 주소
http://jugangyopo.blog.me/220711633887
한국역대인물종합시스템 검색 사이트 주소
http://people.aks.ac.kr/front/board/person/viewPersonStatus.aks?bbsCode=65&isEQ=tr
ue&kristalSearchArea=P
한국민족문화대백과, 한국학중앙연구원 검색 사이트 주소
http://terms.naver.com/entry.nhn?docId=538760&cid=46634&categoryId=46634

하재흥(2016) '일본속의 한국역사 탐방' 검색 사이트 주소
http://kin.naver.com/open100/detail.nhn?d1id=61302&dirId=6&docId=402690
한국사전 사이트 검색, '헤이그 특사 이준 20일간의 외교기록', '파란눈의 항일
    투사'
한상넷 홈페이지 주소
http://www.hansang.net/portal/PortalView.do?urlType=Y&menuId=MSYH02800&pag
    eUrl=/syh/cms/Cms.do&pageUrlSub=%2Fsyh%2Fcms%2FCmsBoardView.do
    %3Fsearch_boardId%3D9925%26branch_id%3D1290%26act%3DVIEW%26
호머 머 헐버트 인용 위키백과 검색 사이트 주소
https://ko.wikipedia.org/wiki/%ED%98%B8%EB%A8%B8_%ED%97%90%EB%B2
    %84%ED%8A%B8

-기타 자료-

http://blog.naver.com/mcstkorea/220634703518
http://if-blog.tistory.com/5334
http://jugangyopo.blog.me/220711633887
https://ko.wikipedia.org/wiki/%EA%B3%A0%EB%A0%A4%EC%9D%98_%EB%AC
    %B8%ED%99%94
http://ko.wikipedia.nom.rs/wiki/%ED%95%9C%EB%AF%BC%EC%A1%B1
http://mofakr.blog.me/220421753885파라과이 네트워크
http://mofakr.blog.me/220421753885
http://search.daum.net/search?w=img&q=%ED%98%B8%EB%A8%B8%20%ED%97
    %90%EB%B2%84%ED%8A%B8&DA=IIM

-사료-

『삼국사기(三國史記)』
『고려사(高麗史)』
『경국대전(經國大典)』

| 찾아보기 |

황미혜

부산외국어대학교 일반대학원 다문화교육학과 강의
동아대학교 국제전문대학원 국제학(다문화정책)박사
부산국제교류협회 이사
국제한국언어문화학회 이사
다문화가족지원센터 거점기관 운영위원
법무부 외국인 국적취득 전 민간면접관
부산 이주연합회 자문위원

＊ 저서
『(다문화 전공자를 위한) 이민정책론』
『한국의 다문화 역사와 문화 이야기』
『(6가지 키워드, 시기별로 이해하는) 한국 다문화사회의 현상 이해』
「한국의 이민자 사회통합정책에 관한 연구」
「결혼여성이민자의 한국사회 적응을 위한 프로그램에 관한 연구」 등

손기섭

일본 도쿄대학교 대학원 졸업 (정치학박사)
2006년 한반도선진화재단 정책위원
부산외국어대학교 교수
부산외대 외교학과 학과장, 국제관계연구소장
부산외대 언론사 주간
미국 University of Washington, 방문교수

＊ 저서

『현대 일본외교와 중국』
『21세기 동북아공동체 형성의 과제와 전망』(공저)
『동아시아 리저널리즘 내셔널리즘 글로벌리즘』(공저)
「동북아 해양영토 분쟁의 현재화 분석」
「일본 자민당의 전후 국가전략」
「한일 안보경협 외교의 정책결정」
「Structural Changes and Conflicts in Japan-China Relations in Koizumi Cabinet」 등

한국의 다문화
역사 이야기

초판인쇄 2018년 2월 12일
초판발행 2018년 2월 12일

지은이 황미혜
펴낸이 채종준
펴낸곳 한국학술정보㈜
주소 경기도 파주시 회동길 230(문발동)
전화 031) 908-3181(대표)
팩스 031) 908-3189
홈페이지 http://ebook.kstudy.com
전자우편 출판사업부 publish@kstudy.com
등록 제일산-115호(2000. 6. 19)

ISBN 978-89-268-8333-4 93330